Mon Église que j'aime

Du même auteur, aux Éditions Anne Sigier :

Réflexions en pointes folles

ROBERT LEBEL

Évêque émérite de Valleyfield

—

Mon Église que j'aime

Ce que j'y ai vécu
et ce dont j'ai été témoin.

ANNE SIGIER

1073, boul. René-Lévesque Ouest • Québec Canada • GIS 4R5 • (418) 687-6086

Dépôt légal: Bibliothèques nationales du Québec et du Canada,
4ᵉ trimestre 2004

ISBN 2-89129-470-X

Imprimé au Canada

Distribution
Canada : Messageries ADP — France : AVM
Belgique : Alliance Services — Suisse : Albert le Grand

www.annesigier.qc.ca

• Nous reconnaissons l'aide financière du gouvernement du Canada
par l'entremise du Programme d'aide au développement de l'industrie de l'édition (Padié)
pour nos activités d'édition consacrées à la publication
des ouvrages reconnus admissibles par le ministère du Patrimoine canadien.

• Nous remercions le gouvernement du Québec (SODEC) de son appui financier.

Présentation

« Le moi est haïssable » (Blaise Pascal). Les souvenirs que j'ai rédigés ne tournent pas autour de ma personne ; c'est plutôt moi qui tourne autour des événements et des situations dont j'ai été témoin ou auxquels j'ai été mêlé. Au fond, c'est de l'Église que je parle, l'Église dont je suis membre et dans laquelle j'ai été appelé à servir l'Évangile.

Cette Église, elle se réalise dans le diocèse de Rimouski, dans celui de Saint-Jean-Longueuil et dans celui de Valleyfield.

Mais j'ai fait ma première expérience d'Église dans ma famille, « l'Église domestique ». On n'employait pas alors cette expression, venue avec le renouveau de Vatican II, mais la réalité était là. La foi reçue à mon baptême a pris racine en moi dans ma famille. J'y ai pris un bon départ dans mon engagement en Église. J'en rends ici hommage à mes parents et à mes frères et sœurs. Nous ne parlions pas beaucoup ensemble des choses de la foi : ce n'était pas la coutume à l'époque. Mais nous en vivions simplement dans la pratique sacramentelle, la prière, la vie quotidienne, dans une maison où les signes religieux tenaient une place d'honneur.

Merci à mon père, Wilfrid Lebel, à ma mère, Alexina Bélanger, qui m'a mis au monde, à celle qui a très tôt pris sa place, Alphonsine Lagacé, à mes six sœurs, à mes deux frères, avec qui j'ai partagé le travail, les joies, les peines et les loisirs simples d'une famille rurale.

J'ai rédigé ces souvenirs par amour de l'Église et pour manifester ma reconnaissance pour ce que j'y ai reçu. Si j'ai inséré quelques critiques, je l'ai fait sans agressivité, bien sûr, mais par attachement et aussi parce que je désire que le témoignage de l'Église dans le monde soit de plus en plus transparent à l'Évangile.

Il m'arrive de me référer à des documents. Mais je ne suis pas un historien. Je demande l'indulgence des professionnels de l'histoire et de la théologie pour les inexactitudes et les imprécisions que pourraient comporter certaines informations. Cet écrit n'est pas un travail scientifique mais un témoignage.

Si, à la lecture de cet écrit, quelqu'un progresse dans son amour de l'Église, j'en serai largement récompensé. L'Église, mon Église, porte dans sa fragilité humaine le don de Dieu au monde. Elle accueille les pécheurs, car elle existe pour leur offrir le salut de Jésus-Christ. Les fautes et les errances de ses membres côtoient l'héroïsme des saints. Dieu nous fait l'honneur de nous demander notre collaboration, il compte sur notre témoignage pour faire connaître sa bonté et sa beauté. Mais, au fond, c'est lui qui fait tout. Tout ce qui arrive de beau et de bon dans le monde est un don de lui. C'est pour cette raison que la rédaction de mes souvenirs est un geste d'action de grâces pour sa générosité et sa miséricorde.

CHAPITRE 1

L'échelle horizontale

*L*ORSQUE j'ai été nommé évêque, le 14 mars 1974, je vivais dans un milieu où j'avais régulièrement l'occasion de rencontrer de jeunes étudiants. L'un d'eux me dit : « Vous montez d'un barreau dans l'échelle ecclésiastique. » Je ne m'attendais pas à une telle remarque, mais ma réponse fut immédiate et spontanée : « Je change de barreau, mais l'échelle est par terre, horizontale. » C'était ma conception de l'Église qui s'exprimait dans cette image simple aux allures pas très théologiques.

Mû par ma culture paysanne, j'ajoutai, dans le même langage symbolique : « Je vais semer plus grand, sans doute, et faucher plus large, mais je vais rester au même niveau, celui du sol, celui de tous les gens que je vais servir. »

C'était en 1974. Il y avait déjà dix ans que le concile Vatican II avait promulgué la constitution dogmatique *Lumen Gentium* sur l'Église. Dans celle-ci, on lit au n° 32 : « Le peuple élu de Dieu est donc un : ‹ Un seul Seigneur, une seule foi, un seul baptême › (Éphésiens 4,5). La dignité des membres est commune à tous du fait de leur régénération dans le Christ ; commune est la grâce des fils, commune la vocation à la perfection, unique est le salut, unique l'espérance et indivise la charité. Il n'existe donc pas d'inégalité dans le Christ et dans l'Église en raison de la race ou de la nation, de la condition sociale ou du sexe… »

Ce texte fondamental a été repris plus tard dans le Code de droit canonique de 1983 en ajoutant une précision qui peut s'appliquer à la différence des ministères. Je cite ici le canon 208, car toutes les personnes engagées dans le service de l'Église devraient l'avoir en mémoire et se le garder devant les yeux pour ne jamais l'oublier : « *Entre tous les fidèles, du fait de leur régénération dans le Christ, il existe quant à la dignité et à l'activité, une véritable égalité en vertu de laquelle tous coopèrent à l'édification du Corps du Christ, selon la condition et la fonction propres de chacun.* » Ici, ce texte a une portée juridique. Il fonde l'égalité des droits de tous les membres, « car il ne peut y avoir de rapports de justice parfaits qu'entre égaux[1] ».

Ce principe de droit est basé sur la théologie de l'Église. En effet, peut-on avoir une dignité plus grande que d'être membres du Peuple de Dieu, membres du Corps du Christ et enfants de Dieu participant par grâce à sa nature divine ?

Chez moi, cette approche est plus qu'une notion théologique, si essentielle soit-elle. C'est une conviction qui marque ma vie quotidienne et mes relations avec les gens. Je ne me sens pas plus important que le jeune que je viens de confirmer ou même que le bébé que je baptise. J'ai plus de responsabilités que lui, mais je ne suis pas plus haut que lui.

Un vieux prêtre nous racontait que, durant son enfance, le maire nouvellement élu de sa toute petite municipalité disait : « Je n'aurais jamais imaginé devoir monter si haut dans ma vie ! » Les « haut-placés » : situation inconfortable pour ceux qui sont portés, disait-on, au vertige. Quand il y a dégringolade, plus on part de haut, plus l'atterrissage est dangereux.

Au début de mon ministère épiscopal, un prêtre âgé et expérimenté de mon nouveau diocèse me disait : « Vous avez une approche fraternelle. » J'ai reçu ce propos comme un compliment, qui m'a fait un grand plaisir. Il me dit ce que je veux être, ce que je suis aussi, je pense. J'aime quand même faire valoir mes idées, voir mes projets se réaliser, mais cela ne me donne pas le sentiment d'être plus important.

---

1. Code de droit canonique, Ed. Université de Navarre / Université Saint-Paul, Wilson & Lafleur, Montréal, 1990, p. 142

Dans une présentation, voulant complimenter une grande dame pour sa simplicité, un maire, dont les tournures de phrases étaient laborieuses, avait dit devant un auditoire amusé qu'elle était « d'un abordage facile ». L'expression me conviendrait mieux à moi qui suis originaire d'une région maritime. On souligne souvent ma simplicité, celle de mon « abordage », de ma relation aux autres et celle de mes enseignements. À force d'entendre cela, je pourrais me demander si je ne serais pas un peu simplet…

Ce qui me rassure, c'est que la simplicité est un attribut de Dieu. Rien de moins ! Un confrère évêque de France, qui a eu certains de mes écrits sous la main, m'a, dans une brève note, remercié pour ma simplicité et ma profondeur[5]. Ces propos me rassurent !

Les dangers d'une hiérarchie qui serait verticale.

---

5. Il s'agit de Mgr Hervé Renaudin, évêque de Pontoise, malheureusement décédé prématurément le 18 janvier 2003. Je vous recommande un livre qui nous montre la qualité de cet évêque : Mgr Hervé Renaudin, *La vie, entrée libre*, Entretiens avec Jean-François Bouthors, Bayard, 2001.

Chapitre 2

Le millénaire avait 924 ans

S I VOUS ME DEMANDEZ quel est pour moi l'événement le plus important du dernier millénaire, je vous dirai que c'est ma naissance, en la 924ᵉ année de ce millénaire. Mais n'allez pas rapprocher cette réponse des paroles de Victor Hugo parlant de sa naissance : « Ce siècle avait deux ans. » Cet immense écrivain était conscient de son importance dans l'histoire de son siècle. Ma naissance est importante *pour moi*. Elle est ma porte d'entrée dans l'existence, elle me permet d'accueillir tous les autres dons de Dieu.

Avec sainte Claire d'Assise, j'ai le goût de dire au Seigneur : « Sois béni, Seigneur, toi qui m'as créé[1]. » Quel beau cadeau que la vie, l'existence ! Jamais je n'aurai une autre chance. Mon entrée dans l'existence avec ce que je suis est le résultat d'une chance face à des milliards d'autres possibilités incluant le néant. Mais ce n'est pas le hasard qui a fait sortir le numéro chanceux qui m'a fait arriver au monde parmi les innombrables possibilités des générations antérieures et des lois de la nature. J'en suis convaincu, je suis le fruit de l'amour de mes parents, mais surtout du choix de Dieu. J'existe parce que Dieu m'a voulu. Je suis ce que je suis parce que mon Créateur et Père m'a voulu tel.

Je lui rends grâces parce qu'il m'a fait naître dans une famille croyante dans laquelle il s'est fait connaître à moi. On

---

1. Sainte Claire d'Assise, *Documents*, Éd. franciscaines, Paris, 1983, p. 176.

m'a baptisé dès le lendemain de ma naissance. C'était la coutume à cette époque de baptiser les nouveaux-nés le plus tôt possible afin de leur éviter, en cas de décès, les limbes, où on ne souffrait pas, mais où on devait subir un ennui éternel. Heureusement, aujourd'hui, l'Église nous demande d'oublier cette invention des théologiens et préfère confier le sort des enfants morts sans baptême à la tendresse de notre Sauveur pour les enfants (Marc 10,14) et à la volonté divine que tous les humains soient sauvés. Mais cette position n'est pas un encouragement à négliger le baptême des enfants.

À mon baptême, j'ai reçu la foi, je suis devenu enfant de Dieu, participant à sa nature divine. Rien de plus grand ne peut m'arriver dans ma vie.

Lors de la naissance corporelle, nous sortons du sein maternel. Lors de la naissance baptismale, nous entrons dans le sein maternel de Dieu. Cette naissance ne se produit pas une fois pour toutes. Nous continuons de naître de Dieu, à entrer plus profondément dans sa vie, à mesure que nous progressons dans la foi et dans la grâce. Nous nous immergeons de plus en plus dans l'eau vivante et vivifiante qu'est l'Esprit (Jean 7,39). Nous sommes assimilés par la nourriture vivante qu'est l'eucharistie pour être transformés en l'image du Fils divin. Les plus grands saints, les plus grands mystiques ne sont pas sortis au-delà de ce qu'offre le baptême.

Ce n'est que plus tard, dans la théologie, dans la fréquentation des auteurs spirituels et dans la prière, que j'ai peu à peu saisi la grandeur du baptême. J'ai encore beaucoup de chemin à faire dans la découverte de ce que le Père divin a mis en moi et de ce qu'il m'offre. Ce n'est que dans la vie future que nous verrons bien ce que le baptême a fait de nous. « Mes bien-aimés, dès à présent, nous sommes enfants de Dieu, mais ce que nous serons n'a pas encore été manifesté. Nous savons que, lorsqu'il paraîtra, nous lui serons semblables, puisque nous le verrons tel qu'il est » (1 Jean 3,2).

J'ai pris mon éducation religieuse là où tous la trouvaient à cette époque : le *Catéchisme des provinces ecclésiastiques de*

Québec, Montréal et Ottawa, avec ses 508 questions-réponses à apprendre par cœur et les prières usuelles ; l'*Histoire sainte* présentant, avec la même pédagogie de questions-réponses, la série des interventions et enseignements de Dieu dans l'Ancien et le Nouveau Testaments. Nous n'avions pas accès à la Bible. Mais nous avons eu l'avantage de connaître l'histoire du salut dans un ensemble, une suite qui nous permettait de situer les étapes les unes par rapport aux autres. Cela n'est plus offert aujourd'hui, bien que les jeunes soient mis davantage en contact direct avec la Parole de Dieu. Dans ma famille, nous avions une édition des Évangiles, dont j'ai perdu la trace, bien antérieure au *Faites ça et vous vivrez* qu'on nous a mis entre les mains vers la fin des années trente.

Mais l'éducation chrétienne, nous la recevions autant dans la famille. Nous apprenions à connaître Dieu dès l'éveil de l'intelligence. Dans la cuisine - salle de séjour, il y avait, d'un côté de la croix noire de tempérance[2], une image du Sacré-Cœur et, de l'autre côté, une image de la Vierge Marie. Sur un autre mur était suspendue une image de la Sainte Famille dans un cadre large, lourd et très orné. Tous les soirs, la famille récitait le chapelet avant le coucher. Un soir, pendant que, plus ou moins endormis, nous ronronnions les *Ave*, l'attache du lourd cadre s'est rompue et la Sainte Famille est tombée abruptement sur la commode qui, heureusement, était en-dessous, pendant que l'autre famille bondissait sur ses pieds.

Le chapelet était suivi des prières usuelles qu'on trouvait au début du catéchisme. Ma mère y ajoutait une prière à saint Joseph, dans laquelle on trouvait ces mots surprenants adressés au saint : « Arrêtez le bras tout-puissant de Jésus qui nous frappe, et que, par votre prière et celle de votre sainte Épouse, il se laisse enfin toucher et fléchir. » Heureusement que nous n'attachions pas trop d'importance à cette formule. Dieu était quand même « le bon Dieu » et Jésus était le Sacré-Cœur.

---

2. Distribuée dans les familles lors d'une croisade de tempérance vers la fin du XIXᵉ siècle.

Celui-ci nous a évité de limiter le mystère de l'Incarnation au petit Jésus et nous a fait entrer en relation avec l'Homme-Dieu adulte en mettant l'accent sur son amour sauveur.

La vision du salut exprimée dans la prière à saint Joseph (on la dit autrement maintenant) traîne encore dans l'imaginaire religieux de trop de gens. Est-ce cette vision qui se reflète dans le ton menaçant de supposés messages du Ciel non reconnus par l'autorité de l'Église ?

C'est de ma mère que j'ai appris mes prières. Quand j'ai commencé l'école, je les savais. Les plus jeunes, qui devaient aller se coucher avant le chapelet récité en famille, les apprenaient en utilisant les genoux de maman comme prie-Dieu. Elle nous les montrait progressivement, ajoutant une de plus à mesure que nous pouvions réciter les autres par cœur.

Mon père ne nous parlait pas souvent de religion. À cette époque, dans les familles, la religion et la sexualité étaient l'objet d'une certaine pudeur. Mais de temps à autre, mon père nous rappelait quelques vérités fondamentales apprises de son curé, au catéchisme. Par exemple, le curé disait aux enfants du catéchisme : « Ne venez pas me parler de péchés mortels. Il n'y en a pas un d'assez intelligent parmi vous pour en faire un vrai. » Et il nous rappelait les conditions d'un péché mortel : matière grave, réflexion suffisante, plein consentement de la volonté. De quoi éviter bien des scrupules et des peurs que les enfants s'entrent parfois dans la tête. Avant mes premières confessions, ma mère me prenait à part pour savoir ce dont je voulais m'accuser. Elle m'a aidé à éliminer des accusations qui n'étaient pas des péchés, mais elle m'en trouvait des vrais ! La formation de la conscience, ça doit commencer très tôt. Mais la conscience aujourd'hui… Nous y reviendrons.

Je dois à ma mère[3] une dévotion spéciale à saint Joseph. Pour tous les petits Canadiens français de l'époque, le nom de Joseph était accolé au nom usuel que nous devions porter.

---

3. Il s'agit de la seconde épouse de mon père, que nous avons toujours appelée maman, ce qu'elle était vraiment.

Saint Joseph est donc mon patron. Mais ma dévotion à son égard est plus motivée que cela. Je suis sûr d'avoir obtenu des faveurs par son intercession.

La même chose est vraie en ce qui concerne sainte Thérèse de Lisieux. À un moment donné, ma mère a remplacé par l'image de sainte Thérèse le portrait de Wilfrid Laurier qui trônait dans la cuisine - salle de séjour depuis que ce premier ministre en avait fait la distribution dans les foyers de ses électeurs. Mon grand-père paternel admirait ce Canadien français parvenu le premier à cette haute fonction. Il l'avait entouré d'un bel encadrement et accroché à une place d'honneur. Sainte Thérèse a hérité de l'encadrement et j'ignore la destination du portrait du grand homme politique. Il avait un regard sévère qui nous suivait dans tous les coins de l'appartement. Nous nous amusions à essayer d'échapper à ce regard. L'image de sainte Thérèse était celle retouchée par les soins de sa sœur Céline. Elle avait l'air un peu mièvre. Cela ne correspond pas à ce qu'on a trouvé sur les pellicules photographiques lorsque les techniques modernes ont pu décaper les originaux. Sur les images souvenir de mon ordination presbytérale, c'est la sainte « retouchée » que j'ai distribuée. On n'en trouvait pas d'autre. Mais ce qui m'a motivé, c'est l'*Histoire d'une âme*. Comme évêque, je suis parmi ceux qui ont travaillé à ce qu'elle soit nommée docteur de l'Église. Je ne me fais pas d'illusion sur le poids que j'ai eu dans cette décison, mais au moins, j'ai poussé dans la bonne direction.

Chapitre 3

Un signe sur les mains

C'EST LE TITRE D'UN LIVRE dont je me souviens vaguement. L'auteur était Émile Beaumann, un romancier français bien oublié aujourd'hui. D'après mes souvenirs, il racontait l'histoire d'un jeune homme qui avait la vocation à la prêtrise. Diverses circonstances et son manque de générosité l'ont empêché d'y arriver et il n'a pas été heureux durant sa vie.

Voilà un genre d'ouvrage qu'on n'écrit plus, heureusement. La vocation à la prêtrise ou à toute autre forme d'engagement chrétien n'est pas une chose définie d'avance, une adresse vers laquelle on doit aligner son avenir, sous peine de manquer sa vie et d'être malheureux. Toute vocation est un appel, qu'on discerne par divers signes, et auquel on répond librement.

Dans mon cas, il a été très tôt question que je pourrais devenir prêtre. Ma mère est décédée alors que je n'avais que deux ans et demi. Un jour, comme me l'a raconté une de mes sœurs aînées, elle était entourée de sa petite famille : quatre filles, deux garçons plus jeunes – moi et mon frère cadet. « Il faudrait bien, dit-elle, qu'il y ait parmi vous un prêtre et une religieuse. » Ce souhait de ma mère m'a suivi, mais pas comme une certitude ou une obligation. Les dimanches de l'hiver, toute la famille ne pouvait assister à la messe. Nous étions à dix kilomètres de l'église. Nous y allions à tour de rôle. Ceux qui restaient à la maison disaient le chapelet au moment où la cloche de l'église annonçait le *Sanctus*. Parfois, nous nous amusions à jouer à la messe. Je faisais toujours le prêtre. Mon sermon était toujours le même. « Un bon arbre ne peut produire de mauvais fruits et un mauvais arbre ne peut produire de bons fruits. » Je n'ai pas été ni le premier ni le dernier à répéter souvent le même sermon !

Demeurant loin de l'église, je n'ai pas été enfant de chœur et n'ai pas appris à servir à la messe ni aux vêpres. La première fois que je suis monté dans le sanctuaire de mon église paroissiale, j'étais séminariste. Je voyais de loin les cérémonies liturgiques, et je désirais dans mon cœur en faire partie un jour. C'était pour moi un rêve. Mais je n'en parlais pas. J'attendais un signe qui me dirait que Dieu me voulait là. Encore aujourd'hui, quand je me réveille le matin, je suis étonné et même émerveillé d'être un ministre ordonné dans l'Église. Un rêve devenu réalité par la grâce de Dieu. Cet émerveillement n'est pas la conscience d'une réussite qui me ferait gagnant par rapport à d'autres. Que Dieu me garde de cette tentation ! Rappelons-nous l'échelle horizontale…

J'ai poursuivi mes études primaires dans une école de rang, l'école numéro six. Il y avait là plus de trente écoliers répartis en six années. J'admire et je louange volontiers les braves institutrices qui s'y dévouaient pour un salaire dérisoire. Au début de l'été 2002, j'ai présidé aux funérailles de ma première institutrice, celle qui m'a accueilli à l'école primaire alors que j'avais six ans. Elle est décédée à 91 ans. C'est donc dire qu'elle n'était pas âgée devant ces trois dizaines d'écoliers dont certains n'étaient pas beaucoup plus jeunes qu'elle. Je lui ai rendu un hommage sincère et reconnaissant. Elle avait deux exigences : avoir de la discipline et apprendre. Ce fut ainsi avec les quatre « maîtresses d'école » que j'ai connues. La dernière, celle qui m'a fait faire ma sixième année, l'année terminale du cours primaire d'alors, était la sœur de celle qui m'avait accueilli en première année. J'étais alors bien préparé pour m'engager dans le cours classique, sauf pour ce qui est de la langue anglaise.

On nous enseignait la lecture, l'écriture, la grammaire, l'arithmétique. On nous donnait l'occasion d'apprendre à rédiger. Chaque lundi, il fallait arriver à l'école avec un texte dont le sujet nous avait été donné le vendredi. Je me souviens d'avoir écrit une page pour décrire mon canif. Je serais bien en peine d'en faire autant aujourd'hui. On nous montrait le catéchisme, les 508 réponses ! Chaque après-midi débutait par la récitation du chapelet. On nous faisait apprendre des cantiques, des airs de notre folklore. Nous faisions même des parascolaires avant que le mot ne soit inventé : des collections de plantes, d'insectes, de minéraux. Nous fabriquions des petits chefs-d'œuvre : les garçons utilisaient le bois, les filles apportaient des tricots, de la broderie. Cela constituait un petit musée dont nous étions fiers. Les écoles de rang n'étaient pas des institutions à rabais. Nous devons en rendre hommage aux jeunes filles qui y ont déployé leur dévouement avec pas beaucoup plus de connaissances que leurs élèves les plus avancés. Elles avaient de maigres salaires et vivaient dans des conditions modestes : en pension chez un voisin ou dans les appartements de l'école. Ceux-ci jouxtaient la salle de classe et étaient chauffés par le « poêle à deux corps », dont le feu était dans la classe alors que le four et les plaques chauffantes étaient du côté de la résidence.

La plupart du temps, les institutrices étaient des jeunes filles. À leur mariage, elles devaient cesser d'enseigner. Quelques-unes seulement demeuraient célibataires et faisaient longue carrière.

Comment s'y prenaient-elles pour tenir occupées en même temps six divisions ? Pendant que les uns récitaient leur leçon ou prenaient une dictée, les autres faisaient des devoirs ou écoutaient les réponses des plus avancés. En arrivant en sixième année, j'avais déjà entendu plusieurs fois ce que j'étais censé apprendre. Parfois elles demandaient à des enfants plus âgés d'aider les plus jeunes. Ceux-ci quittaient l'école plus tôt. Les « grands » y restaient jusqu'à 16 h. Quand j'étais en sixième, l'institutrice m'a demandé de montrer l'alphabet à un petit de première année. Un échec complet ! Il n'était pas dépourvu d'intelligence, loin de là, il était même très débrouillard en dehors de l'école. Mais il ne voulait pas apprendre. Sa famille était pauvre et marginale et ne pouvait pas le motiver.

À travers tout cela, je suis arrivé au terme de mon cours primaire, à la fin de la sixième année. J'avais douze ans. L'année scolaire suivante a été la seule année sabbatique de ma vie ! Je suis resté à la maison pour aider aux travaux de la ferme. Quand ceux-ci ne s'imposaient pas, on m'envoyait à l'école pour que je ne sois pas oisif. C'est à la fin de cette sixième année très partielle que j'ai passé mon certificat terminal du cours primaire. Diplômé pour la vie ! Mais je savais composer des textes presque sans faute et j'aimais la lecture. J'aurais pu, tout en gagnant ma vie sur une ferme, continuer à m'instruire et à me développer intellectuellement, comme le faisaient certains citoyens engagés dans des mouvements et actifs dans les « équipes d'études » de l'Union catholique des cultivateurs.

Les campagnes n'étaient pas un milieu de purs ignorants. À l'époque de la « grande noirceur », la lampe à pétrole a éclairé des soirées studieuses et des échanges intéressants sur l'agriculture, la politique et la situation sociale. Le milieu agricole n'était pas dépourvu de moyens de formation. Une école moyenne d'agriculture régionale offrait aux jeunes ruraux des cours qui duraient d'octobre à la fin d'avril.

J'aimais la lecture. J'avais lu tout ce qui me tombait sous la main : les livres donnés en récompense par l'inspecteur d'écoles, entre autres, ceux de Philippe-Aubert de Gaspé, les *Mémoires* et les *Anciens Canadiens*. Ma famille était abonnée au *Soleil* de Québec où est paru en feuilleton *Les Trois Mousquetaires* d'Alexandre Dumas. Une de mes sœurs n'aimait pas me voir le nez là-dedans : « Maman, il lit des romans ! » Mais maman me laissait faire ; plongé dans la lecture, j'étais tranquille. Le supplément du *Soleil*, en fin de semaine, nous offrait des œuvres de la comtesse de Ségur ainsi que des bandes dessinées. Mon héros était Jeannot l'invincible. Je lisais aussi les débats parlementaires que *Le Soleil* imprimait. J'admirais l'habileté des *debaters*, ce qui me donnait un vague désir de devenir avocat pour pouvoir en faire autant. Mais je n'avais pas mis mon rêve de côté, me demandant comment j'y arriverais alors que mon avenir semblait se dessiner autrement. J'attendais un signe.

Je n'aurais pas été heureux sur une ferme. J'aimais la nature, les animaux, mais je n'avais aucune attirance pour le travail avec eux. Mon frère plus jeune était beaucoup plus habile que moi. Alors que les garçons de mon âge étaient fiers de conduire un cheval, la chose m'ennuyait, spécialement être le « toucheux[1] » lorsque mon père passait le sarcloir à traction animale dans le jardin potager. Je n'osais rien demander, mais j'attendais toujours un signe.

Un soir du début de l'été 1938 — j'aurais dû remarquer la date, car cela a été un point tournant dans ma vie —, est arrivée chez mes parents une voiture qui nous amenait l'abbé Raoul Thibault, directeur du Séminaire de Rimouski. Il m'avait connu lorsque j'avais « marché au catéchisme » deux années plus tôt, alors qu'il était vicaire à Trois-Pistoles. Il venait suggérer à mes parents de me faire poursuivre mes études au Séminaire de Rimouski. Mes parents m'ont demandé si je le désirais. Vous devinez que la réponse a été rapide et positive. Ils ont alors accepté généreusement de se priver de mes services et de payer mes études.

Durant l'été, on a préparé mon trousseau de pensionnaire. Pour économiser, ma mère a fabriqué elle-même la redingote réglementaire que devaient porter tous les élèves. C'était un travail difficile, car ce vêtement, qui allait jusqu'aux genoux, comportait des nervures blanches. À cause de cela, on l'appelait un suisse, par comparaison avec le tamia rayé. Ma mère, une habile couturière, a bien réussi ce vêtement. Au début de septembre, mon père, au volant de sa Ford 1931 à quatre cylindres, m'acheminait, en compagnie de ma mère, au Séminaire de Rimouski, ma valise d'étudiant solidement ficelée au pare-chocs arrière et à la roue de secours. C'est ainsi que commençait une aventure qui devait durer huit ans.

---

1. Vieux mot français venu de l'Anjou, du Poitou et d'autres provinces de France.

CHAPITRE 4

« *Cicéron* »

« *C*ICÉRON » : c'est le surnom que mes copains du cours classique me donnaient en taquineries. Dans mes devoirs de traduction du français au latin (les « thèmes latins »), je m'efforçais de donner aux phrases les tournures que nous rencontrions dans les textes latins à traduire en français (les « versions latines »). Un professeur l'avait fait remarquer. Un confrère, Jean-Marc D'Amours, l'aurait mérité plus que moi : il avait eu la note 100 en thème latin dans un examen inter-collégial. Le surnom de « Cicéron » n'a pas dépassé les limites de ma classe ni le temps du cours classique. J'avoue que ce surnom ne me déplaisait pas. En tout cas, il m'a exempté d'avoir pire. Des copains ont attrapé des sobriquets moins glorieux, qu'ils ne méritaient pas. Il suffisait d'un incident cocasse ou d'un mot mal échappé pour qu'on vous colle un sobriquet indélébile. Les éducateurs, il va sans dire, n'y échappaient pas.

Je rappelle ce détail pour souligner que le célèbre orateur latin de l'antique Rome était un personnage familier dans le paysage culturel que nous offrait le cours classique. Le cours classique, c'était une immersion dans la grande tradition culturelle de l'humanité : une initiation aux langues anciennes, le latin et le grec, d'où sont issues les langues de l'Europe ; un survol de la littérature, de la pensée, de l'histoire, de la géographie, des arts visuels, de la musique ; un apprentissage des mathématiques et des sciences : la chimie, la physique,

31

la botanique, la minéralogie, l'astronomie, etc. (On appelait ces trois dernières : les petites sciences !) On n'allait pas très loin, on ne creusait pas en profondeur, mais on apprenait à situer chaque connaissance dans un grand ensemble où les divers domaines s'éclairent les uns les autres. On nous offrait un savoir intégré, ce qu'on fait moins, à mon avis, aujourd'hui, où l'on s'achemine trop tôt dans une spécialisation parfois très poussée.

Ce qu'on nous donnait au cours classique, c'était plus qu'un savoir, c'était une culture. Je ne sais qui a dit : « La culture, c'est ce qui reste quand on a tout oublié ce qu'on a appris. » Cette affirmation, qui est plutôt une boutade, est fortement exagérée, mais elle contient une part de vérité. Il y a des savoirs que nous avons oubliés mais qui ont laissé dans notre esprit la capacité d'apprendre, de juger, de comparer, d'analyser, de faire des synthèses.

> *« Tityre, tu patulae recubans sub tegmine fagi*
> *Silvestrem tenui musam meditaris avena ;*
> *Nos patriae fines et dulcia linquimus arva,*
> *Nos patriam fugimus ; tu Tityre, lentus in umbra*
> *Formosam resonare doces Amaryllida silvas* [1]. *»*

Je serais bien en peine moi-même actuellement de saisir tout le sens, la poésie, la musique vocale de ces paroles de Virgile. Mais le temps où j'ai planché là-dessus n'est pas perdu. Ce qui en reste est comme le résultat d'un exercice qu'un athlète se donne pour être en forme quand il pratique son sport. Il nous reste une capacité de comprendre, de saisir ce qui est beau, vrai, admirable dans ce qui se présente à nous.

Beaucoup de ceux qui ont terminé leur cours classique ont à peu près oublié les notions qui ne leur ont plus servi dans leurs études universitaires ou dans leur profession. C'est vrai surtout pour ceux qui ont subi ces études plus qu'ils ne s'y sont engagés.

---

1. Virgile, les *Bucoliques*. « Sous le vaste couvert, Tityre, d'un fayard, tu tentes sur ta flûte un fredon bocager ; je quitte la douceur de nos champs, je m'enfuis de ma patrie, mais toi, indolemment à l'ombre, tu montres aux bosquets à redire ta belle Amaryllis. » Trad. René Gouast, *Anthologie de la poésie latine*, Stock, 1947, p. 115.

J'en ai vu qui ont brûlé leurs dictionnaires grecs et latins à la fin de leur rhétorique. Mais même pour la majorité des autres, les grands auteurs latins, grecs, français se sont estompés dans leur mémoire, excepté quelques-uns qui sont retournés par intérêt culturel dans les prés de leur cours classique. Mais peu importe ce qu'on a oublié, il en reste quelque chose, une formation. Je me souviens d'avoir fait du calcul différentiel, d'avoir utilisé des logarithmes. Mais ne me demandez pas de reprendre ces opérations là où je les ai arrêtées, ni même de dire ce que c'est.

Mon plus jeune frère, qui a fait son cours classique à la fin des années cinquante, m'a apporté une liasse de mes dissertations philosophiques, écrites en 1943-44, et qui ont abouti dans ses papiers après je ne sais quel cheminement. C'est avec étonnement que je relis ces documents. J'y écrivais avec une assurance que je n'ai jamais retrouvée, surtout depuis que je fais partie du « Magistère incertain[2] ». Je serais bien incapable maintenant d'écrire quatre pages de réflexions sur la notion de quantité ; et je n'oserais jamais refaire la synthèse de la philosophie thomiste, dont j'ai fait subir la longue lecture à un auditoire qui comprenait aussi bien les potaches des éléments latins (1re secondaire) que les professeurs, le supérieur et même l'archevêque Mgr Courchesne, un « intellectuel de haute voltige » qui a écouté, j'imagine, avec indulgence lors d'une soirée consacrée à la philosophie.

Ce qui reste de tout cela est moins un savoir accumulé dans nos mémoires qu'un apprentissage du travail intellectuel, de la rigueur scientifique, la capacité de savourer la beauté, de discerner et de contempler la vérité. On nous a situés dans le grand fleuve de la culture humaine qui a traversé les siècles et qui continue de couler vers l'avenir. Car, comment fournir le débit des eaux qui vont en aval sans ce qui nous vient d'en amont ? J'entendais à la télévision, il y a quelques années, un jeune

---

2. Titre d'un intéressant ouvrage du regretté André Naud sur l'enseignement des évêques, publié en 1987 chez Fides.

« auteur » qui disait ne pas lire pour ne pas affecter son style personnel. Pauvre lui, qui se prend comme un commencement absolu ! Il n'est pas allé loin. Nous n'avons jamais plus entendu parler de lui.

Avec la fin des collèges assiques, le courant culturel n'a pas cessé. Les institutions actuelles, en plus d'être ouvertes à plus de personnes, offrent aux étudiants des ressources humaines compétentes et dévouées ainsi que des équipements plus perfectionnés que ceux qu'on pouvait se procurer dans les collèges d'autrefois. Les étudiants qui en sont capables peuvent encore naviguer sur le grand fleuve de la culture humaine alimenté au cours des siècles, et maintenant encore, par les grands esprits. Ils ne reconnaissent peut-être pas la « rivière Cicéron », mais les eaux de cet antique affluent les portent, avec le reste, vers l'avenir.

J'apprécie énormément l'avantage d'avoir fait mes « humanités », d'avoir étudié les lettres classiques latines et grecques. Je ne regrette pas le temps et les efforts que j'ai mis à plancher sur les textes qu'on nous faisait déchiffrer, traduire et analyser. Nous retrouvons tout cela dans nos langues européennes modernes. Notre langue française vient du latin et du grec. Ce ne sont pas seulement de mots que nous avons hérité. Une langue, c'est aussi une structure mentale, une manière de penser. La langue est un véhicule important de la culture. Tous ceux qui utilisent notre langue se servent du latin et du grec. Ils peuvent parler et écrire correctement et bellement sans discerner l'héritage qui leur permet de le faire. Mais on sait mieux une chose quand on en connaît la source.

En tant qu'enseignant en théologie et en patrologie, j'ai eu à fréquenter des textes latins et grecs dans la Bible, chez les Pères de l'Église et dans les ouvrages de théologie que j'utilisais. Mais le fond gréco-latin de mon français vient de mes études classiques.

Aux grands tournants de l'histoire de la culture, on a décidé de garder ce qu'on appelle « les humanités », l'étude des lettres classiques : latin et grec (Larousse).

Lorsque la foi chrétienne a eu droit de cité dans l'Empire romain, les chefs de l'Église se sont exprimés dans les langues de l'époque, le grec et le latin. Mais ils ont appris la maîtrise de ces langues dans la littérature qui existait, donc chez les auteurs païens. On s'en est fait parfois un problème de conscience. Par exemple, saint Jérôme, grand amateur de Plaute, Virgile et Cicéron, mais lancé dans la pratique de l'ascèse comme moine chrétien, a fait un rêve au cours d'une maladie. Il s'est vu devant un tribunal céleste. Interrogé sur sa condition, il répondit qu'il était chrétien. « Tu mens, répondit celui qui siégeait. Tu es cicéronien, non chrétien. » (Tiens, encore Cicéron !) On se mit à le battre de verges. Il promit de ne plus lire les auteurs profanes ni même d'en posséder, mais il continua à traîner avec lui l'abondante bibliothèque de ses chers auteurs païens. Il se servit du beau langage de Virgile et de Cicéron pour nous donner une excellente traduction de la Bible, faite à partir du texte original hébreu et grec, et que l'Église a adoptée comme version officielle, la Vulgate.

Les grands auteurs chrétiens de l'époque patristique se sont à peu près tous formés auprès des auteurs païens, au contact de la littérature ancienne grecque et latine. Ils ont exprimé la foi chrétienne dans ces grandes cultures du milieu.

Au IVᵉ siècle, l'empereur Julien l'Apostat avait ordonné d'écarter les chrétiens de l'enseignement des lettres classiques. Les deux Apollinaire de Laodicée, le père et le fils, « relevèrent le défi, le père composant dans le style homérique des poèmes inspirés de l'Ancien Testament, le fils créant des dialogues évangéliques à la manière des auteurs de son temps [3] ». Heureusement, l'entreprise n'eut pas de suites après la mort de Julien l'Apostat.

Au Moyen Âge, saint Thomas d'Aquin utilisa la philosophie d'Aristote (389-322 av. J.-C.) pour offrir à l'Église un exposé systématique de la foi, dont la partie principale est sa fameuse *Somme théologique*, à laquelle on se réfère encore aujourd'hui.

---

3. *Dictionnaire encyclopédique du christianisme ancien*, T. 1, 186, Cerf, 1990.

À la Renaissance, de grands esprits, comme Érasme, s'efforcèrent de proposer un humanisme chrétien éclairé par l'Évangile et ayant recours à la culture littéraire de l'Antiquité.

Au XIXᵉ siècle, un certain Mgr Gaume proposa d'imposer aux étudiants catholiques la Bible et les grands auteurs chrétiens au lieu des écrivains païens de l'Antiquité. Ce « gaumisme » n'eut pas de succès, heureusement. C'est ainsi que sont arrivés jusqu'à nous Homère, Sophocle, Platon, Aristote, Virgile, Cicéron, Tacite, etc., pour la sueur des potaches mais aussi l'ouverture de leur esprit à l'universel.

Ce que nos devanciers ont su faire avec la culture européenne, il faut que l'Église d'aujourd'hui le fasse avec la culture de l'Asie, de l'Afrique et même de l'Amérique latine. La géniale tentative du jésuite Matteo Ricci (1552-1610) d'exprimer la foi chrétienne dans la culture chinoise n'a pas eu de suite à cause de querelles mesquines qui ont conduit Rome à y mettre fin. Il ne faudrait pas répéter aujourd'hui de si malheureuses erreurs. L'Église catholique a eu la sagesse d'être européenne en Europe. Il ne faudrait pas qu'elle soit aussi européenne dans les autres continents. C'est un des soucis majeurs de notre pape Jean-Paul II. Il faut qu'elle respecte la culture de l'Asie, de l'Afrique et de l'Amérique latine.

CHAPITRE 5

La grande noirceur étoilée
ou la longue aurore

*L*A « GRANDE NOIRCEUR » ! Cette expression a été lancée par Cité libre et par des politiciens pour caractériser le règne du premier ministre Duplessis. Elle a été ensuite étendue à l'ensemble de la vie au Québec. Selon le dramaturge Marcel Dubé, la « grande noirceur » est un mythe.

Je suis un produit de la « grande noirceur ». Il est vrai que le cours classique dans lequel j'ai été formé comportait des lacunes, dont la plus grave était de n'être pas accessible, faute de ressources pécuniaires, à toutes les personnes qui auraient été capables de le réussir. Les programmes étaient définis et rigides. Nous ne disposions pas de bibliothèques très fournies. Nous avions accès aux auteurs étudiés grâce aux « Classiques Garnier », peu coûteux. Quant aux auteurs grecs et latins, on nous faisait travailler sur un choix de textes triés sur le volet pour nous éviter les audaces de Horace et d'Ovide chantant les amours. Quant au *Satiricon* de Pétrone[1], un roman décrivant les mœurs de l'Empire en déclin, nous n'en avions qu'un bref aperçu par de courts extraits pudiques. J'ai lu plus tard l'ouvrage entier et j'y ai trouvé une grande ressemblance avec le film de Denis Arcand *Le déclin de l'Empire américain*.

---

1. Pétrone, *Le Satiricon*, Gallimard (coll. Folio), 1969.

L'enseignement religieux était quelconque, confié à des professeurs non spécialisés comme complément à leur horaire et alimenté par un ennuyeux manuel d'un certain chanoine Boulanger. On complétait cet enseignement religieux par l'histoire de l'Église et, en classe de Philosophie I, par un cours d'apologétique.

Les cours d'histoire générale et d'histoire du Canada étaient intéressants, entre autres ceux de Mgr Alphonse Fortin, un diplômé de l'Institut catholique de Paris, érudit et bon conteur. Ce prêtre aurait pu faire une brillante carrière d'universitaire, mais il a préféré consacrer sa vie au Séminaire. Comme les manuels venaient de France, l'histoire générale était plutôt une histoire de France. Mais nos professeurs savaient nous mener en excursion dans d'autres parties du monde.

Un autre diplômé de l'Institut catholique de Paris, Mgr Georges Dionne, était un humaniste de grande érudition et un pédagogue hors pair. Comme étudiant à l'Institut catholique de Paris, il avait été « porté sur le pavois » comme les anciens chefs gaulois. Cela signifie qu'il avait obtenu le meilleur résultat à l'examen final. Souffrant continuellement de maux de tête, résultat de la rechute d'une rougeole à l'âge de six ans, pour se reposer, il lisait, nous a-t-on dit, dans le texte grec, Sophocle et d'autres auteurs classiques. En vrai pédagogue, expliquant un texte français ou nous faisant traduire un texte grec ou latin, il ne nous disait pas les réponses, mais nous les faisait trouver nous-mêmes.

Je ne puis mentionner ici tous les prêtres compétents et dévoués qui ont consacré leur vie à notre formation. Je note simplement l'abbé Georges Beaulieu, licencié ès Lettres, qui a donné beaucoup dans le domaine des arts, du théâtre, de la musique, et qui nous a ouvert l'esprit à la beauté. C'est à bon droit que la salle de spectacle du Collège de Rimouski, qui continue le Séminaire, porte son nom.

Un étudiant du collège me disait, à la fin des années soixante : « Le meilleur professeur de mon père était le confrère de mon grand-père. C'est encore lui qui est mon meilleur professeur. » Il n'a pas eu besoin de me dire son nom : Georges Beaulieu, qui enseignait alors la littérature canadienne-française. Gilles Vigneault a gardé une fidèle reconnaissance à ce maître, qui lui a ouvert les portes de la grande littérature.

Il était défendu de lire des livres non approuvés. L'Index était encore en vigueur. Un confrère, pris en délit de lecture de Voltaire, a dû son salut à ses résultats scolaires brillants et à sa belle performance à l'émission de radio *Nos collèges au micro*, précurseur de *Génies en herbe*.

Nous étions astreints à un règlement sévère et détaillé. Chaque dimanche, avant le souper, le directeur venait nous faire une lecture publique des notes, une pour la conduite, une pour le travail. Le maximum était 6, étrangement. La majorité des étudiants surfaient entre 6 et 5. En bas de 5, c'était mauvais. Il était défendu de fumer. Les sanctions aux manquements à ce point du règlement étaient sévères. La récidive faisait risquer l'expulsion. Vers la fin de mon cours, on nous permit de fumer dehors. Nous étions en avance sur la présente campagne antitabac !

Comme on a pu le deviner, nous avions deux sortes de professeurs. Les premiers s'en tenaient aux matières scolaires et voulaient pour nous les meilleures notes aux examens, surtout ceux où s'affrontaient les collèges affiliés à la faculté des arts de l'Université Laval. En Rhétorique et en Philosophie II, le champion de ce concours intercollégial recevait le prix du Prince de Galles, établi à partir d'un dépôt que celui-ci, fils de la reine Victoria et devenu Édouard VII en 1910, avait laissé à Québec à cette fin. C'était l'équivalent du prix Collin pour les collèges affiliés à l'Université de Montréal. Dans ma génération, Rimouski a remporté ce prix une fois. C'était arrivé à quelques reprises auparavant et deux autres fois à la fin des années cinquante.

La deuxième sorte d'éducateurs étaient ceux qui, sans négliger les matières au programme, nous ouvraient l'esprit vers divers domaines de la culture et nous communiquaient le goût du travail intellectuel. C'étaient des gens cultivés et des éveilleurs à la culture. En dehors des heures de classe et de jeux, une intense activité se déroulait tout au long de l'année scolaire. Théâtre, cercles oratoires, beaux-arts, musique : on organisait les choses pour que le plus grand nombre en profite. Chaque année, on montait une pièce de théâtre, ou même un opéra, s'il vous plaît !

Je me souviens, en particulier, de l'opéra *Le fils du croisé*[2] et de l'opéra *Joseph* d'Étienne Méhul. On travaillait une partie de l'hiver à préparer ces événements. On mobilisait l'orchestre du Séminaire, composé d'élèves et de professeurs. Aux interprètes principaux et aux choristes s'ajoutaient des figurants en plus grand nombre possible afin de donner à tous les élèves l'occasion de monter sur les planches. On habillait tout ce monde dans la « salle des costumes » où l'Antiquité, le Moyen Âge et l'époque baroque étaient mélangés. N'étant pas bon acteur, je m'activais plutôt sur les décors et au grimage. Outre ces grands déploiements, chaque classe organisait des petites soirées de variétés où les divers talents étaient mis en valeur.

Nous avions une fanfare dans laquelle l'abbé Charles Morin, pendant au moins trente ans, à chaque jour de la semaine, aux heures de récréation, a exercé des jeunes aux divers instruments. Il avait la patience de renouveler les effectifs, à partir de zéro, à mesure que les finissants quittaient. Cette fanfare, L'Harmonie Sainte-Cécile, a joué le rôle de corps musical des Fusiliers du Bas Saint-Laurent, un bataillon de réservistes du 22e Régiment.

Car c'était la guerre en Europe depuis 1940, et nous aurions dû faire notre entraînement militaire comme les autres jeunes. On nous a heureusement permis de continuer nos études tout en faisant des exercices militaires les jours de congé et durant des camps d'été. Plutôt que de faire de l'entraînement avec des armes, les membres de la fanfare s'exerçaient. Les instruments étaient fournis par le Séminaire : j'ai attrapé un trombone. Si

---

2. Texte de Paul Croiset, musique de D. Ch. Planchet.

j'étais allé au front avec cet instrument, j'aurais probablement effrayé, plus qu'avec un fusil, les Allemands, concitoyens de Beethoven, qui ont de l'oreille…

Il n'est pas nécessaire d'être très loin de Montréal ou de Québec pour se faire dire qu'on est « en région ». À Rimouski, à plus de 500 kilomètres de Montréal, on l'était pour vrai. Mais grâce aux institutions d'enseignement, au poste de radio et à l'initiative des citoyens, il y avait là, et il y a toujours, une vie culturelle intense. Et au Séminaire, on en profitait à plein, car, pratiquement, la seule salle de spectacle était là.

C'est ainsi que Rimouski a fait partie de l'itinéraire des troupes de théâtre, notamment Les compagnons de Saint-Laurent. Leur passage parmi nous était tout un événement. Dans les classes, nous préparions la pièce de théâtre qui était au programme. Il s'agissait des grands classiques français. Les acteurs étaient des disciples du père Émile Legault, dont la plupart ont fait de brillantes carrières.

Nous avons aussi eu la chance, avec la Société des concerts, d'entendre, quelques fois chaque année, de grands musiciens d'envergure internationale, souvent les mêmes que nous écoutions à l'opéra du samedi à la radio. J'en cite quelques-uns de mémoire : Léonard Warren, baryton ; Licia Albanese, soprano ; Astrid Varnay, soprano ; notre Raoul Jobin, ténor ; William Primerose, altiste ; Jesus Maria Sanroma, violoniste ; Gregor Piatigorsky, violoncelliste ; Marcel Hubert, violoncelliste ; Mildred Dilling, harpiste ; Witold Malkuzinsky, pianiste… Nous avions au poste de radio l'excellent baryton Paul-Émile Corbeil, qui n'avait pas eu la chance de jouer au plan international, comme il l'aurait mérité. Je donnerais cher pour entendre des enregistrements de sa voix.

On nous a appris à écouter un concert, à bannir les froissements de feuilles, à tousser avec discrétion et à ne pas interrompre une pièce musicale par des applaudissements intempestifs. Un moment de silence entre deux mouvements fait aussi partie de la musique. Notre grand chef d'orchestre,

Wilfrid Pelletier, disait à Henri Bergeron, dans une entrevue : « Il faut former des musiciens, mais aussi former des gens pour les entendre. »

Notre formation aux humanités, nous l'avons reçue d'hommes compétents et dévoués, qui nous aimaient et qui avaient voué leur vie à notre service. Tout n'était pas parfait. Mais j'en garde de bons souvenirs. Ces prêtres ont été pour moi des modèles qui ont orienté ma propre vocation. Je voulais devenir comme eux.

C'est dans ce milieu que nous avons traversé un bout de « la grande noirceur ». Ce n'était pas l'obscurité totale. Le ciel était étoilé de la vérité et de la beauté qu'on nous a aidé à découvrir. Nous y avons aussi connu la plus belle expérience humaine : l'amitié, celle de nos éducateurs et celle qui s'est développée entre condisciples. Au cours des huit années vécues sous le même toit, nous sommes devenus comme des frères, et c'est avec grande joie que nous nous retrouvons périodiquement depuis la fin de nos études en 1946.

Mais pourquoi répéter cette histoire de grande noirceur ? Je parlerais plutôt de longue aurore. Notre prétendue lumineuse révolution tranquille n'a pas été enfantée par les ténèbres. Le premier ministre Jean Lesage n'est pas allé recruter chez les extraterrestres ce qu'on a appelé son « équipe du tonnerre ».

On commence à se rendre compte que notre « révolution tranquille » a été tranquille, malgré les grands changements qu'elle nous a fait vivre, justement parce qu'elle avait été préparée. Chose inouïe, cette préparation s'est faite dans le développement des valeurs chrétiennes proposées par l'Église.

Un peuple qui a honte de son passé n'a pas d'avenir. Cela ne signifie pas que l'on doive rééditer indéfiniment ce passé. Ce qu'on appelle « la grande noirceur » n'englobe pas tout ce qui a été vécu dans cette époque. Il y avait là des valeurs, et des pratiques dans lesquelles ces valeurs s'incarnaient.

Ça n'a pas été une « grande noirceur » ni les ténèbres complètes. Le réveil des années soixante n'a pas été soudain, comme un commencement absolu. Il a été précédé par une longue aurore. Ce ne fut pas nécessairement « l'aurore aux doigts de rose », selon la belle expression du vieux poète Homère. Elle a été longue et laborieuse. Mais nous en avons récolté les effets dans la « révolution tranquille ». Ceux qui portent un jugement négatif et ne voient que de la noirceur dans ce qui a précédé risquent d'occulter le travail de courageux ouvriers du renouveau et de perdre les valeurs que ceux-ci ont véhiculées jusqu'à nous.

Dans un ouvrage bien documenté, deux sociologues nous ont démontré comment la « révolution tranquille » a été longuement préparée[3]. Elle est le fruit du personnalisme, illustré en France par Emmanuel Mounier, surtout dans la revue *Esprit*. Cette pensée a traversé l'océan et s'est retrouvée dans le milieu de nos jeunes intellectuels de l'époque. Elle a trouvé son expression dans la revue *Cité libre*[4] et surtout, d'une façon plus large encore, dans l'*Action catholique*[5]. À l'intérieur même de l'Église s'est ainsi formé un laïcat majeur qui a travaillé à nous affranchir du cléricalisme et qui a amené des croyants laïcs à implanter dans le monde profane les valeurs chrétiennes. La faculté des sciences sociales de l'Université Laval, fondée par le père Georges-Henri Lévesque, s'inspirait des mêmes sources françaises où on trouve les noms de Mounier, Péguy, Daniel-Rops, le père Chenu, le père Congar…

Je ne suis ni historien ni sociologue, je ne fais que rapporter ce que j'ai lu, vu et vécu. Nous retrouverons la « révolution tranquille » plus loin, lorsqu'il sera question de la réforme de

---

3. E. Martin Meunier et Jean-Philippe Warren, *Sortir de la « Grande noirceur »*. L'horizon personnaliste de la Révolution tranquille, Les cahiers du Septentrion, 2002.

4. Cette publication a été, naturellement, mal vue dans les milieux ecclésiastiques. Elle ne s'opposait pas à l'Église, mais à un de ses défauts de l'époque, le cléricalisme. Parmi ses collaborateurs, on trouvait Gérard Pelletier, Fernand Dumont… et d'autres « bons catholiques ».

5. Louise Bienvenue, *Quand la jeunesse entre en scène*, Boréal, Essais, 2002. Parmi les leaders du monde politique, syndical et universitaire des années 1960 à 1990, on trouve d'anciens militants d'Action catholique, comme Claude Ryan, Jeanne Sauvé, Guy Rocher, Pierre Juneau, Gérard Pelletier, le journaliste Jean-Claude Leclerc…

l'éducation dans laquelle j'ai dû m'engager. Ceux qui veulent plus de détails et de meilleures analyses peuvent se référer aux ouvrages ici mentionnés et aux historiens qui ont couvert cette époque.

Au Séminaire de Rimouski, les deux premières années où j'y ai étudié, nous avions de l'Action catholique, la JEC (Jeunesse étudiante catholique). J'en ai fait partie, mais j'avoue n'avoir eu ni le temps ni la maturité nécessaires pour en comprendre l'esprit et la méthode. Je me souviens des visites stimulantes de l'abbé François Rioux, l'aumônier diocésain, ainsi que de Gérard Pelletier, alors dirigeant national. Les élèves qui ne faisaient pas partie du mouvement nous regardaient de travers, s'imaginant que nous nous pensions meilleurs et que le fameux « voir, juger, agir » était une sorte d'espionnage et de délation. Il faut ajouter aussi que nos bons professeurs voyaient d'un œil inquiet une influence étrangère agir dans le pacage de leurs brebis !

De façon abrupte, Mgr Georges Courchesne, l'archevêque de Rimouski, a mis fin à l'Action catholique spécialisée. Donc, la JEC disparaissait au profit de l'Action catholique générale, dont les activités dirigées par le diocèse se déroulaient en paroisse et dans les familles. Il y a là un geste défensif devant une perte de maîtrise d'une pastorale dont les directives venaient d'ailleurs. Cette décision fut un recul par rapport à ce qu'une véritable Action catholique aurait pu apporter. « Désormais, jusqu'à la fin du règne de Mgr Courchesne, la formule d'Action catholique dans le diocèse de Rimouski en sera une d'Action catholique générale, qui tiendra davantage de l'enseignement que de l'action[6]... »

C'est là un exemple des résistances que le lever de soleil après la « grande noirceur » devait rencontrer. Les pouvoirs en place se défendaient devant la montée d'un laïcat qui voulait prendre en mains la part d'évangélisation qui lui revenait.

---

6. Noël Bélanger, *Mgr Georges Courchesne* (1880-1950), Archevêché de Rimouski, 2000, p. 156.

Mais l'Action catholique a continué ailleurs. Elle a retrouvé sa place plus tard, même à Rimouski. Avec toutes les autres forces de renouveau, celles des études bibliques, de la patrologie, de la théologie et de la liturgie, elle a fait ouvrir, au concile Vatican II, les fenêtres étanches qui empêchaient l'Église de faire pénétrer le vrai Évangile dans le vrai monde.

Dans le difficile cheminement qui a proposé le renouveau, il ne faut pas oublier de mentionner les longues et pénibles luttes syndicales, dont deux ont été particulièrement significatives et déterminantes : celle d'Asbestos en 1949 et, auparavant, celle de la Montreal Cotton Limited de Valleyfield. Ces réactions justifiées des travailleurs exploités n'ont pas reçu l'appui du gouvernement de l'Union nationale de Duplessis, qui y subodorait l'influence du communisme. Il a même fait intervenir les forces policières contre les grévistes.

À travers les efforts des laïcs croyants et convaincus, se sont mêlés des courants moins orthodoxes, un anticléricalisme ennemi de l'Église, diverses formes de marxisme à la mode et, à l'autre extrême du spectre, le conservatisme religieux et le fondamentalisme. Mais j'avoue que, durant mon cours classique, nous étions peu au courant de ce mélange de bon grain et d'ivraie, encore bien tranquilles dans le château-fort culturel et religieux qu'était notre Séminaire.

CHAPITRE 6

Ma part d'héritage

« Seigneur, toi mon héritage et ma part à la coupe, mon destin est dans ta main » (Psaume 15,5).

À LA FIN DE MON COURS CLASSIQUE, mon choix de carrière a été facile. Je voulais suivre l'exemple des modèles que j'avais admirés chez nos éducateurs, durant mes études. Après avoir lorgné du côté des Pères Blancs (ils s'appellent aujourd'hui Missionnaires africains) et des Jésuites que j'avais admirés dans la personne du père Luigi D'Appolonia, venu prêcher la retraite des « finissants », j'ai choisi de devenir prêtre diocésain et de me diriger vers le Grand Séminaire. J'y étais déjà depuis un an occupé à l'accueil et aux commissions, car les sorties en ville étaient très restreintes pour les séminaristes. J'y gagnais ainsi mon logement et ma pension, soulageant d'autant le fardeau financier de mon père. Celui-ci fut surpris, quand il alla payer mes frais de scolarité à la procure du Séminaire, de se faire demander seulement trente dollars. Cela signifiait que le Séminaire nous donnait l'instruction gratuitement. Il pouvait boucler ses budgets grâce au travail presque gratuit des professeurs et aux revenus provenant de diverses entreprises, dont je parlerai plus loin.

Sur une trentaine de finissants de 1946, quatorze se sont dirigés vers le Grand Séminaire diocésain, deux chez les Pères Blancs d'Afrique, deux chez les Jésuites.

Notre entrée dans le « clergé » s'est faite rapidement. Pour la prise de soutane, chacun est simplement monté à sa chambre et en est redescendu « ensoutané ». Après une retraite de trois jours, ce fut la remise du surplis et la tonsure : un cercle de trois centimètres de diamètre où on tondait le nouveau clerc, comme une marque d'appartenance au service divin. La célébration était accompagnée de la récitation du Psaume 15,5 : « Seigneur, toi mon héritage et ma part à la coupe, mon destin est dans ta main [1]. » Le coiffeur qui a fait ma tonsure a dû s'y prendre à deux fois pour réaliser le cercle parfait, ce qui m'a laissé avec une tonsure plus grande que la normale. Mes confrères me taquinaient en me disant que j'avais une tonsure d'évêque. Ceux-ci étaient tenus, paraît-il, à une tonsure plus grande, qu'on ne voyait d'ailleurs pas car ils portaient toujours la calotte, sauf pendant la prière eucharistique.

Nous avons abandonné la tonsure après le concile Vatican II. Quant à moi, ma tonsure a eu un effet permanent qui a commencé à se manifester alors que j'étais dans la trentaine, résultat non pas d'une influence préternaturelle, mais d'un héritage génétique qui aboutit à l'alopécie androgéno-génétique, mal superficiel qu'on appelle communément « calvitie ».

Désormais, nous devions toujours porter la soutane. Personne ne devait nous voir sans cet habit. La soutane était noire. Tout le reste de notre accoutrement devait être noir. Le manteau, la douillette — manteau léger qu'on devait porter l'été —, le chapeau, les pantalons. Le directeur y tenait. Il nous disait : « Vous pouvez avoir un foulard carreauté, noir sur noir. »

---

1. La formule latine récitée était celle-ci : « *Dominus pars hereditatis meae et calicis mei, tu es qui restitues hereditatem meam mihi.* »

Nous menions une vie monastique. À partir de la première marche de l'étage des chambres, dans le corridor et dans les chambres, c'était le silence absolu. Un manquement à ce règlement était une menace d'expulsion. Ceux qui avaient besoin de se parler descendaient au premier étage ou le faisaient à voix basse dans la chapelle, qui était au deuxième. On observait la lettre de la loi. Nous prenions nos repas en silence jusqu'au dessert, ce qui nous a habitués à manger vite ! Le silence était rempli par une lecture que le directeur nous demandait de faire *recto tono* pour éviter les fausses intonations que certains ne pouvaient éviter. Les jours de fête et quand nous avions de la visite, la conversation était permise. Après la prière du soir et jusqu'au déjeuner, c'était le « grand silence » : aucune conversation dans la maison, sauf à la chambre du conseiller spirituel. Neuf heures trente : couvre-feu ; cinq heures trente : lever suivi de la prière à la chapelle, puis une demi-heure de méditation parfois passée partiellement en extase dans les bras de Morphée, et la messe.

Celle-ci était célébrée tous les matins avant le déjeuner, parce que le jeûne eucharistique était de rigueur, et cela même le dimanche. Ce jour-là, nous allions participer à la messe solennelle à la cathédrale, messe à laquelle, le plus souvent, l'archevêque assistait de son « trône ». La messe quotidienne était une « basse messe », messe célébrée à voix basse, le célébrant dos à l'assistance. Seul le servant répondait au célébrant, les autres suivaient les textes dans leurs missels.

Certains jours de fête, pendant la liturgie de la Parole faite à voix basse, nous chantions des cantiques, chacun devant, à tour de rôle, s'exécuter comme soliste pour les couplets. Cet exercice faisait partie de la formation des futurs prêtres, qui devaient tous chanter, aux grand-messes, la préface, le *Pater*, l'*Ite missa est*, en plus d'entonner certains chants exécutés par la chorale ou le chantre des messes de semaine. Tous n'avaient pas la justesse de la voix et de l'oreille. On a utilisé là des gammes inconnues avec lesquelles Mozart se serait cru en enfer.

Je rappelle ces souvenirs pour faire voir aux plus jeunes que la réforme liturgique nous a fait revenir de loin[2].

Les cours de théologie étaient donnés en latin, à partir de manuels latins. Je reparlerai de ceux-ci plus loin. J'ai dû enseigner moi-même avec ces instruments. Le cours d'Écriture sainte était donné en français, à partir d'un manuel dont l'unique exemplaire était entre les mains du professeur, une ennuyeuse dictée dont le contenu était bien en deçà de la compétence et de l'intelligence du professeur. C'était immédiatement après la guerre, et les livres n'avaient pas recommencé à venir de France. D'ailleurs, le fameux manuel ne reflétait pas l'encyclique *Divino afflante Spiritu* de Pie XII, parue en pleine guerre (30 septembre 1943), qui donnait sa place à l'exégèse moderne après les interdits exagérés qui s'étaient opposés au renouveau biblique amorcé par le père Jean-Marie Lagrange, o.p., et, il faut le dire, à certaines dérives du modernisme. La spiritualité était enseignée isolée du dogme et de la morale. Un professeur nous a initiés à la patrologie avec son enthousiasme communicatif. Un autre a su nous faire découvrir le grec biblique et nous amener à y trouver un grand intérêt. Le cours de liturgie portait sur les rubriques compliquées et détaillées, décrites dans le gros manuel de Haegy-Sterky-Levavasseur. Les détails faisaient perdre de vue l'essentiel. Ma crainte était que l'archevêque me demande de devenir son cérémoniaire. Je me serais perdu dans tous ces gestes et mouvements des nombreux participants qui avaient tous des choses précises à faire. On avait oublié l'esprit de la liturgie que nous a rappelé, entre autres, le grand Romano Guardini[3] et que le concile a redonné à l'Église. On devait être tellement attentif aux rites qu'on ne pouvait pas réfléchir sur leur sens.

---

2. Pour montrer le peu de place que tenait la Parole de Dieu dans la liturgie, voici un exemple extrait d'un manuel de morale, très répandu et très utilisé : « Il y a péché véniel si on manque volontairement une partie non importante de la messe, par exemple du commencement jusqu'à l'offertoire exclu. »
Héribert Jones, *Précis de théologie morale*, n° 195, 13 éditions en allemand, 14 éditions en français, 50 000 exemplaires. Traduit aussi en anglais, en hollandais et en italien.
3. Romano Guardini, *L'esprit de la liturgie*, 1918.

Comme bibliothèque, nous n'avions pas grand-chose, les collections et les revues étant demeurées au Petit Séminaire, où les futurs prêtres avaient vécu jusqu'en 1945. Il y avait là la *Revue thomiste* et la *Revue biblique* depuis le premier numéro, un abonnement payé par Mgr Lionel Roy, qui avait été disciple du père Lagrange à Jérusalem. Tous ces trésors ont été rapatriés quand le Petit Séminaire est devenu un collège public. Nous avions le *Dictionnaire de théologie catholique*, un commentaire de la *Somme théologique* du père Pègues, o.p., qui était plutôt une traduction française assortie de quelques gloses, l'édition française de la *Somme* de saint Thomas publiée en petits volumes dans la collection de la *Revue des jeunes*. Figurait en bonne place une collection de sermons pour toutes les circonstances, dont l'auteur était un certain abbé Plat. Le nom de l'auteur m'a découragé d'ouvrir jamais un de ces volumes.

Nos professeurs nous ont donné le meilleur d'eux-mêmes malgré le peu de moyens à leur disposition. Peu à peu, la bibliothèque s'est organisée et, lorsque je suis revenu dans l'institution comme professeur, elle commençait à être convenable. Le latin de l'Église et de la théologie m'est entré facilement dans la tête et j'ai quand même aimé mes études au Grand Séminaire de Rimouski.

CHAPITRE 7

« *Élargis tes horizons* »

L'ANNÉE OÙ J'AI VÉCU comme étudiant au Grand Séminaire, nous étions très tassés. Aucune chambre n'était libre. Mais on procédait à la construction d'un nouveau bâtiment. À un moment donné, la fenêtre de ma chambre donnait dans la nouvelle chapelle. J'ai terminé mon année dans une autre chambre ensoleillée, après le départ d'un confrère.

À l'été de 1947, le directeur du Grand Séminaire m'annonça que je devais continuer ma formation au Séminaire universitaire Saint-Paul, à Ottawa. C'était là que deux de mes professeurs avaient terminé leurs études.

Commençait ainsi une nouvelle étape qui allait être très importante pour toute ma vie. Le Séminaire accueillait des étudiants francophones et anglophones du Canada et des États-Unis. Ces derniers venaient surtout de la Nouvelle-Angleterre, où les prêtres devaient servir des populations de Franco-américains, des gens qui avaient dû quitter le Québec pour aller gagner leur vie dans les *factories* (on disait « factries ») qui se développaient vite et demandaient beaucoup de main-d'œuvre à bon marché. Mes confrères franco-américains étaient pour la plupart des fils de ces immigrants. Les évêques de leurs diocèses demandaient aussi à leurs séminaristes anglophones d'en profiter pour apprendre le français. Du côté canadien, les étudiants venaient surtout de l'Ontario et de Terre-Neuve récemment devenue une province canadienne. La consigne pour tous était de développer la connaissance de notre « langue seconde ». C'est là que je me suis rendu compte que je pouvais difficilement parler l'anglais, même si je savais le lire.

J'ai trouvé au Séminaire Saint-Paul un milieu différent de celui de Rimouski. Les séminaristes américains et canadiens des provinces autres que le Québec y sont arrivés en complet noir, chemise blanche et cravate noire. Mais ils ont dû revêtir la soutane et n'ont retrouvé leur complet qu'au départ pour les vacances. Ils étaient gênés de sortir en ville en soutane, douillette et chapeau noirs. Par ailleurs, nous pouvions faire du sport avec les costumes appropriés et aller aux douches en robe de chambre. Je rappelle ces détails pour montrer leur importance dans la vie quotidienne et pour donner une idée du climat qui régnait.

Je considère comme une chance d'avoir fait la plus grande partie de mes études au Séminaire Saint-Paul, affilié alors à l'Université d'Ottawa. Nos professeurs étaient des pères Oblats très compétents et dévoués. Ils se mêlaient volontiers aux séminaristes dans la cour de récréation ; on percevait facilement leur amitié.

Le silence faisait partie du règlement de vie, mais il était appliqué de façon moins rigoureuse qu'à Rimouski. Quant à moi et mon compagnon de chambre, qui était lui aussi de Rimouski, je doute que nous ayons échangé dix paroles au cours de toute l'année. Les habitudes étaient prises. Le futur prêtre doit apprendre à se donner des périodes de silence et de recueillement. Un milieu de vie calme est nécessaire à l'étude et à la prière. Il ne faut pas perdre de vue cette dimension dans la formation des futurs pasteurs. Nos paroles et nos gestes vont acquérir de la densité et du sens dans le silence et la réflexion qui les préparent, « *non in comotione Dominus* [1] ». Nous vivons dans un monde de bruit, de vitesse et d'excitation. Les jeunes eux-mêmes cherchent des aires de silence. Allons voir dans les monastères.

---

1. 1 Rois 19,11 : « Le Seigneur n'était pas dans le tremblement de terre. » Application accommodatiste d'un passage relatant la théophanie faite au prophète Élie (1 Rois 19, 11-13).

Le Séminaire Saint-Paul avait une bibliothèque remarquable. On y trouvait de tout, car depuis le début et maintenant encore, elle est mise à jour et organisée pour qu'on puisse s'y retrouver facilement. Vous voulez consulter un auteur, vérifier une référence ? Vous êtes sûr de trouver là ce que vous cherchez. Elle est complète en matières ecclésiastiques : théologie, histoire, droit canonique, spiritualité, dans les langues où l'on produit des travaux de valeur et essentiels à la recherche : latin, anglais, français, allemand, italien, espagnol... Vous y trouvez les revues, les collections, les encyclopédies, les Pères de l'Église et les écrivains ecclésiastiques dans les éditions critiques. C'est là que j'ai pris contact avec la patrologie latine et la patrologie grecque de l'abbé Migne, cet éditeur phénoménal. Après la guerre, le bibliothécaire, le père Léon Allie, est allé faire en Europe une tournée que j'appellerais une razzia au cours de laquelle il a acquis, des institutions qui fermaient leurs portes, des ouvrages autrement introuvables. Hommage au père Allie, à son collaborateur, le frère Comtois, et à tous les autres qui ont bâti ce monument du savoir, ce trésor de la mémoire religieuse !

On nous donnait non seulement un savoir théologique, mais aussi et surtout une formation, on nous apprenait le travail scientifique, l'amour de la science sacrée. La référence théologique principale était la *Somme théologique* de saint Thomas d'Aquin, que les professeurs étayaient d'une exégèse des Écritures, des conciles et des Pères de l'Église. Je l'ai dit souvent : je n'ai pas eu à mettre de côté ce que j'ai appris à Ottawa. J'ai construit là-dessus une théologie renouvelée par le concile et les grands auteurs qui en ont été les inspirateurs et les commentateurs. Le secret de tout cela ? La discipline théologique acquise dans le contact direct avec saint Thomas : grâce à son ouverture d'esprit et à sa générosité intellectuelle, il n'avait pas peur des questions et des objections. Le renouveau conciliaire n'a pas été exclusivement au crédit des disciples de saint Thomas, mais ceux-ci y ont pris une part importante : Congar, Chenu, De Lubac, Charlier, Liégé... Au Séminaire, on ne nous a pas mis en contact avec ces auteurs, qui, à ce moment-là, étaient mal vus par les autorités romaines. Mais nous étions en contact avec leurs sources : l'histoire, les Pères de l'Église, Newman, beaucoup moins qu'eux, il va sans dire, mais assez pour nous y reconnaître lorsque nous avons pu les lire.

« Saint Thomas, délivrez-nous des thomistes » : cette prière pouvait s'appliquer à ceux qui se réclamaient de saint Thomas sans avoir son esprit d'ouverture. Le vrai thomisme est une doctrine ouverte, qui accueille les questions nouvelles et qui n'est pas tentée d'emprisonner la foi dans des syllogismes et dans des thèses définitives.

Je me souviens d'avoir été interpellé et presque choqué par une affirmation de saint Thomas au début de son traité sur les sacrements : « Le sacrement est dans le genre signe[2]. » Bien oui ! et après ? Ça vient de saint Augustin et de la longue Tradition qu'on a occultée sous un ritualisme exagéré. Cette courte phrase est l'indication routière qui nous mène au renouveau de la liturgie. Le sacrement est un signe qui réalise ce qu'il signifie. Il faut donc deux choses : voir cette signification, et célébrer le sacrement de façon que cette signification apparaisse et nous révèle le mystère de Jésus-Christ. C'est ce que le concile Vatican II a demandé dans sa *Constitution sur la liturgie*, au n° 21.

Ce n'est pas au nom d'un thomisme bien compris qu'on a été réticent et même négatif devant les nouvelles théologies qui se sont construites dans des contextes sociaux et culturels nouveaux. Ce n'est pas sans signification qu'un grand thomiste, le père Marie-Dominique Chenu, préface de façon positive le livre d'un autre Chenu, Bruno (y a-t-il parenté familiale entre les deux ? Il y a au moins parenté d'esprit) : *Théologies chrétiennes des tiers-mondes*[3].

Évidemment, je ne pensais pas à tout cela à la fin de mes quatre années de théologie. On m'avait ouvert le bon chemin où de plus précises indications routières m'attendaient.

---

2. III^a pars, q. 60, a.1.
3. Bruno Chenu, *Théologies chrétiennes des tiers-mondes, latino-américaine, noire américaine, noire sud-africaine, asiatique*, Le Centurion, 1987.

CHAPITRE 8

Un coup de vent inattendu

U<small>N JOUR</small> – je ne me souviens plus si c'était pendant une retraite ou pendant les quarante heures –, je venais de terminer deux heures d'adoration devant le saint sacrement, parce que celui qui devait venir après moi l'avait oublié. Le supérieur me convoqua chez lui et me fit une offre à laquelle j'étais loin de m'attendre : devenir professeur au Séminaire Saint-Paul tout en préparant un doctorat en théologie. L'offre était intéressante pour moi et généreuse de la part du Séminaire. Elle signifiait quand même un changement dans les projets qu'on avait faits pour moi. En effet, on me destinait à une carrière d'enseignement au cours classique. Je ne pouvais évidemment pas donner de réponse sans en référer à mes supérieurs de Rimouski et à mon archevêque. À l'occasion des ordinations, le 18 juin 1950, le père Jacques Gervais en a conféré avec Mgr Courchesne. Ma route était trop bien tracée à Rimouski pour qu'on acceptât le projet d'Ottawa. On me dirigeait vers les Lettres. Après un probable essai d'enseignement pour vérifier mes aptitudes pédagogiques, on m'enverrait prendre une licence ès Lettres à l'Institut catholique de Paris. Trois années d'étude. Mais mon archevêque, qui m'avait convoqué, me dit : « Avant de risquer de te faire emplir la tête à Paris, tu vas aller passer une année à Rome pour apprendre ton catéchisme comme il faut. » C'est l'expression qu'il a employée. Puis il a ajouté une chose que je n'ai pas comprise à ce moment-là : « Perfectionne ton anglais, car, plus tard, il peut t'arriver d'être un chef. » Un chef ? Un chef en quoi et comment ? L'avenir qu'on me destinait était l'enseignement des Lettres. Les chefs en ce domaine étaient les dirigeants des collèges et quelques-uns qui faisaient carrière à l'université. J'ai saisi plus tard, quand on m'a demandé de devenir évêque, ce que Mgr Courchesne avait derrière la tête. Avait-il vu mon bâton de maréchal dans ma giberne qu'était le rapport du Grand Séminaire ? Lui-même s'exprimait fort bien en anglais, car il avait fait, comme jeune prêtre, du ministère en Nouvelle-Angleterre. Il avait, dans le monde anglophone, des amis qu'il aimait rencontrer, mais aussi d'autres personnages à qui il pouvait aisément dire sa façon de penser quand il n'était pas d'accord. Il m'a recommandé un ouvrage pour me faire progresser dans l'anglais idiomatique, mais je n'ai jamais pu trouver ce livre. J'ai quand même toujours essayé d'apprendre cette langue de mon mieux. Mon intention était d'aller faire du ministère aux États-Unis durant les vacances d'été. Mais je n'ai pas pu réaliser ce projet, étant retenu à Rimouski douze mois par année, comme je l'expliquerai plus loin.

En septembre 1950, je partais pour l'Europe, à Rome, avec deux compagnons rimouskois, l'abbé Pascal Parent, qui allait prendre une licence en philosophie, et l'abbé Pierre Moreault, diacre, qui allait terminer sa formation à la prêtrise et pousser ses études jusqu'au doctorat en théologie et une licence en Écriture sainte à l'Institut biblique. Je partais en Europe pour quatre ans : une année à Rome et trois à Paris. Mes parents en étaient attristés. Je revois encore ma mère en pleurs à une fenêtre alors que, dans la voiture que conduisait mon père, nous contournions le coin de la maison. Un train nous conduisit à Québec ; de là, nous nous embarquâmes le 15 septembre pour Liverpool à bord de l'*Empress of Canada*. Nous étions les trois dans la même cabine, en deuxième classe. On nous disait : « Ce bateau craque mais il ne casse pas. » Après le paisible parcours sur le Saint-Laurent, nous sommes entrés dans la haute mer. Là, le tangage y est plus long et plus lent, nous donnant l'impression de monter plus haut et de descendre plus profond qu'en réalité. Notre *Empress* a eu l'occasion de faire entendre ses craquements, car, à mi-chemin, nous avons traversé une tempête assez forte qui a diminué de moitié la présence des passagers dans la salle à manger. Nous avions une chapelle à notre disposition et nous pouvions célébrer la messe tous les jours. Un matelot servait ma messe. Au matin du plus fort de la tempête, il m'a aidé à garder mon équilibre : je suivais ses mouvements, qui nous permettaient de demeurer à la verticale, ce qui aurait été difficile sans l'expérience qu'il avait, car on n'a pas de point de référence sur un parquet et sur les murs qui oscillent en bloc.

Quand tout semble basculer dans le monde et dans l'Église, il faut s'efforcer de garder la verticale qu'est la prière et s'aligner sur les saints qui savent prier. C'est dans cette traversée que j'ai pris conscience du courage des pionniers de notre pays. Ils ont affronté l'océan sur des bateaux qui étaient des coquilles de noix à côté de nos transatlantiques. La traversée a duré huit jours. Nous avons passé quelques jours sans voir autre chose que de l'eau tout autour à perte de vue. Quand nous avons aperçu la première terre, c'était l'Irlande ; tout le monde était sur le pont, excité. Que devaient ressentir ceux qui, dans les siècles passés, prenaient des mois à faire la traversée sur leurs bateaux à voiles lorsque les vents n'étaient pas favorables ?

Notre expérience de l'Angleterre a été courte. De Liverpool, nous sommes allés à Londres pour une brève visite, assez longtemps cependant pour apprécier l'accueil des gens envers les visiteurs. Si quelqu'un nous voyait consulter une carte des rues, il s'offrait à nous donner des informations et même à nous guider. Un chauffeur de taxi a arrêté son taximètre afin de nous donner le temps de voir le changement de la garde au palais de Buckingham. Dans ce pays, le petit peuple est fier de ses institutions. Dans les services publics, nous avons eu affaire à des préposés qui s'exprimaient fort bien en français, ce qui n'est pas le cas dans plusieurs grandes villes canadiennes !

Nous avons traversé la Manche entre Douvres et Calais. J'ai été ému de voir pour la première fois les côtes de la mère patrie. Dans notre folklore et dans notre apprentissage de l'histoire, la France était idéalisée. La plus grande partie de nos sources culturelles venait de là : nos manuels d'études, la littérature, les chansons…

Nous sommes des Américains francophones, non des Français. Mais il faut reconnaître ce que nous avons reçu de la France et ce qu'elle continue à nous offrir. Nous avons vu plus haut comment le personnalisme français a influencé notre « révolution tranquille ».

La France reste toujours le foyer de la francophonie. Nos artistes et nos écrivains vont y chercher la consécration de leur carrière. Elle a donné de grands théologiens à l'Église. L'influence de la langue française diminue actuellement, dans le monde, au profit de la langue anglaise. En Europe, la langue seconde était autrefois le français. Maintenant, les jeunes apprennent l'anglais. Si le roi Louis XV avait mieux perçu l'importance de la Nouvelle-France, l'Amérique serait peut-être aujourd'hui à majorité francophone, et la langue prédominante dans le monde serait probablement le français.

Nous n'avons pas pensé à tout cela en débarquant à Calais. Il fallait prendre le train pour Paris et nous n'avions pas beaucoup de temps. L'abbé Parent est monté dans le train pour nous réserver une place, mais la locomotive s'est mise en branle avant qu'il revienne nous chercher. Nous voilà sur le quai, Moreault et moi, avec les bagages des trois voyageurs : chacun deux valises et une serviette, donc neuf morceaux. Heureusement, un autre train partait pour Paris un peu après. Avec l'aide de porteurs, nous avons embarqué tout cela, mais une question s'est posée : Où allions-nous loger à Paris ? Parent avait l'adresse précise avec lui. Nous allions à la maison de la Fraternité sacerdotale (une communauté fondée pour accueillir les prêtres voyageurs, étudiants, ou âgés). J'avais en mémoire la rue de Babylone, mais le numéro de porte ? Ne nous inquiétons pas outre mesure. Regardons défiler la campagne française. Nous aviserons une fois arrivés à Paris en consultant l'annuaire téléphonique. Mais une fois en gare, allez trouver dans un énorme annuaire la Fraternité sacerdotale ! Dans les annuaires téléphoniques, c'est un problème de trouver l'adresse des communautés religieuses. Sous quel mot chercher ? Religieux, religieuses, pères, sœurs, couvent, monastère ?... Nous nous sommes dit : « Allons à la rue de Babylone, et là nous aviserons. » Mais en montant dans un taxi, le chiffre 32 a fait surface dans ma mémoire et nous y sommes allés à tout hasard. Et c'était bien cela ! Heureusement ! Autrement, avec l'empressement (!) que certains Parisiens démontrent à communiquer des informations, en plus en pleine nuit... Parent nous y attendait, confiant en notre débrouillardise.

Moralité : quand on voyage en groupe, il faut que chaque membre du groupe ait sur soi les adresses des endroits où l'on va. S'il perd le groupe, il peut le retrouver. J'ai eu à imposer cette discipline, plus tard, à un groupe de pèlerins que j'accompagnais en France, en Italie et à Rome. Mais je n'ai pas réussi à convaincre tous les pèlerins de la pertinence de cette pratique. Vais-je réussir à apprendre à tous les fidèles qui me seront confiés l'adresse du paradis ?

Nous n'avons pas pu nous attarder longtemps à Paris. Nous étions en route pour Rome. Une rapide visite d'une journée au Louvre. Il faudrait y être des semaines ! Notre-Dame de Paris. La Sainte Chapelle et ses merveilleux vitraux. J'ai eu beaucoup d'admiration pour le métro de Paris. Qui a dit que les Français n'avaient pas le sens pratique ? Celui qui a conçu le métro, le premier en date au monde, si je ne me trompe, savait faire simple et opérationnelle une chose qui aurait pu être compliquée. Moi qui ai peu de talent pour trouver mon chemin, j'y ai voyagé à l'aise.

Nous avons pris la route pour Rome entassés avec nos bagages dans une petite voiture européenne louée à la communauté de la Fraternité sacerdotale. Du même coup, nous rendions service aux Pères, car cette voiture devait être amenée à Rome. Les détails de ce voyage seraient sans intérêt pour les lecteurs. Notre itinéraire incluait Chartres et Lourdes et nous entrions en Italie par la Côte d'Azur. À Chartres, nous avons pu admirer la célèbre cathédrale, guidés de façon compétente et convaincue par une dame qui consacrait sa vie à faire connaître ce superbe monument. À Angoulême, une surprise nous attendait : la dynamo de la bagnole a lâché. Nous ne pouvions aller plus loin avec une batterie qui ne se rechargeait pas. Nous avons réussi à nous rendre jusqu'à un garage. Le garagiste n'avait pas la pièce de rechange de la bonne dimension. Il a dû tourner à la main l'arbre de couche de notre dynamo. Pendant ce travail qui a été assez long, nous sommes allés visiter la cathédrale. Un prêtre était en train de célébrer l'eucharistie, seul, avec une ferveur démonstrative qui aurait pu entraîner une foule. Nous avons vu là ce qui nous attendait au Québec une décennie plus tard. De retour au garage, nous avons retrouvé notre mécanicien en train de terminer son travail. Sûr de lui, il a replacé les choses sans même un essai pour voir si ça marchait. De fait, à un quart de tour, notre voiture s'est mise à ronronner normalement. Bravo à ce bon mécanicien bricoleur ! Grâce à lui, nous avons pu nous rendre jusqu'à Rome, au grand étonnement des membres de la Fraternité sacerdotale : « Comment ! on vous a fait entreprendre ce voyage dans cette bagnole hors de service ! » Notre chauffeur, l'abbé Parent, avait de l'expérience en la matière. Il savait diagnostiquer les malaises de notre vieille voiture et lui faire donner son maximum.

Nous nous devions de faire notre pèlerinage à Lourdes. C'est là un véritable haut lieu spirituel où se passent des merveilles, non seulement des guérisons corporelles inexplicables du point de vue médical, mais surtout des guérisons spirituelles. Sur le terrain du sanctuaire, on ne voit aucune trace de commerce d'objets de piété. Nous avons confié à la Mère de Dieu le succès de notre voyage d'études à Rome et aussi de notre ministère presbytéral.

Nous sommes entrés en Italie en suivant la côte de la Méditerranée : Gênes, Pise, Livourne, Grossetto… Nous voulions visiter le cimetière de Gênes, célèbre pour ses monuments. Nous l'avons manqué. Nous guettions les affiches qui auraient pu nous en indiquer l'accès, mais nous n'en avons pas vu et nous nous sommes retrouvés à la ville voisine, La Spezia. De fait, les cimetières n'ont pas besoin d'être annoncés. Tout le monde finit par en trouver le chemin…

Rome enfin ! Nous y sommes entrés guidés par une carte bien faite et sommes arrivés sans encombre à la porte du Collège canadien, sur la via Delle Quattro Fontane. Cet édifice, propriété des Sulpiciens de Montréal, est bien situé, proche des grandes universités, La Grégorienne, L'Angelicum, le Lateranum. Mais le quartier est bruyant. Sur la rue San Vitale, où se trouve la façade principale de l'édifice, il y a la Questura, le poste de police, d'où les gendarmes sortent souvent, en faisant fonctionner leurs sirènes. En plus, comme la via Delle Quattro Fontane est une montée, les moteurs des automobiles, des mobylettes et des autobus s'en donnent à cœur joie. Malgré les doubles fenêtres, le bruit est un inconvénient pour les étudiants.

CHAPITRE 9

Un séjour trop court
dans la Ville éternelle

J'ÉTAIS À ROME pour une année, avant d'entreprendre trois années d'études à Paris. J'étais là pour « apprendre mon catéchisme », selon l'expression de Mgr Courchesne. Comme j'avais déjà ma licence en théologie, l'étape suivante était le doctorat. Pourquoi ne pas m'y essayer ? J'avais commencé une étude sur l'Église comme Corps mystique dans l'enseignement de Bossuet. Il était tout indiqué que je continue dans le même sens. J'aurais pu apprendre mon catéchisme dans celui que Bossuet a fait pour les fidèles de son diocèse de Meaux : *Premier catéchisme, ou Abrégé de la doctrine chrétienne pour ceux qui commencent*[1], afin de « leur donner quelque teinture du langage de l'Écriture et de l'Église ». Mais j'avais devant moi beaucoup plus que cela : les 43 tomes de ses œuvres complètes et les 7 gros volumes de ses œuvres oratoires dans une édition plus critique. J'ai pu heureusement me procurer ces ouvrages, à prix modique, dans des maisons religieuses qui les avaient en surplus[2].

---

1. Promulgué le 6 octobre 1690.
2. *Œuvres de Bossuet*, évêque de Meaux, 47 volumes, Versailles, de l'imprimerie de J.-A. Lebel, imprimeur du roi, 1815-1819. Il existe une édition plus récente et sans doute meilleure : les *Œuvres complètes de Bossuet*, édition Lachat, 31 volumes, Paris, 1862-1866. Mais l'Angelicum a accepté l'édition que j'avais sous la main.
Œuvres oratoires de Bossuet, édition critique complète par l'abbé J. Lebark, docteur ès Lettres, Desclée de Brouwer & Cie, Lille et Paris, 1890-1897.

J'avais une immense forêt à explorer et seulement quelques mois pour faire tout ce travail. J'avoue que j'ai recueilli ma documentation un peu comme quelqu'un qui cueillerait des bleuets au pas de course. Je n'étais pas sûr de finir mon travail avant la fin de l'année scolaire. Celle-ci commençait en octobre, et nous devions remettre notre texte à la fin de mars pour que les responsables de la faculté de théologie puissent l'évaluer.

Le 17 novembre 1950, Mgr Courchesne décédait presque subitement. Le 2 mars 1951, Mgr Charles-Eugène Parent lui succédait. Il choisit comme vicaire général l'abbé Louis Lévesque, jusque-là directeur du Grand Séminaire. Celui-ci avait besoin d'une autre personne pour compléter le corps professoral. C'est moi qui me suis trouvé au bout du jeu de dominos. Je recevais du nouvel archevêque, Mgr Parent, une lettre me demandant de revenir à Rimouski pour entreprendre l'enseignement du dogme en septembre 1951. Adieu étude des Lettres à Paris ! J'avoue cependant qu'il ne me déplaisait pas de faire ma vie en théologie. C'était une raison de plus pour terminer mon doctorat avant de revenir au pays.

En cours de route, je me suis vite rendu compte que mon directeur de thèse ne m'était pas d'un grand secours. Il avait dû remplacer au pied levé un ecclésiologue qui avait, m'a-t-on dit, exprimé quelques réserves vis-à-vis de l'encyclique *Mystici Corporis* de Pie XII. Mon choix m'aurait conduit plutôt à l'Université Grégorienne, où je connaissais l'ecclésiologue Sebastiano Tromp, s.j. C'est ce théologien qui avait fourni la documentation de l'encyclique. Mais les autorités de Rimouski préféraient me voir à l'Angelicum.

Je m'acheminais vers une impasse. Je suis allé consulter le père Réginald Garrigou-Lagrange, que je connaissais pour avoir lu de ses œuvres et étudié dans ses manuels. Il s'est montré intéressé par mon travail et a accepté de me piloter. Voulant mener mon travail à terme, j'ai demandé à mon archevêque l'autorisation de ne présenter ma thèse qu'à la reprise d'automne. Le soir même de son investiture officielle comme archevêque, le 1er mai, il m'envoyait une lettre me donnant cette autorisation. J'ai donc pu travailler à ma recherche et à mon texte jusqu'à la fin de juin et un peu pendant les vacances. J'ai fait ma soutenance le 24 octobre 1951. J'ai récolté un modeste *cum laude*, soit 80 %.

Je n'ai pas d'illusions sur la valeur de ce travail de 311 pages intitulé : *L'unité du Corps mystique dans Bossuet*. C'est tout au plus un bon compte rendu de l'enseignement de Bossuet sur le sujet. En m'immergeant dans ce grand auteur, j'ai été mis en contact avec la grande Tradition. Il avait lui-même fréquenté longuement les Pères de l'Église. En lui j'ai rencontré un des plus grands écrivains français. Souvent les théologiens ne sont pas écrivains, ce n'est pas leur métier. Mais lui savait allier la beauté de la langue à la précision de l'enseignement. Un bon écrivain comme André Gide, qui ne se chauffait pourtant pas du même bois que Bossuet, lisait celui-ci par plaisir et pour se laisser influencer par son style.

Je dois beaucoup aussi au père Garrigou-Lagrange, qui m'a guidé dans la fin de mon travail. Déjà âgé, il était encore un des professeurs les plus dynamiques de l'Angelicum. Disciple convaincu et bien informé de saint Thomas d'Aquin, il avait aussi beaucoup fréquenté les auteurs spirituels. Il avait écrit un genre de résumé de leur enseignement dans un ouvrage intitulé *Les trois âges de la vie intérieure*.

Il aidait les pauvres. Sur son bureau, une statue de saint Joseph portait autour du cou une pancarte où il avait écrit : « Saint Joseph, aidez-moi à aider les pauvres. » Il était aussi un homme de prière, doué du don des larmes dans son oraison, au témoignage des scolastiques dominicains. Il n'était pas de la même école que les pères Congar et Chenu. Il était consulteur au Saint-Office. Mais je suis sûr qu'il aurait accepté l'enseignement du concile. J'ai continué à correspondre avec lui après mon retour au Canada, lui envoyant de temps à autre quelques dollars pour « l'aider à aider les pauvres ». Il m'a donné un conseil que je me suis efforcé de suivre : inclure la doctrine des auteurs spirituels et des saints dans mon enseignement de la théologie. Pourquoi, jusqu'alors et encore maintenant, isole-t-on la théologie ascétique et mystique de l'enseignement du dogme et de la morale ? Un cours de théologie n'est pas un sermon de retraite, mais ce qu'on y enseigne est la foi vivante de l'Église, qui n'est pas d'abord dans les livres mais dans le cœur des fidèles, dans leur pratique et dans le témoignage des saints.

La compartimentation des disciplines des saints avait été dénoncée déjà en 1950[3].

« Avec l'apparition de la théologie systématique, à l'époque scolastique, puis avec l'émancipation de l'exégèse critique en tant que science autonome, l'unité de ces disciplines s'est rompue, au point de se radicaliser à l'avènement de l'époque moderne. En effet, avec la Renaissance et l'humanisme, l'exégèse se détache de la théologie, la théologie se détache de l'exégèse, la spiritualité s'est détachée de la dogmatique et de l'exégèse, la prédication ignore souvent l'exégèse et la dogmatique et devient moralisante. On arrive ainsi à une séparation progressive et à une rupture des disciplines théologiques[4]. »

L'année 1950 était une Année sainte. Le Collège canadien était un lieu de rendez-vous pour les pèlerins canadiens, et les prêtres étudiants étaient appelés à jouer le rôle de guides pour leurs concitoyens. C'était agréable et intéressant, mais c'était aussi du temps en moins pour l'étude, la recherche et l'écriture. L'automne a été marqué par trois événements importants : la béatification de sainte Marguerite Bourgeoys le 12 novembre (canonisée le 31 octobre 1982) ; la proclamation du dogme de l'Assomption le 1er novembre ; la chute d'un avion sur le mont Obiou. Tout cela en un court espace de temps. Ce fut un mois de novembre très rempli, et nos travaux d'étudiants n'ont pas beaucoup avancé, à peine amorcés qu'ils étaient.

---

3. P. Vandernbroucke, « Le divorce entre théologie et mystique. Ses origines », *Nouvelle Revue Théologique* 82 (1950), p. 372-389.
4. Ignace de la Potterie, cité dans Ch. Lubrich et col., *Voyage trinitaire*, Nouvelle cité, 1996, p. 92.

Je peux dire que j'ai été présent lorsque le pape Pie XII, au nom de l'Église, dans une proclamation solennelle, a parlé de façon infaillible. À mon avis, c'est la dernière fois que le pape a exercé son charisme d'infaillibilité. Il ne faut pas faire dire au concile Vatican I, qui a proclamé l'infaillibilité du pape, plus que ce que contient la formule employée. Il existe aujourd'hui une tendance à l'exagération sur ce point. Cela ne signifie pas que l'enseignement ordinaire du Magistère est dépourvu de garanties de vérité et que nous sommes libres d'y adhérer ou pas. Ce n'est pas ici le lieu de discuter de cette question, qui demanderait des nuances et de longs développements. Je note simplement la rare chance d'avoir été témoin de cet événement d'exceptionnelle importance et très peu fréquent dans l'histoire de l'Église.

La foule était immense : on a parlé de six cent mille personnes ; la place Saint-Pierre et la Via della Conciliazione étaient remplies. Nous étions tassés au point de ne pouvoir sortir la main pour faire le signe de la croix ! Pie XII a fait la proclamation d'une voix sonore et claire, digne de l'importance de l'événement. Nous avions eu droit auparavant à un *Confiteor* du doyen des cardinaux diacres. Il n'avait ni voix ni oreille, le pauvre homme. Il l'a chanté sur la gamme qui est non pas sur les notes mais sur les fentes du clavier, comme le disait parfois, en parlant de certains confrères, l'organiste du Séminaire de Rimouski. Cette performance a provoqué une brève hilarité qui ne cadrait pas avec la solennité du moment et la piété de cette grande foule. Mais c'est comme ça. Dans une Église hiérarchisée de façon rigide, chacun joue son rôle, qu'il y soit apte ou non dans certaines circonstances.

J'étais avec un chanoine du diocèse de Rimouski. Le pauvre homme étouffait, le nez écrasé dans le dos d'un prêtre italien plus grand que lui. En le voyant transpirer et pâlir, j'ai décidé de lui faire un chemin jusqu'à une palissade qui donne sur une allée. Les mots que je me suis fait dire en italien ! Dans une foule serrée comme celle-là, il se produit des remous dans lesquels certains peuvent se frayer un chemin jusqu'en avant quasiment par osmose. Quand un bras tire-bouchonnant s'insère entre nous et notre voisin, tout le personnage finit par se glisser devant nous. Nous avions un bon exercice de ce manège dans les autobus bondés. C'est ce que j'ai réussi avec mon chanoine qui était court mais assez rondouillet. J'ai fini par sortir de la place Saint-Pierre et le conduire au Collège canadien avant la fin de la célébration.

Le lendemain de la béatification de sainte Marguerite Bourgeoys, nous parvenait une terrible nouvelle : un avion transportant 45 pèlerins canadiens avait fait un « atterrissage forcé » dans la région de Grenoble. C'était un euphémisme pour atténuer le choc. L'avion *Le Pèlerin canadien* avait frappé pratiquement de front la paroi du mont Obiou.

La plupart des passagers, dont quelques prêtres, étaient du diocèse de Québec. Mgr Maurice Roy, archevêque de Québec, s'affairait au téléphone pour entrer en communication avec les autorités capables de l'informer. Il était très affecté, mais calme. C'est là que j'ai admiré sa grande patience. Il n'y avait qu'un seul téléphone au Collège canadien. Alors qu'il essayait d'avoir la ligne, le téléphone sonnait pour appeler d'autres personnes et il se préoccupait de les trouver. Aussitôt qu'il a pu le faire, il est allé sur les lieux. Mais on ne l'a pas autorisé à monter sur la montagne avec les secouristes, qui devaient être des alpinistes expérimentés : « Vous allez mettre votre vie et la nôtre en danger », lui dirent-ils.

Mgr Charles-Eugène Parent, évêque auxiliaire de Rimouski, présent à Rome, aurait pu être du voyage. Quelques jours auparavant, nous avions reçu un télégramme nous annonçant que Mgr Courchesne était hospitalisé pour une crise cardiaque et qu'il demandait à son auxiliaire de revenir au plus vite. Un prêtre de Québec lui avait alors offert son siège sur le vol du lundi 13. Mais Mgr Parent a préféré attendre le vol du mercredi suivant comme c'était prévu. À Rimouski, on était inquiet. Mgr Parent ne voyait pas pourquoi il aurait dû devancer son retour. « Quand Mgr Courchesne est malade, il s'énerve et met les choses pires qu'elles sont. » Je suis allé quand même envoyer un télégramme à Rimouski pour leur dire que monseigneur l'auxiliaire était sain et sauf au Collège canadien. Son calme lui a sauvé la vie. Il est parti le mercredi comme prévu. Le 17 novembre, Mgr Courchesne décédait.

Quand j'ai reçu la lettre de Mgr Charles-Eugène Parent me demandant de revenir au pays pour enseigner la théologie en septembre 1951, il ne restait que quelques jours avant le départ d'un pèlerinage vers les Lieux saints. Je ne m'y étais pas inscrit, préférant faire le voyage plus tard en bateau avec l'Institut catholique de Paris. Mais avec cette nouvelle orientation, adieu les études à Paris ! L'organisateur du voyage en Terre sainte, monsieur Franzini, m'a aidé à me procurer rapidement tous les documents nécessaires et j'ai pu partir avec les autres.

Le groupe voyageait dans deux avions d'environ trente passagers. La compagnie aérienne était de petite taille et portait le nom de *Ali flotte reunite* (prononcez « Ali flotté réunité »). Un avion transportait un groupe de prêtres étudiants des États-Unis d'Amérique et l'autre était occupé par nous, du Collège canadien. L'itinéraire était celui-ci : Athènes, le Caire, Beyrouth et Baalbek au Liban, Damas en Syrie et Jérusalem. Nous avions avec nous quelques autres voyageurs, deux amis de M. Franzini, sa mère, un homme d'affaires de l'Amérique latine, un diplomate de la Scandinavie, un de mes confrères prêtres de Rimouski et son père, une demoiselle des États-Unis et deux hôtesses de l'air.

La nôtre était une resplendissante italienne, blonde, ce qui est plutôt rare, à mon avis. Elle parlait bien français et nous gâtait à même l'armoire de « rafraîchissements » située à l'arrière du compatiment des passagers. Comme l'avion était de petite taille, le pilote nous a fait dire quelques fois de ne pas nous tenir au même endroit vers la queue de l'avion ou du même côté pour voir quelque chose au sol. Cela déstabilisait l'appareil. Pour la plupart d'entre nous, c'était le baptême de l'air.

Pourquoi aller en pèlerinage dans les Lieux saints ? Après la visite des Lieux saints, on ne lit plus les Évangiles de la même manière. Le pèlerinage en Terre sainte est un acte de dévotion envers notre Sauveur qui y est né, y a vécu, y a enseigné, y est mort pour nous et s'y est montré à ses disciples après sa résurrection.

Les Lieux saints sont l'aspect historique du mystère de l'Incarnation. Notre foi chrétienne ne se fonde pas sur un mythe en dehors de l'histoire. Celui que nous adorons est l'Emmanuel, Dieu-avec-nous.

Ce qui est le cas pour la Terre sainte est aussi vrai pour les autres étapes de notre voyage. Athènes avec son ciel clair, le Parthénon et tout le reste que nous avions essayé d'imaginer dans nos lectures, dans nos cours d'histoire et dans nos laborieuses traductions, nous avions tout cela devant les yeux, avec les explications d'une guide particulièrement compétente et amoureuse de la culture grecque matérialisée dans les monuments. Nous avons vécu le même émerveillement en Égypte, dans les musées, devant les pyramides et les autres œuvres monumentales. Nous étions en contact avec de merveilleuses civilisations qui ont beaucoup contribué à notre culture et à nous rendre plus humains. C'est pour cela qu'on parle d'humanisme.

Ici, je note une observation que nous avons faite au long de ce voyage où deux cultures différentes ont dû cohabiter : la nôtre et celle de nos compagnons des États-Unis d'Amérique. Je ne voudrais pas verser dans une comparaison qui déprécierait ces derniers. La plupart d'entre eux semblaient peu au fait de la civilisation grecque, du moins ils ne se montraient pas très intéressés. Quelques-uns « niaisaient » pendant que notre guide nous donnait des explications qui nous faisaient pénétrer au cœur de la grande civilisation grecque et deviner le génie qui s'était exprimé dans ce qu'on nous montrait. À un moment donné, elle s'est arrêtée et nous a demandé, au sujet d'un groupe qui se tenait en retrait en échangeant des drôleries : « Mais dites-moi, est-ce qu'on se moque de moi ?… » Nous avons répondu : « Ne vous préoccupez pas d'eux. Ils ne connaissent pas ce dont vous parlez et ne s'y intéressent pas. » Nous avons été témoins de la même attitude en Égypte.

À Damas, en Syrie, alors que nous avions hâte d'aller faire un tour au bazar, nos compagnons d'outre-frontières cherchaient du *chewing gum*, du Pepsi et une *American movie* pour passer la soirée. Quand on est dans un pays puissant, on est moins intéressé par ce qui se trouve ailleurs et qui est différent. Leur pays les suivait.

Je ne veux pas faire de comparaison défavorable au groupe des États-Unis d'Amérique qui faisait partie de notre voyage. Leur culture était différente de la nôtre, mais pas inexistante. La plupart d'entre eux n'avaient pas fait comme nous les humanités gréco-latines. Ils étaient étonnés de nous voir lire les affiches en alphabet grec.

Ils nous ont montré leur supériorité dans le sens de l'organisation. De notre côté, nous arrivions aux Lieux saints les mains vides. Par contre, plusieurs d'entre eux étaient munis de documents signés par des personnes haut placées leur donnant la préséance pour les célébrations aux endroits les plus importants, comme le Calvaire et le Saint-Sépulcre.

À cette époque, nous ne pouvions concélébrer[5], il fallait y passer un par un, les moins « organisés » à des heures moins commodes. J'ai dû me lever dans l'obscurité, car il y avait une panne d'électricité, pour célébrer très tôt sur le Calvaire. Pas besoin de dire que j'étais quand même très reconnaissant de pouvoir le faire malgré les inconvénients.

À midi, nous avons mangé l'agneau pascal, car nous étions dans un hôtel juif. Le rituel du repas pascal prescrit de ne rien laisser de l'agneau. Je m'en suis bien rendu compte. J'ai eu droit à une portion non de viande, mais de tirelibèche où il n'y avait rien à manger. Il faut respecter les règles des autres religions : je n'ai rien dit et tout mangé. À la fin de notre repas, le maître d'hôtel a pris place à table avec ses fils. Les femmes n'y étaient pas admises. C'était une beauté de les voir avaler le

---

5. Nous devrions plutôt dire coprésider. Tous ceux qui participent à une célébration sont des concélébrants.

tout sans prendre la peine de séparer les muscles, les ligaments et les membranes : de braves pratiquants qui prennent le rituel au sérieux…

Nous avons visité les lieux habituels : en plus du Saint-Sépulcre, reconstitué, il va sans dire, nous avons prié au jardin des Oliviers, visité le mont de l'Ascension, le tombeau de Lazare, la montagne de la Transfiguration. Nous avons gravi celle-ci sur la plate-forme d'un camion conduit par un chauffeur arabe un peu trop hardi. Quelques-uns ont préféré redescendre à pied… On nous a amenés à la mer Morte et au Jourdain. À Capharnaüm, nous avons pu marcher sur les dalles de la synagogue qui étaient là au temps de Jésus.

Le reste du pèlerinage s'est poursuivi sans faits dignes d'être notés.

L'année scolaire s'est terminée en juin. Ayant à travailler comme un forçat, et devant les difficultés de terminer mon manuscrit en temps voulu, la fatigue a pris le dessus et j'ai été malade avec une infection intestinale assez grave. J'ai pris une semaine de repos à Frascati, dans une communauté religieuse où une sœur française prenait un soin spécial des jeunes prêtres canadiens. Elle était comme une mère pour nous. Sa consigne : « Prends l'air, mange et bois du vin Frascati. » J'avais pour compagnon de séjour un étudiant Père Blanc français dont j'ai malheureusement perdu les références. J'ai fait ensuite un voyage à Naples et à Capri avec un étudiant prêtre des Missions étrangères ainsi que la mère et le frère de Pierre Moreault venus en Italie pour l'ordination de celui-ci. Je n'aurai pas eu d'autre occasion de visiter ce merveilleux coin d'Italie.

Pour l'examen oral, je me suis bien défendu. Il portait sur un cours spécial concernant l'origine de l'expression « Corps mystique ». Je m'étais bien préparé, ayant déniché dans une revue un article dans lequel notre professeur s'était documenté. À un moment de l'examen, il m'a dit : « Ce n'est pas clair. » Je lui ai répondu : « Ce n'est pas clair, mais c'est comme ça. Dans une bonne recherche, on n'aboutit pas toujours à la clarté. Il reste des points obscurs. » Il a semblé accepter ma réponse.

Nous sommes partis pour les vacances d'été, l'abbé Parent et moi. Ne pouvant pas financer l'achat ou la location d'une automobile, nous avons voyagé en autobus et en train. Je n'ai pas en mémoire les repères de notre itinéraire, ce qui serait d'ailleurs sans intérêt pour les lecteurs. Nous avions en mains une liste de pensions familiales transmise d'année en année aux étudiants du Collège canadien, ce qui nous permettait de nous loger et de nous nourrir à meilleur compte. Nous avons visité Assise, Florence. Sur ces deux villes, je ne pourrais que répéter les propos admiratifs qui ont été écrits par d'autres. Assise est un haut lieu religieux qui inspire tous les adorateurs de Dieu, quelle que soit leur religion. Jean-Paul II l'a vu avec justesse, lui qui y convoqua deux rencontres interreligieuses en vue de la paix. Saint François et sainte Claire continuent à rayonner partout dans le monde. Florence est une capitale des souvenirs historiques et de la culture. Les peintures de Fra Angelico valent le voyage. Nous nous sommes aussi amusés à faire des arpèges dans le baptistère de la cathédrale qui nous renvoie l'écho de notre voix.

De Venise, nous sommes partis vers l'Autriche. Un arrêt pour la nuit à Cortina d'Ampezzo : ça fait étrange de quitter une ville où il fait 40° C et de se retrouver le soir dans un hôtel derrière lequel il y a de la neige. En Autriche, on est au pays de Mozart. Je me souviens en particulier d'une messe-concert, qui était plus concert que messe, entendue à Salzbourg. Mais de la belle musique, c'est de la prière !

Après l'Autriche, ce fut la Suisse, où nous avons acheté un billet nous permettant de nous promener sans limites en train pendant tout notre séjour. Les Suisses savent s'organiser pour recevoir les touristes.

En voyant le lac des Quatre-Cantons et ses multiples attractions, nous nous disions qu'on pourrait faire aussi bien avec le lac Témiscouata, si on savait s'organiser.

Nous avons visité l'Allemagne en train de se reconstruire. Je garde un souvenir admiratif de la cathédrale de Cologne, qui est restée debout sous les bombardements. Après, ce fut la Belgique, la Hollande et la France. Là, nous ne pouvions manquer de faire une visite à Lisieux. Nous avons séjourné plus longtemps à Paris, où il y a tellement de choses à voir. J'y ai fréquenté les bibliothèques et les bouquinistes pour enrichir ma documentation sur Bossuet. J'ai failli oublier dans un autobus la serviette dans laquelle je traînais avec moi le manuscrit de ma thèse. Cela n'aurait pas été une perte pour la science ; mais, pour moi, adieu aux perspectives de doctorat !

De Paris, je suis retourné à Rome, aussitôt que le Collège canadien a réouvert ses portes, pour mettre la dernière main à mon manuscrit et le confier à une copiste. Celle-ci, une demoiselle qui connaissait le français, a fait un bon travail. Elle a été impressionnée par l'enseignement de Bossuet et cherchait à se procurer des écrits de cet auteur. Je lui ai fait cadeau des *Méditations sur les Évangiles* et des *Élévations sur les Mystères*. Les confrères m'ont taquiné en me disant qu'un travail théologique édifiant ne pouvait pas être scientifique ! Une blague qui exprime encore une fois la distance entre la théologie dogmatique et morale et la théologie mystique.

Ma soutenance du 24 octobre 1951 à l'Angelicum n'a pas attiré des foules. Mais je pense que j'ai bien défendu mon travail. J'avais fait une bonne sieste après le dîner. J'étais en forme. Ma soutenance verbale a été meilleure que le travail écrit que je défendais, j'en conviens.

J'étais désormais libre de revenir au pays pour assumer la tâche d'enseignement qu'on me destinait. Mais je devais attendre deux semaines avant de m'embarquer au Havre. N'ayant pas d'argent pour faire d'autres voyages, j'ai visité Rome, étant donné que mes études ne m'avaient pas permis de le faire auparavant. Je me souviens particulièrement d'une visite au musée du Vatican avec mes bottines de feutre aux semelles trempées, car je m'étais fait surprendre par la pluie sans couvre-chaussures. Je voyais, derrière moi, mes traces passant d'une salle à l'autre depuis l'Antiquité jusqu'aux temps modernes. Les gardiens ont dû le voir, mais ils ne m'en ont pas fait le reproche, car ils savaient bien qu'elles allaient s'effacer d'elles-mêmes en séchant. Un beau symbole des éphémères traces qu'un humble fils d'Adam laisse dans l'histoire ! J'ai légué mes fameuses bottines de feutre à Abraamo, un serviteur du Collège qui a pu en profiter durant l'hiver.

Pour le voyage de retour vers la France, je partageais un compartiment de seconde classe avec un jeune Français qui revenait de Turquie et une pauvresse qui allait rejoindre un membre de sa famille. Elle nous regardait d'un air un peu sauvage, comme les pauvres habitués au mépris. Ses vêtements dégageaient une odeur étrangère à ceux qui ont l'habitude du savon. À un moment où elle dormait, le Français l'a aspergée d'eau de Cologne. Le mélange atmosphérique fut désastreux et nous eûmes la chance de trouver un autre compartiment. À Paris, j'ai réparé mon manque de charité envers cette pauvresse, qui ne parlait pas le français, en l'aidant à trouver sa correspondance pour Lille.

Au Havre, j'ai pris un bateau de la ligne Cunard. Je partageais ma cabine de seconde classe avec un Canadien originaire de Tchécoslovaquie qui était allé visiter sa parenté et leur apporter du secours, ainsi qu'avec un Italien, du nom de Carmelo Griffo, technicien de laboratoire, qui allait préparer un avenir à sa famille en Amérique. Le Tchèque parlait sa langue maternelle et l'anglais ; le signore Griffo ne connaissait que l'italien. J'ai servi d'interprète de l'italien à l'anglais et inversement. Mon travail était loin d'être au point mais nous nous sommes bien entendus.

Le bateau transportait des familles italiennes qui immigraient au Canada. C'étaient des gens simples et pauvres. À un certain moment, on leur a donné une injection d'antibiotiques demandée par les autorités canadiennes. On voulait les faire payer. Mais ces gens n'avaient que l'argent nécessaire pour débarquer et se rendre à destination. J'ai intercédé auprès du médecin du bateau, qui a accepté de faire ce travail gratuitement. Les familles se sont montrées reconnaissantes. Le signore Griffo m'a gratifié du titre d'*Eminenza* et les autres m'ont promis de venir à la messe du dimanche matin suivant. Mais le moment venu, ils l'avaient oubliée !

Je n'ai pas noté la date de notre arrivée à Québec. Apercevoir la ville au détour de l'île d'Orléans, c'est tout un spectacle, surtout quand on revient chez soi. Enthousiasmé, le signore Griffo a entonné un chant, mais ses cordes vocales n'étaient pas habituées à notre froidure de novembre. Il s'est étouffé et a dû exprimer son enthousiasme autrement.

Dans la ville de Québec, j'ai fait l'expérience que j'étais vraiment revenu au pays. Le chauffeur du taxi dans lequel je prenais place a été contrarié par la manœuvre d'une autre voiture et il s'est mis à lancer des jurons. Je vous avoue que, pour une fois, j'ai quasiment pris plaisir à entendre sacrer.

Par le train, je suis arrivé dans ma famille, à la joie de mes parents et de mes frères et sœurs. J'avais pour chaque personne un petit souvenir, à la mesure de mes moyens limités.

Le lendemain, je me rendais au Grand Séminaire de Rimouski où mon travail m'attendait. Mes confrères ont été très accueillants et j'ai senti que je serais heureux dans cette institution, malgré tout le travail et les difficultés qui m'attendaient. Je suis entré dans mes fonctions de professeur le 1er décembre 1951.

CHAPITRE 10

Je me tiraille avec le manuel de théologie du père Hugon

ON M'A CONFIÉ l'enseignement du traité sur Dieu *De Deo Uno*. Le manuel latin était celui du père Hugon, o.p. Il fallait donner le cours en latin ; l'archevêque l'exigeait et surveillait. Ce n'était pas un problème de parler latin. Ça s'apprend, surtout quand il s'agit de s'exprimer dans un domaine précis au vocabulaire limité. Mais le problème était de se faire comprendre. Les plus brillants y arrivaient facilement, mais les plus faibles faisaient pitié. J'acceptais quand même qu'on me pose des questions en français et je répondais dans cette langue.

Parmi mes étudiants, il s'en trouvait un qui était exceptionnellement doué pour la dialectique. Il me posait des objections très pertinentes. Il avait fréquenté le manuel de philosophie de Gredt. Ça agaçait les autres étudiants, qui avaient l'impression qu'il voulait me coincer. Il le faisait par plaisir, non pour me prendre en défaut, d'autant plus qu'il n'est jamais arrivé à me trouver sans réponse. Moi-même j'appréciais ce jeu, mais je le limitais, car ce n'était pas utile à l'ensemble de la classe.

Le cours était bien plus de la théodicée, de la philosophie, que de la théologie sur Dieu. Étudier Dieu dans l'unité de sa nature pour aborder ensuite la vie trinitaire donne l'impression qu'on a affaire à quatre Personnes plutôt que trois. Je préfère l'approche orientale, qui présente Dieu comme il s'est révélé dans l'histoire du salut en offrant d'abord la révélation des Personnes pour voir ensuite leur unité dynamique. Les trois Personnes sont le Dieu unique.

Mon gros problème a été le manuel du père Hugon. Il n'était pas plus mauvais que les autres manuels. Nous avions eu pire avec celui d'un chanoine Hervé. Mais c'était un manuel. Comment renfermer la foi chrétienne dans un manuel ?

On fait un énoncé et on le prouve par une citation de l'Écriture sortie de son contexte, sans en faire l'exégèse. On confirme avec un texte du Magistère, traité sèchement de la même manière. On ajoute un ou deux textes de Pères de l'Église. Puis commence la démonstration sous forme de syllogismes et, pire encore parfois, de polysyllogismes, pour arriver à la certitude de l'énoncé et des vérités qui en découlent.

Cette méthode entrait en contradiction avec la formation reçue à Ottawa. En théologie, on ne prouve rien, on questionne, on cherche à mieux comprendre. On cherche l'intelligence de la foi. « *Fides quaerens intellectum.* » Mais j'étais pris avec Hugon, je n'avais pas le choix. À quelques reprises, j'ai manqué de patience et fait planer le manuel vers le mur d'en face… Un moyen original de faire de la théologie de haut vol ! Puis j'allais le chercher à l'autre bout de mon appartement, retrouvais la page et continuais à essayer de tirer le meilleur parti de cet outil, qui ne reflétait pas du tout le renouveau thomiste.

De temps à autre, j'enjolivais mon cours de citations de Bossuet, qui était de tradition thomiste, mais abondamment nourrie de la théologie vivante et pastorale des Pères de l'Église, qui, eux, ne séparaient pas mystique et dogme.

J'ai regardé dans d'autres manuels utilisés à cette époque. Ils avaient tous le même défaut: ils étaient des manuels. Comment emprisonner la révélation de notre Dieu infini dans des formules, des définitions, des certitudes ? Ils présentaient une théologie après laquelle ne restait aucune question. Des réponses et des preuves, ce n'est pas avec cela qu'on développe son ouverture d'esprit et son goût de la recherche. Une Église dont les leaders se sont formés avec les manuels a peur des questions. Il est alors dangereux d'en poser trop. Mais, à mon avis, c'est pire d'avoir une réponse sans question qu'une question sans réponse !

Un dogme n'est pas un encadrement dans lequel on délimite la vérité révélée. Un dogme est une fenêtre ouverte sur l'immensité du Ciel. Nous avons besoin de dogmes autant que nous avons besoin de fenêtres pour voir dehors et pour laisser la lumière entrer et éclairer la maison où vit la famille de Dieu.

La plus belle faveur que nous a faite Hugon, c'est que son manuel s'est épuisé et n'a pas été réédité. Il était sans doute un saint homme et, en voyant Dieu face à face, il a pensé qu'on pouvait faire quelque chose de mieux que son livre pour faire connaître Dieu aux hommes.

Nous nous sommes dit, au Grand Séminaire : voilà la belle occasion de renouveler notre enseignement de la théologie en construisant nos cours nous-mêmes. Mais notre archevêque nous a demandé de trouver un autre manuel. Le père Jacques Gervais, o.m.i., professeur thomiste remarquable de l'Université Saint-Paul d'Ottawa, nous a recommandé le moins pire des manuels qu'il connaissait, celui d'un certain Marcolinus Daffara, o.p. Celui-ci présentait les textes du Magistère, des textes bibliques avec un peu de théologie biblique, quelques brefs textes des Pères. Puis il ouvrait les guillemets et citait saint Thomas dans la *Somme théologique* ou la *Somme contre les Gentils*. Il procédait néanmoins par énoncés et par preuves. Grâce à Dieu, son livre n'a pas connu de seconde édition, et ce vide a sonné pour nous la fin des manuels de théologie dogmatique. Désormais, nous pouvions donner libre cours à notre orientation théologique en prenant comme base de notre réflexion la *Somme théologique*[1], exception faite pour la morale spéciale, où les étudiants avaient en mains le livre de Prümmer.

---

1. Nous utilisions l'édition de la *Revue des jeunes* qui publiait une traduction française. Mais les cours étaient donnés en latin.

Le 22 février 1962, une constitution apostolique, *Veterum Sapientia*, de Jean XXIII rendait obligatoire l'utilisation du latin dans la formation des clercs. Le 22 février 1964, Paul VI continuait sur la même lancée par un *motu proprio* intitulé *Studia latinitatis*, qui instituait un Institut pontifical de haute latinité confié aux Salésiens. On demandait de rendre les séminaristes plus familiers avec la langue latine, même dans la conversation de la vie courante. On a dû inventer des néologismes en latin pour nommer les choses utilisées dans la vie de tous les jours. Par exemple, une fourchette se disait *instrumentum prandii* : instrument pour manger. Quelle imagination ! Jouer à la balle en latin aurait pris plus de temps pour le dire que pour le faire. Un de mes confrères de Rimouski disait : « Heureusement qu'on ne nous demande pas de faire les mathématiques en chiffres romains ! » La chose n'a pas fonctionné.

« Troisième dizaine : prions pour les pécheurs.
N'oublions pas nos évêques. »

CHAPITRE 11

On se prépare à un concile sans le savoir

*L*E 2 SEPTEMBRE 1955, je recevais du supérieur du Séminaire, dont dépendait le Grand Séminaire, une lettre me nommant à la fois assistant-directeur de cette institution et préfet des études. J'assumais en même temps le cours de patrologie qu'avait inauguré et enseigné avec enthousiasme l'abbé Philippe Saint-Laurent. Celui-ci quittait sa fonction de directeur du Grand Séminaire pour devenir directeur de l'École normale d'Amqui. À cette époque, en effet, les écoles normales devaient avoir un prêtre comme directeur, même si dans ces institutions, qui appartenaient à des communautés religieuses féminines, se trouvaient des personnes compétentes capables d'exercer cette fonction.

L'abbé Saint-Laurent m'a aidé à me documenter pour entrer de plain-pied en patrologie. Suivant ses conseils, plutôt que de commencer par une vue d'ensemble que je n'avais pas, j'ai donné mon cours (en français !) sur saint Jean Chrysostome. J'avais à ma disposition peu de travaux, mais j'ai bénéficié d'un excellent ouvrage dont l'auteur était Anatole Moulard[1], et que j'ai oublié quelque part dans un de mes nombreux déménagements.

---

1. Anatole Moulard, *Saint Jean Chrysostome, sa vie, son œuvre*, Paris, 1941.

J'avais aussi le monumental travail du père Fulbert Cayré, a.a.[2]. Gustave Bardy, un maître en patrologie, avait aussi un excellent article dans le *Dictionnaire de théologie catholique*, col. 660-690. C'était pas mal pour un séminaire « en région » qui avait dû démarrer sa bibliothèque presque à zéro quelques années auparavant. Ayant vu dans la bibliothèque d'un curé les œuvres complètes de saint Jean Chrysostome, je lui avais fait savoir que j'étais intéressé à les acheter lorsqu'il voudrait s'en défaire. La semaine suivante, il m'en faisait cadeau[3]. Ce précieux ouvrage m'a suivi jusqu'à Valleyfield. La bibliothèque a acquis les textes publiés dans la collection *Sources chrétiennes* depuis 1941. J'ai déniché l'énorme ouvrage de Lenain de Tillemont modestement intitulé *Mémoires pour servir à l'histoire ecclésiastique*, une mine où les patrologues n'ont cessé de puiser par la suite.

Les abonnements aux revues liturgiques et œcuméniques nous ont tenus au courant des recherches et des développements dans ces domaines. Surtout en liturgie, il existait un vrai bouillonnement amorcé par de grands auteurs comme Dom Odon Casel et Romano Guardini, qui trouvait un écho dans le renouveau thomiste et sa théologie sacramentaire. La revue *La Maison Dieu*, entre autres, nous apportait tout cela.

De jeunes professeurs nous revenaient de leurs études en Europe. On avait réussi à les y laisser un peu plus longtemps que moi. Les prêtres du diocèse ont été surpris de voir l'abbé Jean Drapeau nommé professeur de liturgie. L'idée qu'on s'était faite de la liturgie, série de règles et de rites, était incompatible avec la tournure d'esprit de ce théologien. Mais il a fait de la vraie liturgie, basée sur la théologie sacramentaire, les sources patristiques et la documentation venue d'Europe et de nos meilleurs liturgistes canadiens.

La jeune équipe que nous formions se tenait au courant du renouveau dans l'étude de la liturgie, de la Bible, de la théologie sacramentaire, de la patrologie. Nous étions soutenus par trois

---

2. *Patrologie et histoire de la théologie*, Desclée & Cie, trois tomes, 1950-1955.
3. J. Bareille, *Saint Jean Chrysostome, œuvres complètes*, 20 volumes, Paris, 1864-1872.

prêtres, plus âgés, remarquables par leur ouverture d'esprit et leur compétence. Le chanoine François Rioux, qui avait été responsable de l'Action catholique spécialisée jusqu'à sa suppression par Mgr Courchesne, avait continué d'utiliser sa pédagogie dans la formation de ses paroissiens à la liturgie. Le père Gignac, o.p., du Centre de pastorale des Dominicains de Montréal, est venu vivre des carêmes avec ce curé dans la paroisse Sainte-Odile de Rimouski. La revue *La Maison Dieu* a voulu consacrer un numéro à l'expérience de M. Rioux en éducation à la liturgie. Trop modeste, il n'a pas accepté[4].

Notre autre soutien a été Mgr Lionel Roy, p.d., bibliste qui avait été l'élève du P. Jean-Marie Lagrange, à Jérusalem. Pas très bon pédagogue en classe, il ne savait pas vulgariser sa science, et son enseignement s'arrêtait à des questions trop pointues. Mais comme conseiller et éveilleur de curiosité, il était excellent. Surtout, il était pour nous un modèle. Même âgé de plus de soixante-dix ans, il était encore en recherche, il avait toujours une question devant lui. Il est décédé en 1970 pendant son sommeil. Sur son bureau de travail, une bible polyglotte était ouverte. Alors que le concile et notre révolution tranquille en avaient rendu plusieurs malheureux et inquiets, lui, il réagissait de façon positive devant les changements que nous devions faire. Nous avons reconnu son mérite en donnant son nom à la maison aménagée pour les prêtres du Séminaire lorsque celui-ci fut vendu au gouvernement pour devenir un collège public.

Le troisième prêtre, et non le moindre, qui nous a influencés, éclairés et soutenus durant cette période est Mgr Philippe Saintonge, qui a été aumônier de l'Action catholique et vicaire général de 1952 à 1973. Malgré une santé précaire qui l'a tenu pratiquement, depuis l'âge d'une trentaine d'années, face à la mort, il a fourni à l'Église de Rimouski un travail énorme, persévérant et d'une grande fécondité[5].

---

4. Pascal Parent, ptre, « François Rioux (1898-1986), L'audacieux et le persévérant », dans : En collaboration *Cinq prêtres, cinq charismes*. Archevêque de Rimouski, 2000, p. 59-90.

5. On trouvera plus de détails sur cette carrière remarquable en lisant ses propres mémoires *Quand le soir descend* et dans l'article de Jean Drapeau, ptre, du livre mentionné plus haut : *Cinq prêtres, cinq charismes*, p. 91-113.

Il a beaucoup travaillé à la promotion du laïcat, surtout en relançant l'Action catholique spécialisée en trouvant par lui-même les moyens de la financer[6]. Je ne rappellerai ici que ses relations avec l'équipe du Grand Séminaire. Il a mobilisé deux prêtres comme aumôniers de JOC. Il a fait appel à nos services comme personnes ressources dans les rencontres de lancement des années pastorales en A.C. Pour ma part, j'ai été pendant onze ans rédacteur de la revue diocésaine mensuelle *Le Centre Saint-Germain*. Je devais, en plus de voir à la rédaction générale, produire un article-catéchèse dans chaque numéro. J'ai aussi eu à tenir pendant quelques années la revue destinée aux prêtres *In corde et in labiis*.

En nous faisant sortir de nos livres et de nos revues, il nous a confrontés à la vie du Peuple de Dieu. Cet homme, très occupé par l'action et l'organisation, avait toujours en chantier des œuvres aussi importantes que les productions du P. Congar, de De Lubac, de Liégé, de Theilhard de Chardin... Un homme d'étude, d'action et de prière, qui nous a aussi donné l'exemple de l'obéissance intelligente, qui sait assumer, dans l'amour de l'Église, une liberté éclairée quand la construction du Royaume le requiert.

---

6. Monseigneur l'archevêque Charles-Eugène Parent subventionnait alors l'AJC, une reprise de l'ACJC (Association catholique de la jeunesse canadienne) à qui on avait fait chapeauter les mouvements d'A.C. des jeunes, ce qui n'était pas sa vocation et a mis fin à ses activités. La reprise rimouskoise n'a pas eu de suites. J'ai accompagné un groupe de ce mouvement le temps qu'il a duré. On trouve les informations sur ce mouvement dans Louise Bienvenue, *Quand la jeunesse entre en scène*, Boréal, 2003, p. 41-45.

CHAPITRE 12

Un coup de vent de l'Esprit dans l'Église

L E 9 OCTOBRE 1958, le pape Pie XII décédait. Le 28 du même mois, le cardinal Angelo Giuseppe Roncalli, patriarche de Venise, était élu et prenait le nom de Jean XXIII. Il avait 77 ans. On avait aussitôt dit qu'il était, à cause de son âge, un pape de transition. Cela s'est vérifié en ce sens qu'il a fait faire à l'Église une grande transition. C'est Emmanuel Mounier qui a dit, je crois, que Thérèse de Lisieux était une ruse du Saint-Esprit. On peut, selon moi, dire la même chose de Jean XXIII. Cet évêque âgé avait surtout été un pasteur à travers ses rôles dans la diplomatie comme délégué apostolique en Bulgarie, délégué apostolique à Istambul pour la Grèce et la Turquie, puis nonce à Paris en 1945. Sa nomination comme patriarche de Venise à 72 ans le rendit particulièrement heureux : enfin il pourrait se dépenser dans une tâche exclusivement pastorale. Cinq ans plus tard, c'était donc un pasteur plus qu'un diplomate que les cardinaux plaçaient sur le siège épiscopal de Rome.

On attendait des changements dans le gouvernement pastoral de l'Église, mais pas une révolution. Ce bon vieillard débonnaire, qui avait gardé les allures paysannes de ses origines, passait, aux yeux de certains grands personnages ecclésiastiques, pour être un peu naïf. Mais il était plutôt, selon l'expression italienne *un furbo*, au sens positif, un matois. Mais c'était surtout un « gros paquet d'homme » conduit par l'Esprit

Saint, comme nous le révèlent ses réflexions personnelles publiées sous le titre de *Journal de l'âme*.

Sa nomination a apporté un changement au Grand Séminaire de Rimouski. Nous avons obtenu de monseigneur l'archevêque, ce qui nous avait été refusé jusque-là, l'autorisation d'avoir un appareil de télévision pour permettre au personnel et aux séminaristes de suivre les événements qui se déroulaient à Rome pour accueillir ce nouveau pape. Nous avons baptisé cet appareil *Miranda prorsus*, les premiers mots de l'encyclique de Pie XII (1957) faisant la promotion des moyens de communication sociale dans l'évangélisation.

Jean XXIII nous préparait une surprise. Moins de trois mois après son élection, le 25 janvier 1959, il nous annonçait la tenue d'un concile. Espérance d'un renouveau dans l'Église pour la plupart, stupeur et résistances dans des milieux romains. « Vous êtes âgé et un concile, c'est long à organiser », lui disait-on. « Raison de plus pour nous y mettre sans tarder », répondit-il.

Au Grand Séminaire, cette annonce fut reçue comme une bonne nouvelle. Mais un concile, c'est quoi ? Les séminaristes nous ont demandé d'organiser des sessions d'information sur le sujet. Ils nous ont pris au dépourvu. J'ai fouillé dans tous les manuels d'ecclésiologie et n'ai trouvé que peu de choses. La seule référence valable était dans le *Dictionnaire de théologie catholique* [1] ou dans les histoires de l'Église. Un de nos professeurs du Séminaire Saint-Paul, d'Ottawa, nous rapportait les propos du père Hugon (l'auteur du fameux manuel) selon lequel, depuis la proclamation de l'infaillibilité du pape, un concile n'était plus nécessaire !

L'équipe des professeurs du Grand Séminaire a préparé un court mémoire à l'intention de notre archevêque pour lui faire savoir ce que nous attentions du concile. Ce document n'allait pas loin, mais il était dans la bonne direction.

---

1. *Dictionnaire de théologie catholique*, T. 3A, col. 636-676.

Le concile s'ouvrit le 12 septembre 1962. Les commissions préparatoires avaient élaboré divers schémas devant être soumis à l'étude et à l'approbation des pères conciliaires. Il n'y avait vraiment rien d'enthousiasmant dans ces textes, c'est le moins qu'on puisse dire. Notre archevêque est parti pour Rome avec la conviction que ce concile ne serait pas long et ne ferait que sanctionner ces textes préparés avec soin. Mais ceux-ci n'étaient pas dans l'esprit et l'orientation que le pape désirait, comme il l'a exprimé dans son célèbre discours d'ouverture. Ils n'étaient pas non plus au goût des évêques. Je ne ferai pas ici l'histoire de la première session, alors que l'épiscopat a pris les choses en mains pour faire de cette assemblée son concile. L'Esprit Saint veillait.

Sur le chemin du retour, notre archevêque fut victime d'un accident de voiture en se rendant en taxi vers l'aéroport. Il en est résulté un hématome au cerveau. Une chirurgie réussie lui a enlevé ce mal, mais il ne s'est jamais rétabli complètement. De plus, il était revenu déçu de l'assemblée conciliaire. Il prévoyait qu'elle devait continuer, puisqu'on reprenait tout à neuf. Le 13 avril 1964, Mgr Louis Lévesque, évêque de Hearst, était nommé archevêque coadjuteur. Le 25 février 1967, Mgr Parent donnait sa démission et continua sa vie simple dans sa proverbiale discrétion, jusqu'à sa mort survenue le 2 juin 1982.

Pour la session conciliaire de 1964, Mgr Lévesque me fit une grande faveur : l'accompagner au concile à titre de théologien. Avait-il prévu ce qui pourrait m'arriver plus tard ? En tout cas, il m'a donné l'occasion de faire une précieuse expérience de l'Église universelle. Au concile, il ne m'a rien demandé, lui-même a jugé ne pas avoir à intervenir. Il y en a, disait-il, qui le font pour que leur nom paraisse, avec leur texte, dans l'*Osservatore romano* et dans les journaux. Bien des interventions ne faisaient pas avancer les choses, d'autant plus qu'il n'y avait pas d'enchaînement entre les discours qui se succédaient. Tous les matins, les cardinaux avaient préséance pour le droit de parole. Les autres devaient attendre, parfois plusieurs jours, avant que n'arrive leur tour. Et leur intervention tombait en dehors de la question qu'on était en train de débattre, « comme la moutarde après le dessert ».

Tout ce qu'on m'a demandé a été de traduire en latin quelques interventions d'évêques canadiens qui avaient un peu oublié le latin de leurs études théologiques. Ce n'était pas un problème pour moi, car jusque-là j'avais enseigné en latin avec des textes de référence dans cette langue. Mais j'ai quand même fait de mon mieux pour bien traduire la pensée de ces évêques, et aussi pour le faire dans une langue latine pas trop inférieure à celle des membres de la curie. Cicéron a refait surface pour composer des phrases respectant la construction propre au latin. Le mot important est souvent le verbe principal. Tu ne le perds pas de vue, tu patines à travers tous les autres membres de la phrase et tu le lances comme la rondelle dans le but à la fin de ta montée. Mais le latin est une langue morte. Il faut l'animer avec des ficelles, la compléter de néologismes, car bien des choses nouvelles sont apparues depuis qu'on ne parle plus cette langue dans la vie courante et entre les scientifiques. Le latin de la curie romaine est plus compliqué, plus entortillé que celui des auteurs classiques et des Pères de l'Église.

Le latin de la curie, c'est comme une marionnette sans vie qu'un très habile manipulateur fait marcher avec des ficelles. Le latin de Cicéron, saint Augustin et saint Jérôme est comme une ballerine dont les mouvements gracieux et expressifs viennent de son âme à travers la souplesse de ses membres.

J'ai quand même admiré des Pères conciliaires capables d'improviser en latin sans hésitation et d'une manière très littéraire. Le cardinal Ottaviani, entre autres, préfet du Saint-Office, était aveugle, mais ses propos semblaient tirés d'un texte soigneusement rédigé. L'inconvénient, c'est qu'il n'arrivait pas facilement à la fin. À un moment donné, après quelques avertissements, le cardinal président ce jour-là a coupé le courant de son microphone…

On discernait dans les interventions deux tendances distinctes. Les uns, la majorité, voulaient que le concile soit de valeur pastorale, ouvert au monde et à l'avenir, tout en s'inspirant des Écritures et de la grande Tradition, ce qui va bien ensemble. Ils étaient dans la mouvance du renouveau biblique, liturgique et théologique dont j'ai parlé plus haut. Les autres, minoritaires, allaient plutôt dans le sens des schémas préparés avant les sessions et, devant les changements qui, au fond, nous renvoyaient à la grande Tradition et aux sources, étaient plutôt, disons, « sur le frein à bras ».

Les échanges de 1964 ont porté surtout sur ce qui est devenu *Gaudium et Spes* (l'Église dans le monde de ce temps), promulgué à la session suivante, le 7 décembre 1965. Dans le *riparto* réservé aux théologiens des évêques, j'ai souvent été le voisin du père Marie-Dominique Chenu. Il était là à titre de théologien d'un évêque français missionnaire à Madagascar, Mgr Claude Rolland. Les théologiens du concile prenaient place dans une autre section. Comment se fait-il qu'un théologien de cette envergure n'ait pas été appelé à faire partie des théologiens officiels du concile ? Durant une pause, j'ai jugé bon de le remercier, au nom de l'Église dont je faisais partie, pour son travail intelligent et patient dont la valeur et même la vérité avaient été contestées par l'autorité de l'Église. « Vous avez continué à servir l'Église, à obéir, à accepter de souffrir non seulement pour l'Église, mais de la part de l'Église. Eh bien, aujourd'hui, c'est votre enseignement que les Pères du concile font leur. » Je m'attendais qu'il me dise simplement : « Merci pour le compliment. » C'était mal connaître cet homme chaleureux. Il m'a étreint en me disant : « Merci pour ces paroles, ça me fait du bien. »

Durant cette session, on a aussi finalisé la décision d'inclure la doctrine mariale dans la constitution dogmatique *Lumen Gentium* sur l'Église. Cela a donné le chapitre huit de ce document central. Cette décision a été éclairée par l'Esprit Saint et par les travaux des mariologues. Ceux-ci se divisaient en « maximalistes », qui appliquaient à la lettre et de façon exagérée la parole attribuée à saint Bernard : « *De Maria, nunquam satis.* Sur Marie on n'en met jamais assez. » Ils voulaient que le concile fasse un document distinct sur la Mère de Dieu. Les « minimalistes » proposaient d'inclure le texte sur Marie dans celui sur l'Église. Cette proposition place la doctrine mariale dans des perspectives beaucoup plus justes. La Mère de Dieu n'est pas au-dessus de l'Église, mais elle fait partie, à titre de premier membre et réalisation parfaite, en son commencement, de l'Église « sans tache ni ride ni aucun défaut » (Éphésiens 5,27). Elle est « membre suréminent et tout à fait singulier de l'Église » (*Lumen Gentium*, n° 54).

Les sessions du concile se tenaient dans l'avant-midi. J'ai consacré mes après-midi à assister à des conférences d'experts et de grands théologiens. J'en signale quelques-uns : le cardinal Suenens ; le père Congar ; Mgr Hurley, o.m.i., archevêque de Durban ; Mgr Roberts, ancien archevêque aux Indes, qui avait démissionné pour faire place à un successeur indien ; le père de Lubac ; le père Lyonnet, s.j. ; le père Schillebeckx, o.p. ; le père Tillard, o.p. ; Joseph Folliet ; Hans Küng ; François Houtart ; le père Paul Gauthier, qui s'est fait la voix des pauvres ; le professeur Oscar Cullmann ; Roger Schultz, prieur de Taizé, observateur au concile ; le pasteur Marc Boegner (1891-1970) de l'Académie française, qui avait été président du conseil national de l'Église réformée de France et un des présidents du Conseil œcuménique des Églises. Il a été reconnu comme le chef spirituel du protestantisme français. Il a salué les cardinaux présents du titre de *Patres ornatissimi*. Je me suis permis de crayonner son portrait, comme je l'ai fait pour quelques autres. Il paraît que Jean Guitton faisait la même chose. Je continue la liste des conférenciers pour montrer quelle chance j'avais d'être présent à ces grands moments de la vie de l'Église : Mgr Zoa, archevêque de Yaoundé, au Cameroun, qui nous a fait de l'Église en Afrique un portrait tellement remarquable que je me suis demandé s'il y avait dans notre pays un évêque capable de décrire aussi bien l'Église au Canada ; Mgr Hélder Câmara, archevêque de Recife, au Brésil… J'ai soupé au Collège canadien à côté du père de Lubac, s.j. J'étais impressionné d'être tout près d'un si grand théologien. Mais j'ai vu l'homme le plus humble du monde, qui semblait honoré de pouvoir converser avec un chanoine !

J'ai pris des notes : deux *quaderni*, cahiers d'écolier de 80 pages 8 1/2 x 11, remplies de mon écriture et où j'ai ajouté des textes imprimés de certaines conférences, une mine de doctrine et d'informations que je ne puis livrer ici, car ce serait trop long. On y trouverait des éléments de la genèse de *Gaudium et Spes*. Mais cela n'ajouterait rien à ce qu'on peut trouver dans les ouvrages d'histoire de cette session ou dans les commentaires de la constitution pastorale qui en a résulté à la session de 1965.

La session s'est conclue le 21 novembre par la promulgation de *Lumen Gentium* et un discours de Paul VI où il nous a présenté Marie comme Mère de l'Église [2].

La session terminée, je me suis envolé vers Paris avec mon archevêque, en chemin vers le Canada. Pour ma part, je partais en tournée pour visiter des grands séminaires européens qui faisaient des expériences nouvelles dans la formation des futurs prêtres. Le cardinal Suenens nous avait dit beaucoup de bien de ce qui se passait dans le Grand Séminaire de Malines-Bruxelles. J'avais trouvé très intéressants les propos de Mgr Reuss, auxiliaire de Mayence et supérieur du Grand Séminaire de ce diocèse.

J'ai visité les Grands Séminaires de Malines-Bruxelles, de Mayence, le Séminaire universitaire de Toulouse, celui d'Issy-les-Moulineaux. J'ai été très bien reçu, mais je n'y ai pas trouvé beaucoup plus que ce que nous expérimentions déjà à Rimouski. Nous avions un règlement plus large, plus souple, et nous insistions sur le sens des responsabilités des séminaristes.

Je suis revenu au pays entre Noël et le 1er janvier, enrichi d'une expérience qui m'a été précieuse tout au long de mon ministère.

---

2. Le texte de la Constitution dogmatique présente Marie comme « Mère des membres du Christ » une citation de saint Augustin (*De S. Virginitate* 6 : P.L. 40, 399). Je rapporte tout cela pour dire la chance que j'ai eue, et que j'ai fait tout mon possible pour en profiter. On trouvera une mine de renseignements fort pertinents dans Yves Congar, *Mon journal du concile*, 2 tomes, Cerf, 2002.

CHAPITRE 13

Une révolution que je n'ai pas trouvée tranquille

L E 29 AVRIL 1964, Monseigneur l'archevêque Charles-Eugène Parent me nommait chanoine honoraire de son chapitre cathédrale. Sous cette « promotion » se cachait probablement une autre qui devait m'arriver une année plus tard. Le 18 juin 1965, après le semestre qui a suivi ma présence au concile et ma visite dans des grands séminaires diocésains, j'étais nommé supérieur du Petit Séminaire, un collège classique de 800 élèves.

J'étais parachuté dans un monde que j'avais connu comme étudiant mais non comme éducateur. J'ai tout de suite choisi comme assistant supérieur l'abbé Pascal Parent, qui connaissait bien tous les dossiers et qui m'a beaucoup aidé à m'y retrouver. Il était en même temps directeur du pavillon de philosophie, une construction récente où les étudiants des deux dernières années du cours classique, les « philosophes », avaient leurs chambres et suivaient leurs cours.

Le rapport Parent, publié en 1964, nous plaçait face à une réforme en profondeur de notre système d'éducation dans laquelle nous devions nous engager. Le Rapport proposait qu'on rende accessible à tous l'éducation aux niveaux secondaire, collégial et universitaire. C'était un projet généreux, qui s'imposait. Il fallait désormais offrir l'éducation à tous dans toutes les régions du Québec. Là où la faible densité de la population ne permettait pas de faire coexister des institutions privées et des institutions publiques, il fallait privilégier ces dernières. La région de Rimouski était dans ce cas. En même temps que se mettait en place le réseau des écoles secondaires et des commissions scolaires, il fallait mettre sur pied des institutions de niveau collégial. Après bien des études et des tâtonnements, une conclusion s'est imposée : le Séminaire de Rimouski devait laisser la place à un collège public. La Fédération des collèges classiques a été d'un grand secours dans cette énorme réorganisation. Elle était formée des responsables des collèges classiques du Québec, avec les services d'une équipe de permanents très compétents et d'un grand secours. J'ai fait partie d'un groupe où se trouvaient Charles Valois, directeur des études au Séminaire Sainte-Thérèse, Jean-Claude Leclerc, de l'A.C., Guy Bélanger, recteur du Collège de Valleyfield, et le P. Maurice Couture, alors recteur du Séminaire de sa congrégation, les Pères de Saint-Vincent-de-Paul. Il était le président du groupe. Nous avons produit un rapport dont les suggestions se sont réalisées presque telles quelles. Dans des régions à plus forte clientèle scolaire, on pouvait avoir un collège public et un collège privé. Ce fut le cas à Québec, à Lévis, à Trois-Rivières, à Saint-Hyacinthe, etc. À Rimouski, le Séminaire devait faire place au collège public. La chose s'imposait au plan rationnel, d'autant plus que l'Église ne pouvait plus porter financièrement une institution qui s'était alourdie énormément et fonctionnait de façon déficitaire.

La raison disait une chose, mais le cœur parlait autrement. Les éducateurs, dont la plupart étaient des prêtres et avaient consacré leur vie à bâtir et à développer une institution où ils donnaient le meilleur d'eux-mêmes, la voyaient passer au domaine public. Il fallait comprendre leur souffrance et leur inquiétude et leur laisser la possibilité de les exprimer. Le Séminaire était, en même temps, le principal lieu de retraite pour les prêtres du diocèse. Ils se demandaient : « Si nous devons quitter les lieux, où allons-nous aboutir ? » La Providence y a vu. Avec l'intégration de tous les enseignants dans les écoles polyvalentes, l'École moyenne d'agriculture, qui relevait du Séminaire d'une façon qui serait trop longue à expliquer ici, a été remise au Séminaire et au diocèse. C'était un bâtiment solide, fait avec les mêmes matériaux que le Séminaire. On y a aménagé une résidence avec une trentaine de suites et les locaux communautaires. Les prêtres du Séminaire et les retraités pensionnaires y ont retrouvé un milieu semblable à celui qu'ils avaient connu auparavant. Un prêtre dont j'ai parlé plus haut, Mgr Lionel Roy, a beaucoup aidé les autres à accepter la situation. C'est pourquoi nous avons dérogé à la coutume selon laquelle nous ne donnons pas le nom de personnes vivantes à des institutions. Nous avons nommé l'édifice « la Résidence Lionel-Roy ».

La vente du Séminaire s'est faite dans un contrat signé le 30 août 1968 devant le notaire Albert Goulet. Mais cette entente n'a pas été conclue sans qu'on y mette de la pression. À un moment donné, une idée se répandait que les Églises diocésaines et les communautés religieuses devaient céder gratuitement leurs maisons d'éducation, qui avaient été financées par de l'argent venu de la population. On avait même mis cette idée dans la tête du ministre de l'Éducation de l'époque. J'ai affronté les promoteurs de cette idée dans une tribune téléphonique, où je n'ai pas eu de difficulté à démontrer la distinction entre une propriété de l'Église et une propriété du pouvoir public, d'autant plus que notre Séminaire avait donné l'éducation de façon pratiquement gratuite, grâce au travail peu rémunéré des prêtres et à la collaboration généreuse des Sœurs de la Sainte-Famille comme personnel de soutien.

Nous avions besoin du résultat de la vente pour assurer la sécurité financière des anciens professeurs qui avaient accepté de travailler presque gratuitement, mais envers lesquels le Séminaire s'était engagé à leur fournir logement, couvert et soins de santé. Il fallait aussi prévoir continuer d'une autre façon la présence active de l'Église dans le monde de l'éducation.

Ce que j'ai appris dans ce bouleversement qui a dérangé beaucoup de monde, c'est qu'il faut donner aux gens qui sont touchés l'information la plus complète. Autrement, les gens se font des peurs inutiles. Surtout, ils se sentent écartés des décisions qui les concernent. C'était la situation du corps professoral ainsi que des professeurs retraités. Nous devions calmer les ardeurs de ceux qui étaient pressés de faire des changements et qui craignaient que, devant nos exigences dans les tractations, les autorités civiles décident d'accorder le collège à une ville rivale. En même temps, nous avions à rassurer les plus âgés, qui s'inquiétaient au sujet de leur avenir personnel et de l'avenir de l'œuvre d'éducation qu'ils avaient contribué à bâtir.

Le Séminaire de Rimouski est devenu un collège d'enseignement général et professionnel. On a choisi ce nom « long comme de Paris à Pontoise » parce qu'un certain milieu syndical craignait que l'ancien collège classique ne se perpétue dans la nouvelle institution publique. On s'imaginait que les gens se fatigueraient vite de décliner cette série de mots et que bientôt on parlerait simplement du collège. Mais on en a plutôt fait un acronyme, le mot cégep, un barbarisme qui a même trouvé sa place dans le dictionnaire Larousse, édition de 1992. Il serait très simple de parler de collège : le mot désigne un niveau d'études. Le programme de cette nouvelle institution comportait un enseignement professionnel. Celui-ci était déjà en place, avec l'Institut de technologie et l'École de commerce, de sorte que le collège a pu commencer à fonctionner immédiatement, trouvant les ressources humaines et les équipements dans ce qui était déjà un campus autour du Séminaire. Si les fameux cégeps ont pu s'organiser aussi vite, c'est grâce aux collèges classiques qui se trouvaient sur place. Par ailleurs, des villes de la province, dans les régions éloignées, n'auraient pas eu leur collège si on n'y avait pas déjà trouvé un séminaire tout équipé pour donner l'enseignement collégial. Avec d'autres, je me suis battu pour qu'on ait un collège à Matane, à Gaspé et sur la Côte-Nord, alors qu'un autre courant voulait tout centraliser à Rimouski : l'éternelle rivalité des villes de province !

On ne peut pas dire que l'Église n'a pas collaboré à la démocratisation de l'éducation. Les diocèses et les communautés religieuses avaient jusque-là assumé le rôle de la scolarisation au-delà du cours primaire. Le temps était venu que l'État prenne ses responsabilités. La création d'un ministère de l'Éducation a été le tournant vers cette direction, à la suite du rapport Parent, qui en faisait la recommandation. Le ministère de l'Éducation s'est lancé dans une tournée de la province, appelée l'opération 55, pour mettre en place les 55 commissions scolaires devant gérer les écoles publiques. Le virage ne s'est pas fait sans tiraillements, sans souffrances et sans bousculades.

J'ai fait partie d'un groupe régional qu'on a appelé un COREPS. Ne me demandez pas de quels mots provient cet acronyme. Ce dont je me souviens, c'est que notre mandat était d'expliquer le nouveau système à la population et d'en montrer les avantages. Surtout, nous devions proposer au ministère et aux commissions scolaires régionales un plan d'implantation d'écoles secondaires polyvalentes. Nous avons fait ce plan en suivant les propositions du rapport Parent, qui donnait 1200 élèves comme nombre optimum pour le bon fonctionnement de ces institutions. Notre rapport était bien fait. Nos projets s'appuyaient sur une étude démographique et géographique rigoureuse. Il y avait dans le groupe des personnes capables de faire ce travail d'une façon scientifique.

Mais le ministère et la commission scolaire régionale ont ignoré ce rapport. Ils ont construit des écoles éléphantesques[1] comportant deux inconvénients : l'anonymat dans lequel évoluaient les élèves trop nombreux, et les distances énormes que plusieurs d'entre eux devaient franchir dans une région rurale à faible densité de population. Nous n'étions pas contents qu'on nous ait fait travailler dans le vide et nous l'avons fait savoir clairement aux décideurs concernés.

La polyvalence de l'enseignement de ces écoles les a amenées à assumer l'enseignement des métiers. Les écoles de métiers sont disparues, de même que les écoles moyennes d'agriculture. Cela présentait le danger d'une spécialisation prématurée et de

---

1. Celle de Rimouski pouvait accueillir 3600 étudiants, trois fois le nombre optimum !

99

considérer les métiers comme la porte de sortie des moins doués, ce qui allait à l'encontre d'une vraie démocratisation. Dans les collèges classiques et dans les écoles secondaires d'avant la réforme, l'enseignement était polyvalent, l'élève était initié à l'ensemble des disciplines. Dans les écoles polyvalentes, l'élève risquait de se confiner à sa « branche » et d'être « mono-valent » : un recul sur le plan de la culture générale…

Il reste que la réforme scolaire des années soixante a été un progrès pour notre peuple, malgré les erreurs de parcours et les inévitables inconvénients. L'Église y a maintenu sa place par une pastorale scolaire qui a duré jusqu'à ces dernières années et qui a fait un bien énorme aux plans humain et spirituel.

Désormais, la présence de l'Église en éducation ne se concré-tiserait plus dans une institution d'enseignement, mais dans l'organisation d'un réseau de pastorale scolaire. Le 9 janvier 1969, Monseigneur l'archevêque Louis Lévesque me nommait responsable de ce réseau et me conférait le titre de vicaire épis-copal à l'éducation. Cette nomination était valide pour cinq ans. Je me suis mis à la tâche d'organiser un Office d'éducation. Mais je ne suis pas allé bien loin dans ce travail. En effet, mon-seigneur l'archevêque me nommait président de la Corporation du Grand Séminaire, le 16 juin 1970. Je retournais là où j'avais passé 14 ans de ma vie, de 1951 à 1965. Je succédais à mon successeur. La situation avait changé. Les séminaristes étaient beaucoup moins nombreux et la maison s'acheminait vers ce qui deviendrait sa vocation future et encore actuelle : un centre diocésain avec ses bureaux, ses salles de rencontre, des chambres pour les sessions et une résidence de prêtres. J'ai accepté à la condition de ne pas devenir l'administrateur d'un bâtiment et d'une hôtellerie. On m'a donné l'aide d'une religieuse du Saint-Rosaire, qui a fait un travail remarquable comme administratrice en ajoutant une touche féminine à ce milieu qui avait été jusque-là occupé et géré par des hommes. J'ai laissé l'Office d'éducation et mon titre de vicaire épiscopal et, avec l'équipe très qualifiée des professeurs de théologie, je mis en branle le processus visant à intégrer l'enseignement de la théologie à l'Université du Québec à Rimouski, qui s'organisait.

Les séminaristes étaient venus me demander de dissocier leur lieu de résidence du lieu de leurs études. Je me suis montré réceptif à leur requête sans rien leur promettre, car les décisions étaient prises dans l'équipe des éducateurs. Je voyais venir la chose, qui ne s'est pas réalisée tout à fait selon les attentes des jeunes. Lorsque l'intégration s'est faite, les séminaristes répugnaient à aller suivre leurs cours sur le campus de l'Université tout en ayant leur résidence au Grand Séminaire. Mais ils ont vite pris conscience de l'avantage d'être partie prenante du monde étudiant de l'Université. Ils ont été les premiers à recevoir leur baccalauréat, car ils avaient déjà parcouru une partie du programme. Nous avions été jusque-là, depuis quelques années, affiliés à la faculté de théologie de l'Université Laval. J'ai repris l'enseignement de la théologie. J'ai beaucoup apprécié travailler dans un milieu ouvert, mêlé aux professeurs des autres départements. C'était toute une différence par comparaison à ce que j'avais connu. L'enseignement de la théologie a tout avantage à ne pas se faire en vase clos. Le contact avec les autres disciplines élargit les perspectives et amène le monde réel dans les questions que nous posons à notre foi. L'université étant de petite taille, les professeurs des divers départements pouvaient se connaître et même collaborer pour des travaux multidisciplinaires. Je me suis fait de bons amis, même chez les gens qui ne partageaient pas ma foi chrétienne.

Chapitre 14

« *L'argent n'a pas d'odeur* »

L A DERNIÈRE ANNÉE de mon cours classique, j'ai gagné mon logement et ma pension en étant à l'accueil du Grand Séminaire et commissionnaire pour les séminaristes qui, comme on l'a vu plus haut, étaient pratiquement cloîtrés. Lorsque mon père est allé à la procure du Séminaire pour payer la note de mes études, on lui a demandé trente dollars. « Vous vous trompez », a-t-il dit. « Non, lui a-t-on répondu, c'est ce qu'on doit débourser pour payer la scolarité. » Tout cela signifie que, en pratique, le Séminaire donnait l'instruction gratuitement.

Mais pour que cela soit possible, l'institution gérait des entreprises dont les revenus aidaient à boucler le budget : une ferme laitière ; un potager où l'on vendait aussi des plants ; une meunerie et une boulangerie qui fournissaient la farine et le pain pour le Séminaire, mais qui servait aussi la population ; un élevage de dindes, ce qui obligeait de préciser, devant des interprètes malicieux, qu'il s'agissait de bipèdes à plumes. À sa fondation, le Séminaire avait reçu comme dot de Mgr Langevin, le premier évêque de Rimouski, une ferme détachée de celle de l'évêché. On a su faire fructifier ce patrimoine et en faire bénéficier l'œuvre d'éducation.

Mais ce bien patrimonial nous a causé des problèmes administratifs lorsque nous devions faire nos rapports au ministère de l'Éducation. Les formulaires à remplir pour faire état de nos revenus et dépenses étaient un énorme document d'un demi-

pied d'épaisseur destiné à être lu par un ordinateur à l'heure
où cette machine était un dinosaure par rapport à ce dont nous
disposons aujourd'hui dans ce domaine. Le document conte-
nait une foule de questions détaillées, mais il n'y en avait pas
sur la farine, les plants de choux et les dindes !… Comment
en faire état dans notre relevé ? Pas question d'y omettre ces
produits qui n'avaient pas de rapport avec l'éducation. Quand
une corporation fait un bilan, elle doit faire figurer toutes ses
opérations. Nos sages conseillers financiers nous ont suggéré
une solution : fondez une nouvelle corporation et vendez-lui
pour un dollar tous ces biens et entreprises dont les opérations
ne concernent pas directement l'éducation. C'est comme cela
qu'est née l'Œuvre Langevin. Ce nom s'imposait de lui-même
pour ce patrimoine.

Un jour, nous recevons un visiteur inattendu. Un promoteur
français voulait implanter en Amérique une race bovine développée en France. Il avait en vue des éleveurs du Colorado.
Mais il ne pouvait pas introduire ses bestiaux directement aux
États-Unis. Il avait choisi le Québec comme pied-à-terre pour
son entreprise. Mais les autorités gouvernementales du monde
agricole mettaient à son entreprise des conditions dont le but
caché (je fais un jugement téméraire ?) était de faire abandonner le projet. Il fallait que le projet passe par une institution
d'enseignement agricole et que celle-ci reçoive la moitié des
revenus sans avoir à investir au départ.

M. Lucien Roy, agronome, directeur de l'École moyenne
d'agriculture, qui faisait partie du complexe relié au Séminaire,
nous a fait voir les avantages de cette offre qui pouvait profiter
à la région. Les ingénieurs agricoles français, venus voir nos
conditions géographiques et climatiques, étaient d'avis que
le Bas Saint-Laurent était un endroit idéal d'élevage pour ces
bestiaux de boucherie.

J'ai signé le contrat. On nous a envoyé un premier bœuf
charolais, une bête au poil blanc, massive, basse sur pattes,
fournissant un coefficient de viande, par rapport au poids
total, supérieur aux races bovines d'ici. Après des tracasseries

gouvernementales qu'il serait trop long et inutile de rapporter ici, on a organisé sur une des fermes du Séminaire un centre d'insémination dont la plus grande partie du produit était acheminé au Colorado. L'entente prévoyait qu'une portion serait offerte aux éleveurs de la région pour y développer la race charolaise. Après cinq croisements, on arrivait à avoir une population de charolais pur sang. Le promoteur nous a offert d'amener un bœuf limousin, fils d'un grand champion dans les foires agricoles d'Europe. L'animal a été assuré pour un montant de 300 000 $. Le limousin est une bête au pelage roux de qualité supérieure au charolais comme bœuf de boucherie.

Certains milieux ont reproché au Séminaire, dirigé par des prêtres, de s'être embarqué dans cette aventure agricole. D'abord, nous n'avons pas eu la possibilité de refuser. Ensuite, le soin des animaux et le centre d'insémination ont été assumés par des agronomes et un vétérinaire. De plus, ceux qui se scandalisaient de voir des prêtres s'intéresser à des choses si matérielles étaient bien aise de recevoir des bourses d'études pour s'adapter aux nouvelles tâches pastorales qui les attendaient dans la foulée de la révolution tranquille et de l'après-concile. Je leur ai rappelé le mot de l'empereur Vespasien : « L'argent n'a pas d'odeur », en les renvoyant au dictionnaire pour la définition des vespasiennes, au cas où ils ne le sauraient pas. On oubliait le progrès que les trappistes avaient fait faire à l'agriculture sur leur ferme à peu près impraticable d'Oka, ainsi que les activités agricoles des moines de Saint-Benoît-du-Lac... On oubliait aussi que ce sont en grande partie les monastères qui ont colonisé l'Europe et stabilisé la population dans l'agriculture.

Le spirituel n'exige pas de nier les réalités matérielles. Est spirituel ce qui relève de l'Esprit, et non ce qui est en dehors de la réalité matérielle. Pensons à tout ce que les communautés religieuses ont pu réaliser comme dévouement gratuit auprès de la population grâce aux fermes que la plupart possédaient et exploitaient. Notre sainte Marguerite d'Youville n'en était pas moins mystique lorsqu'elle organisait l'exploitation agricole pour nourrir ses pauvres et ses malades.

Je rappelle ces faits pour raviver la reconnaissance envers ce que nos devanciers nous ont légué grâce à leur foi, leur débouillardise et leur réalisme.

CHAPITRE 15

Une Église se regarde à la lumière du concile

*L*E PÈRE CONGAR avait défini le concile comme ceci : « C'est l'Église qui se regarde dans l'Évangile. » L'Église de Rimouski a voulu, à son tour, se regarder dans le concile.

Le 22 février 1967, Paul VI décrétait une « Année de la foi », pour célébrer le XIXe centenaire du martyre des saints Pierre et Paul. Cette « Année de la foi » s'est ouverte le 29 juin de la même année. À l'initiative de Mgr Philippe Saintonge, v.g., on a procédé dans le diocèse à une enquête sur la foi et les attitudes chrétiennes, à la suite de laquelle on a récolté 22 000 réponses. Avec l'aide de deux sociologues, le P. Gérard Julicœur et Mgr Norbert Lacoste, en utilisant la technologie nouvelle de l'informatique, deux groupes de prêtres, au cours d'une session, ont dégagé de cette masse de documents les constantes et les orientations pastorales qui s'imposaient. Ils demandent la tenue d'un synode diocésain. D'autres personnes et d'autres groupes font écho à la même demande. En janvier 1969, Monseigneur l'archevêque Louis Lévesque, très pénétré de l'esprit conciliaire, décrète la tenue d'un synode diocésain.

Nous n'avions pas de modèle tout fait pour ce genre d'assemblée. Autrefois, les synodes rassemblaient uniquement des prêtres. Ils se préoccupaient moins directement de pastorale que de législation ecclésiastique. Il fallait faire du neuf puisque, désormais, le « peuple de Dieu » devait y prendre part au cours de vastes consultations et dans le cadre d'assemblées des représentants de toutes les catégories de fidèles.

Nous avons eu la chance d'avoir les services d'un homme d'envergure, le P. Réal Lebel, s.j., comme secrétaire du synode. Il nous a laissé en cours de route une série de précieux instruments de travail, qui ont aidé à mener l'opération et qui sont des documents précieux pour l'histoire [1].

Une première phase, celle de la consultation, amène à la Commission diocésaine vingt-cinq mille réponses. Pour préparer la seconde phase, Mgr Saintonge se rend en Europe, dans les diocèses de Rouen et de Saint-Brieuc, ainsi qu'en Hollande, où on avait déjà vécu l'expérience d'un synode. Suivit une phase d'approfondissement confiée à 13 commissions. Enfin, « une assemblée synodale composée de 130 membres a examiné les rapports des commissions, a revu toutes les recommandations et les rendra publiques ces prochains jours, les dernières ayant été votées aujourd'hui, à la 19e et dernière session de ses travaux [2] ».

Le principal résultat de ces assises a été l'expérience même qu'elles ont permis de vivre aux diocésains, prêtres, religieux, laïcs qui s'y sont engagés. « Nous avons appris à travailler ensemble », concluait Mgr Louis Lévesque. La formule est sobre, mais elle dit beaucoup quand elle est ainsi appliquée à l'Église [3].

Il y a eu quand même quelques tiraillements. Tous les prêtres n'étaient pas d'accord avec cette vaste entreprise, qui risquait d'être dérangeante. On a donné la parole aux gens. C'est comme lever les pelles d'un barrage. Même Mgr Saintonge s'est montré

---

1. *Manuel des procédures de l'Assemblée synodale* (mars 1971), 44 pages.
   Pistes de recherche (mars 1971), 448 pages, qui contient les propositions des commissaires.
   Semences et récoltes (novembre 1972), 112 pages, qui fait l'histoire et le bilan de cet événement d'Église et donne les recommandations acceptées par l'assemblée plénière.
2. Mgr Louis Lévesque, homélie prononcée en la cathédrale de Rimouski le 30 septembre 1972 à la messe de couronnement du synode diocésain, dans *Semences et récoltes*, p. 9.
3. *Semences et récoltes*, p. 23.

déçu de la tournure que le synode a prise en cours de délibération. Il a déploré, dans ses mémoires, que « quelques ténors » avaient monopolisé l'assemblée délibérante[4]. Pour lui, le synode ne devait pas aller plus loin que Vatican II. Mais je pense que le concile nous indique la direction pour aller plus loin. Qui étaient ces « ténors » ? Le synode aurait été noyauté par les jeunes prêtres et les professeurs du département des sciences religieuses de l'Université du Québec à Rimouski. Mais c'était oublier que ceux-ci ont été portés par la vague de fond venue de l'ample consultation faite dans le diocèse[5].

Pour ma part, j'étais secrétaire de la Commission du clergé. J'ai rapporté fidèlement ce que cette commission proposait. On y lit, entre autres : « Que les prêtres développent un grand respect du laïcat, qu'ils apprennent à favoriser la formation de vrais laïcs, comme à se laisser former par les laïcs à être de vrais prêtres[6]. » Qui ne saurait être d'accord aujourd'hui avec une telle affirmation ? La Commission recommandait « qu'à 65 ans tous démissionnent automatiquement, quitte à être replacés dans les mêmes fonctions ou dans d'autres, s'ils ont, comme c'est souvent le cas, encore la capacité de les assumer[7]. » Cette proposition manquait déjà de réalisme à l'époque, mais elle était là...

Comme il fallait s'y attendre, l'assemblée a discuté de la possibilité d'ordonner des hommes mariés. Quelle assemblée synodale n'a pas abordé le sujet ? Mais est-ce que cela signifiait pour autant que ceux qui en discutaient mettaient leur propre célibat en question ou sous-estimaient le célibat sacerdotal ?

Avec trois autres personnes[8], j'ai assumé le rôle de modérateur des assemblées plénières. J'avoue, après coup, n'avoir pas toujours été habile devant certaines difficultés, comme les autres

---

4. Jean Drapeau, « Philippe Saintonge (1913-1983). Pasteur fidèle et leader libre », dans *Cinq prêtres, cinq charismes*, archevêché de Rimouski, 2000.

5. Jean-Yves Thériault, « Un an après le Synode » dans *Le Rimouskois*, 12 septembre 1973.

6. *Pistes de recherche*, p. 88.

7. *Ibid.*, p. 94.

8. Une jeune, Marie-Andrée Roy, sœur Gisèle Dubé, ursuline, l'abbé Jean-Guy Nadeau, professeur.

modérateurs, d'ailleurs. Des prêtres ont claqué la porte, choqués de certaines affirmations. Qu'un vénérable ecclésiastique se voie contredit par un étudiant, c'était un fait inouï mais normal dans une Église où tous les membres sont égaux. Les modérateurs n'avaient pas le droit de prendre parti, mais ils pouvaient cependant empêcher les échanges de perdre de vue les buts du rassemblement.

Monseigneur l'archevêque a assisté à toutes les délibérations. Il a beaucoup écouté, très peu parlé. À un moment donné, un orateur enflammé dénonçait la façon dont le diocèse était mené par décrets autoritaires. Monseigneur n'a pas bronché. Je regrette de n'avoir pas demandé à l'orateur de donner des exemples, de nommer le dernier de ces fameux décrets.

Ce n'était pas la façon d'agir de Mgr Lévesque. Il nous faisait confiance et nous laissait les coudées franches. Certains lui reprochaient de ne pas exercer un leadership assez directif et de ne pas prendre assez de décisions. C'était son choix. Je l'ai entendu dire, un jour : « Comptez-vous chanceux que je n'aie pas choisi le style directif. Vous y auriez goûté. » Tel que je le connais, il aurait été capable d'avoir le bras raide. Je lui dois beaucoup dans l'orientation de ma vie pastorale. Il était un « pauvre de Yahvé », il ne gardait rien pour lui-même, menant une vie dépouillée au plan matériel. Il détestait voyager, mais il a dû le faire comme évêque à Hearst et comme président de la CECC. Il n'aimait pas être au premier rang. À 65 ans, il a convaincu Rome d'accepter sa démission. Il savait comment s'y prendre, car il était membre de la Congrégation pour les évêques. Fin causeur et pétillant d'esprit, comme orateur il était loin de donner sa mesure. Rien de spontané, rien de passionné dans ses discours. Ce qui sortait de sa bouche étaient des paroles passées à la censure et à la correction dans son cerveau à mesure qu'elles surgissaient.

Je dois aussi beaucoup à mes jeunes confrères avec lesquels j'ai travaillé en théologie et à la formation des futurs prêtres. Revenus des études avec une théologie renouvelée, ils ont contribué à renouveler la mienne et à orienter la formation des futurs prêtres vers des façons plus adaptées.

Je dois mentionner aussi l'abbé Pascal Parent, qui m'a aidé à atterrir au poste de supérieur du Petit Séminaire en 1965. J'ai relaté plus haut les difficultés que nous avons dû traverser et les nouveaux aménagements que nous avons dû nous donner. L'abbé Parent nous a offert une histoire bien documentée et nuancée du rôle de notre Église diocésaine en éducation et des changements qu'elle a dû assumer[9]. Après une année sabbatique d'études en Europe, M. Parent a été la cheville ouvrière d'un groupe qui a fait la promotion d'un Centre d'études universitaires à Rimouski. Il en a été le directeur des études, et le recteur. Il a ensuite travaillé au plan régional comme responsable au CRD, le Conseil régional de développement. Il a été une importante ressource humaine. Son rôle a été reconnu au plan national quand on lui a conféré la distinction de l'Ordre du Canada.

Je ne puis omettre de mentionner l'abbé Pierre Bélanger, qui a été le directeur des finances du Séminaire pendant les grandes transformations relatées plus haut. Il était né pour être *manager*, héritage sans doute de son père qui était administrateur dans une grande entreprise forestière. Il a su recruter des conseillers experts grâce à qui nous sommes sortis en assez bonne forme financière à la suite de nos tractations avec les pouvoirs publics. Homme hyperactif, il est décédé comme il avait vécu, subitement, à son bureau, au retour d'une sortie d'affaires en ville, en 1979, à 68 ans.

Je dois aussi beaucoup aux laïcs avec lesquels j'ai eu le privilège de travailler. C'est d'eux, en particulier, que j'ai appris à travailler en équipe et à faire fonctionner un Conseil d'administration dont les membres ont en mains, au préalable, un ordre du jour, les documents à étudier et le procès-verbal à entériner. Dans nos conseils d'Église, jusque-là, le procès-verbal

---

9. Pascal Parent. « De la robe noire au veston-cravate », dans : *125 ans de présence en éducation*, Département des sciences religieuses et d'éthique, Module des sciences religieuses, Université du Québec à Rimouski, 1993, p. 141-186.

était rédigé dans un registre et les membres étaient mis au courant, séance tenante, des décisions souvent déjà prises. Tel était le fonctionnement du chapitre diocésain et du conseil du Séminaire. Je n'en fais reproche à personne. Mais des gens qui avaient travaillé dans des corporations civiles ont fait entrer leur manière de faire dans nos organismes d'Église.

Toutes ces années vécues à Rimouski m'ont enrichi d'amitiés durables chez les prêtres, parmi des laïcs hommes et femmes et dans le monde religieux. Je ne prévoyais pas devoir m'éloigner d'eux, comme cela est arrivé.

Chapitre 16

« Quitte ton pays… »

JE NE SAIS POURQUOI des gens s'attendaient à ce que je devienne évêque. On me le répétait souvent, surtout lorsque, à trois reprises, le siège épiscopal de Gaspé est devenu vacant. Même un journaliste de Gaspé a failli annoncer ma nomination à la radio. Heureusement qu'il m'a appelé avant de le faire, pour confirmer la nouvelle. Je pouvais accueillir ces prédictions comme un compliment sans avoir l'obligation de porter la charge ! Je m'étais trouvé une réponse passe-partout : « Ça aurait trop de bon sens, ça n'arrivera pas. » Enfin, le 8 décembre 1973, un jeune évêque, Mgr Bertrand Blanchet, était nommé au siège épiscopal de Gaspé. La paix, donc, de ce côté.

Entre-temps, mon archevêque, Mgr Gilles Ouellet, nous avait envoyé un questionnaire nous demandant d'exprimer nos projets et nos désirs pour l'avenir. J'avais commencé à prêcher des retraites dans les communautés religieuses féminines et cela m'intéressait. Je me disais aussi disponible pour le ministère paroissial, considérant que j'avais fait ma part dans l'enseignement. J'avais dû refuser, à regret, sa proposition d'assumer la cure de la cathédrale, car j'avais un contrat à respecter à l'université, d'autant plus que j'étais le représentant syndical du département de sciences religieuses. Mais j'étais disponible pour l'année suivante.

Mais un coup de vent inattendu est venu me pousser vers une destination imprévisible. Mgr Ouellet me convoquait à l'évêché pour m'annoncer que le pape voulait faire de moi un évêque, comme auxiliaire de Mgr Coderre, à Saint-Jean-de-Québec. Il m'a conseillé de dire oui, car Mgr Coderre désirait m'avoir à ses côtés.

J'avais tellement l'air désarçonné qu'il m'a offert de me reconduire chez moi en automobile. J'ai préféré rentrer à pied, en faisant de grands détours et en marchant très vite, me figurant que, ainsi, ce qui m'arrivait ne me suivrait pas. Avant de me mettre au lit, j'ai fait un peu de lecture, selon mon habitude. J'étais, à ce moment-là, en train de passer à travers *Les âmes mortes* du Russe Gogol. Rien de meilleur que ce chef-d'œuvre assommant pour contrer une insomnie. J'ai dormi sans même rêver à l'épiscopat. À mon réveil, j'avais accepté de relever le défi qu'on plaçait devant moi. J'avais trois jours pour donner ma réponse. Entre nous, c'est un peu court. Mais peut-être que si c'était plus long, on aurait le temps de changer d'idée…

Je vous fais grâce des préparatifs et des réactions que cette nomination a suscités autour de moi. J'ai mentionné certains faits dès le premier chapitre de mes souvenirs. Le 12 mai 1974, je recevais l'ordination épiscopale des mains de Mgr Coderre en la cathédrale de Saint-Jean. Puis a commencé aussitôt mon initiation à la charge épiscopale sous la conduite de Mgr Coderre. Je dois à cet évêque remarquable ma nomination et l'orientation que j'ai donnée à mon ministère pastoral. Je puis dire que les deux années passées avec lui ont été pour moi un stage pastoral d'évêque, comme celui qu'on fait faire aux futurs prêtres avant leur ordination.

Mgr Coderre était un homme petit de taille, mais il a été un grand évêque. Il a exercé un important leadership non seulement dans son diocèse de Saint-Jean, mais partout au Québec, particulièrement dans le renouveau de l'enseignement catéchétique.

Très volontaire et énergique, il aurait pu mener sa barque d'une main ferme et autoritaire. Je ne sais pas comment il se comportait avant le concile Vatican II. Comme éducateur à Joliette, son diocèse d'origine, on le surnommait, m'a-t-il dit, « Napoléon ». La grâce pastorale du sacrement de l'épiscopat et l'expérience de Vatican II en ont fait un serviteur de la communion. Si les évêques avaient dû, jusque-là, vivre leur pastorat dans une dimension surtout verticale, le fait de siéger au concile avec 2500 collègues de même niveau leur a permis d'expérimenter la dimension horizontale du service de l'autorité. Pour sa part, Mgr Coderre aimait s'entourer de conseillers très forts qui ne craignaient pas d'engager avec lui d'énergiques discussions. Ses réprimandes étaient parfois teintées de colère, mais il ne laissait jamais le soleil se coucher avant d'avoir arrangé les choses : « Tu le sais, disait-il, je suis un Coderre, je m'emporte très vite. »

Je l'avais vu fonctionner à quelques reprises dans les réunions de pastorale au niveau provincial ou dans les assemblées plénières de l'AEQ. On le voyait portant avec lui une liasse de documents, l'air résolu et sûr de lui. J'étais là à titre de représentant d'un conseil presbytéral, qui n'existait pas encore à Rimouski. Je me disais en le voyant : « En voici un qui a l'air de savoir ce qu'il est venu faire ici. »

Étant à l'origine du renouveau catéchétique dans le Québec, il a dû s'engager comme défenseur de ce dossier non seulement ici mais aussi à Rome. Il argumentait avec passion, sortant de son volumineux dossier, qu'il connaissait bien, le document précis qui appuyait son dire.

Quand je suis arrivé à Saint-Jean en 1974, j'y ai trouvé un diocèse déjà organisé dans l'esprit de Vatican II. Mon premier contact a été la participation à un minicongrès des C.P.P. Ceux-ci étaient encore loin d'être implantés dans la majorité des diocèses du Québec.

L'organigramme du diocèse était un peu complexe et lourd, mais les choses marchaient à cause du dynamisme du pasteur diocésain et du dévouement éclairé de ses collaborateurs. Il régnait dans cette organisation un souffle missionnaire qui en faisait tout autre chose qu'une machine administrative, mais le moteur d'une Église missionnaire. J'entends encore Mgr Coderre, dans un congrès diocésain, nous dire avec des accents enflammés les interpellations qui résonnaient dans sa conscience de la part de ceux que l'Évangile ne rejoignait pas. « Qu'as-tu fait pour moi ? Qu'as-tu fait pour que l'appel de Jésus-Christ et sa Bonne Nouvelle me rejoignent ? » Il n'avait pas une voix d'orateur, mais son enthousiasme et sa conviction savaient soulever son auditoire.

Avec Mgr Coderre, le défaut qu'il ne fallait pas avoir, c'était la paresse. Il était exigeant pour ses collaborateurs, mais reconnaissant.

À son ordination, en 1951, quand il a pris la parole, on a dit : « Il parle déjà avec l'autorité d'un vieil évêque. » À la fin de son ministère, il manifestait encore l'espérance d'un « jeune évêque ». Jusqu'à la fin de son pastorat, sa pensée et ses projets sont demeurés tournés vers l'avenir. Grand liseur, il s'alimentait aux théologiens qui furent les inspirateurs et les commentateurs de Vatican II. Quand il allait en Europe, il ne manquait pas de rencontrer le père Congar. Esprit progressiste, il entretenait quand même des amitiés dans des milieux plutôt conservateurs, démontrant son ouverture d'esprit. À Rome, il rendait visite au cardinal Ottaviani, le leader de l'aile conservatrice du concile. Celui-ci lui disait : « Avec vous, on sait ce que vous pensez. » Ces deux hommes très différents s'appréciaient mutuellement.

Mgr Charles-Eugène Parent, archevêque de Rimouski, était aussi son ami. Pourtant, ces deux hommes ne vibraient pas au même diapason sur la réforme de Vatican II. Mgr Coderre savait faire une distinction entre les orientations pastorales d'un collègue et ses qualités humaines. C'est à travers lui que j'ai connu un de mes prédécesseurs, Mgr Percival Caza. Celui-ci était, comme Mgr Coderre, un fervent adepte des orientations conciliaires. Mais les deux hommes étaient fort différents. Sous des dehors de grand seigneur, Mgr Caza était un homme simple, timide même. Sa gestuelle relevait de sa mécanique corporelle plutôt que d'une prétention de grandeur. Cet homme a compris l'esprit et le contenu de Vatican II. Mais il a dû trop longtemps tenir l'archet d'un second violon plutôt que le bâton du chef d'orchestre pour lequel il était fait.

J'ai eu de longs entretiens avec Mgr Coderre. Il a regretté de m'avoir fait résider à Saint-Jean-sur-Richelieu plutôt qu'avec lui, à Longueuil. Sur la rive sud, tous les réseaux routiers et de communication sont orientés vers Longueuil. Dans la partie sud-ouest du diocèse, on devait circuler sur des chemins de raccordements. C'eût été plus facile de rayonner à partir de Longueuil. Pour atteindre Longueuil par téléphone, il fallait faire un appel interurbain. Mgr Coderre m'a fait installer une ligne venant de Chambly, qui me mettait en contact direct non seulement avec Longueuil mais avec tout le diocèse. J'étais responsable de la région sud-ouest, mais vicaire général pour tout le diocèse.

Les choses allaient. Je m'entendais bien avec Mgr Coderre et ses collaborateurs. Des amitiés s'étaient nouées. J'étais présent à la vie de la ville de Saint-Jean, ce qui consolait la population d'avoir perdu la présence de l'évêque et de l'administration diocésaine. Je menais une vie paisible au monastère des Servantes du Saint-Sacrement, dont je partageais même la table quand j'étais là, ce qui n'arrivait pas tous les jours, car j'ai dû faire beaucoup de va-et-vient entre Longueuil et Saint-Jean. Il y avait à table de bonnes conteuses d'histoires. Pour donner la réplique, j'ai dû enrichir mon répertoire qui, on s'en doute bien, j'espère, se tient loin de la grivoiserie, que je laisse à ceux qui manquent d'imagination.

Les choses allaient. Mais est arrivé le malheureux décès de mon ami Guy Bélanger, évêque de Vallefield. À ses funérailles, je regardais quelqu'un que je voyais comme son successeur en me disant : « Il ne s'en doute pas ». Mais j'ai été mauvais prophète. Des événements ont fait qu'on a dû précipiter les décisions. Le 23 mars 1976, je reçois un appel téléphonique du pro-nonce apostolique[1], me demandant de me rendre à la

---

1. Pour éviter, comme c'était la règle, que le nonce, représentant du Saint-Siège, soit le doyen du corps diplomatique, on le nommait pro-nonce. Cette règle n'est plus appliquée et maintenant nous ne parlons uniquement que du « nonce ».

nonciature le lendemain. Mais le lendemain, il y avait au diocèse une réunion sur la pastorale scolaire et je faisais partie des
intervenants. Pas question ! Il faut que je me rende sans faute
à la nonciature ! J'ai dû mentir à Gilles Raymond, qui avait
organisé la rencontre du lendemain. Celui-ci a été assez intelligent pour ne pas me poser de questions. Je suis parti en autobus pour Ottawa, devinant bien ce que le pro-nonce voulait
m'annoncer. Car ce fut une annonce : on me nommait évêque
de Valleyfield et j'avais cinq minutes pour dire oui ou non. Je
n'avais qu'à obéir. Le 31 mars, la nouvelle sortait. Il y a eu des
larmes au Centre diocésain du boulevard Sainte-Foy, y compris
les miennes.

Mgr Coderre a accepté cette épreuve, mais il a vu sa tâche
s'alourdir. Il vivait dans l'inquiétude de ne pouvoir faire les
célébrations liturgiques, car il éprouvait des difficultés de
santé. Je l'ai rassuré en m'engageant à l'y remplacer au pied
levé, lorsque cela me serait possible. Après quelques mois
d'attente, Rome lui donnait un coadjuteur en la personne de
Mgr Bernard Hubert. Mgr Coderre et le diocèse y gagnaient au
change, par rapport à moi-même, avec cet homme d'envergure
exceptionnelle doué d'un fort leadership.

Au mois de mai 1978, Mgr Coderre prenait sa retraite
après 28 ans de service pastoral comme évêque du diocèse.
Il a consacré ses années de retraite à la prière et à la lecture
d'ouvrages de théologie et de pastorale. Il s'est un peu ennuyé.
Cet homme n'avait pas appris à se donner des loisirs, il n'avait
vécu que pour son ministère pastoral. Je suis allé le visiter le
plus souvent possible. Il s'en montrait fort reconnaissant. Il a
vécu, à un certain moment, l'épreuve du doute. La réforme de
l'enseignement catéchétique dont il s'était fait le champion ne
produisait pas les fruits escomptés. Nous y étions-nous engagés
sur une mauvaise voie ? Toutes les objections auxquelles il avait
été confronté lui revenaient. Mon ami, Mgr Bernard Hubert, et
moi l'avons rassuré. Que seraient devenues les 508 réponses du
catéchisme de mon enfance dans la réforme conciliaire et dans
notre révolution tranquille ?

Mgr Coderre a été un grand évêque et je le considère comme mon père dans l'épiscopat. Il a influencé fortement mon orientation comme pasteur.

Il est décédé le jour anniversaire de sa naissance, le 19 décembre 1993.

Chapitre 17

« Qu'ils sont beaux, les pneus... »

LE *Dictionnaire biographique des évêques catholiques du Canada* [1] résume on ne peut mieux ce que j'ai essayé de faire comme évêque du diocèse de Valleyfield.

> (Il) « se donna comme projet de construire à Valleyfield une église plus communautaire, plus fervente et d'esprit plus missionnaire. Il utilisa les moyens les plus divers pour rejoindre ses diocésains : billets hebdomadaires dans les journaux, visite systématique de tous les établissements scolaires, synode diocésain, visite des malades, tournée pastorale s'étendant sur 8 ans de toutes les paroisses du diocèse, établissement de priorités pastorales périodiques. Soucieux d'une participation active du laïcat, et en particulier des femmes, à la vie diocésaine, il favorisa les conseils de pastorale paroissiale et les équipes liturgiques, entreprit un dialogue avec les groupes frappés d'exclusion comme les divorcés remariés, mit sur pied le diaconat permanent, et tint à établir des liens étroits avec les autochtones du diocèse (réserve d'Akwesasne)... »

---

1. Wilson & Lafleur, Montréal 2002. Je dois à l'ordre alphabétique l'honneur de prendre place immédiatement après Mgr de Laval.

On pourrait ajouter, comme élément important, la répartition du territoire du diocèse en zones pastorales confiées à un responsable muni des pouvoirs de vicaire épiscopal. Une zone linguistique regroupait la population anglophone répartie aux quatre coins du diocèse.

« Une Église plus communautaire, plus fervente et d'esprit plus missionnaire. » Les « plus » employés ici signifient simplement que j'ai voulu continuer l'orientation que j'ai trouvée dans cette Église en y arrivant.

Le synode diocésain auquel j'avais collaboré à Rimouski avait suggéré, parmi les recommandations les plus importantes, « qu'un conseil diocésain de pastorale soit créé dans les meilleurs délais[2] ». À Valleyfield, j'ai vécu l'inverse : un vigoureux CDP (Conseil diocésain de pastorale) m'a recommandé le lancement d'un concile diocésain.

La proposition m'a plu d'emblée. Mais, avant de donner mon approbation à un projet d'une telle envergure, j'ai voulu avoir l'avis du conseil presbytéral et j'ai demandé au CDP des précisions sur l'orientation de ce concile. Le 1er septembre 1977, je pouvais nommer un comité chargé de l'organisation de cet événement. Celui-ci a convoqué pour le 13 novembre un congrès des « forces vives[3] » pour une prise de parole des gens déjà engagés dans la vie de l'Église. Le concile était lancé.

Nous avons voulu éviter d'en faire l'occasion de paperasses, mais plutôt un lieu de rencontre où l'on vivrait à plein la communion et où tous les membres de l'Église pourraient s'exprimer dans un esprit de coresponsabilité. Nous avons voulu qu'il soit **pastoral** et non doctrinal ou théorique. Qu'il soit **missionnaire**, qu'il s'adresse à tous ceux auxquels Dieu destine sa Parole, qu'il trouve les moyens d'interpeller les « distants » et de nous laisser questionner par eux. Qu'il soit un **événement** ou une série

---

2. Recommandation 134, *Semences et récoltes*, nov. 1972, p. 68.

3. L'expression est du cardinal Villot, secrétaire d'État du pape, dans une lettre à Mgr Paul-Émile Leduc, p.h., administrateur du diocèse pendant la vacance du siège épiscopal.

d'événements où l'Église se rassemble et se construit. Qu'il soit **célébration** et **prière**, le principal acteur étant l'Esprit Saint, notre modèle étant l'Église de la Pentecôte qui attend l'Esprit dans une prière persévérante en compagnie de la Mère de Dieu[4].

Nous avons voulu appeler ces assises un concile pour souligner le lien avec Vatican II[5]. Nous nous sommes aussi inspirés de la belle exhortation apostolique de Paul VI *Evangelii Nuntiandi*, du 8 décembre 1975, un document remarquable, qui conserve toujours son actualité.

L'affaire était lancée. Elle s'est déroulée dans des assemblées régionales, où l'évêque était à l'écoute, locales, familiales, ainsi que dans les mouvements d'Église[6].

Le mercredi 17 octobre 1979, les « forces vives » du diocèse et toute la population étaient convoquées à la cathédrale pour la remise des recommandations colligées à partir de toutes ces rencontres.

Le principal fruit de notre concile s'est développé et a été récolté au cours même des rencontres à tous les niveaux. Les membres du peuple de Dieu ont eu l'occasion de faire une expérience d'Église, qui est avant tout non pas une organisation mais un rassemblement. Ils ont pris conscience de leur responsabilité comme membres à part entière, de leur droit et de leur devoir de prendre la parole, de s'engager dans les orientations et les activités de leur communauté chrétienne et de leurs mouvements.

La conclusion de ces travaux a été non pas une **loi synodale,** mais simplement une série de recommandations. Pour l'évêque et son équipe diocésaine, celles-ci étaient aussi importantes et contraignantes qu'une loi synodale. On se doit d'écouter « ce que

---

4. Lettre de nomination des membres du comité du concile et mandat, 1er septembre 1977.
5. Synode et concile ont la même signification, l'un originant de la langue grecque, l'autre du latin.
6. Communiqué de l'évêque, 18 juin 1978.

l'Esprit dit aux Églises » (Apocalypse 2,7). Les encadrements juridiques sont utiles, voire nécessaires. Mais il est de meilleure santé de pouvoir s'en passer, sauf de ceux qui sont essentiels et qui expriment la nature même de l'Église.

Dans l'Église de la Pentecôte, l'Esprit est offert à tous les membres. « Il arrivera dans les derniers jours que je répandrai de mon Esprit sur toute chair. (…) Oui, sur mes serviteurs et sur mes servantes en ces jours-là je répandrai de mon Esprit et ils seront prophètes » (Actes 2,17-18). Saint Pierre rappelle de façon opportune ces paroles de Joël (3,1-5). Saint Paul y fait écho : « N'éteignez pas l'Esprit, ne méprisez pas le don de prophétie ; examinez tout avec discernement : retenez ce qui est bon » (1 Thessaloniciens 5,19-20). Ces propos s'appliquent encore tels quels dans la vie de l'Église. Les lumières de l'Esprit se répandent non seulement de l'autorité centrale aux membres, mais aussi de ceux-ci vers les personnes qui exercent le service d'autorité.

Les recommandations de notre synode sont simples. Elles convergent toutes vers l'exercice de la coresponsabilité dans une Église vraiment communautaire. Vu leur brièveté, on peut les citer ici en entier :

« La participation ou la coresponsabilité à la vie de la communauté chrétienne (Église) doit être non seulement désirée mais mise en pratique par tous les chrétiens sans exception.

« Pour atteindre ce but, différentes actions doivent être entreprises.

« – Régulièrement (rythme de 2 ans), l'évêque et quelques responsables d'organismes diocésains séjourneront dans chacune des paroisses.

« Ils y rencontreront les permanents responsables pour mieux connaître la situation paroissiale. Des échanges en profondeur avec les forces vives constitueront un point majeur de ce séjour. On favorisera, au cours de cette visite, des rencontres gratuites des paroissiens avec l'évêque ou des responsables.

« Ces rencontres de travail permettront de développer la communication entre les personnes. Elles permettront également aux communautés de se sentir ‹ enfin › intégrées à l'Église diocésaine et de travailler à la construire.

« – Les chrétiens prendront l'initiative de proposer et de réaliser des **agirs concrets** qui répondent aux besoins de leur communauté.

« **Au niveau paroissial**, les permanents responsables développeront une attitude d'accueil et d'ouverture à l'égard des projets des chrétiens.

« **Au niveau scolaire**, les animateurs favoriseront chez les étudiants des attitudes créatrices de manière à les rendre responsables autant dans leur école que dans leur paroisse.

« **Au niveau de la pastorale de milieux**, on doit s'orienter vers une action qui permettra aux gens des mouvements de se prendre eux-mêmes en charge.

« – L'objectif premier, dans les différentes communautés chrétiennes, particulièrement là où le prêtre est seul, est la mise sur pied d'une équipe responsable de la pastorale. Les responsables diocésains (l'évêché) soutiendront, de façon concrète, les permanents à réaliser cet objectif.

« – Les marguilliers de chacune des paroisses se distribueront des tâches spécifiques à propos de l'administration de la paroisse. Entre autres, l'un des marguilliers sera répondant pour les activités pastorales[7]. »

Notre concile a été pour moi un beau chemin ouvert pour réaliser mon intention d'être un « pasteur sur le terrain », d'être présent à la vie des communautés chrétiennes et de donner mon appui aux « forces vives » qui s'y engageaient.

La première et la plus importante recommandation me demandait d'entreprendre une visite pastorale systématique dans toutes les communautés chrétiennes. Le rythme de deux ans s'est

---

7. Adoptées le 17 octobre 1979.

avéré impossible à respecter. J'ai mis huit ans à faire le tour des paroisses, car d'autres événements s'imposaient souvent au cours des fins de semaine. Le fait d'être accompagné des membres de l'équipe diocésaine contribuait à resserrer les liens entre les paroisses et le Centre diocésain, mais les interventions nécessaires des membres de mon équipe laissaient moins de temps aux paroissiens pour s'exprimer.

Dans mes visites pastorales, j'allais toujours voir les malades à domicile. J'y ai été témoin de dévouements merveilleux de la part des personnes qui prennent soin de leurs malades à la maison. C'est une chose qui est mal connue du public, même si elle représente une part importante des soins de santé de notre collectivité. Je rends hommage aux personnes qui donnent ce beau témoignage d'humanité et de charité.

En plus des visites pastorales systématiques, j'ai fait beaucoup de route pour participer aux célébrations paroissiales (anniversaires de fondation, d'ordination des prêtres, consécrations d'église…), à des fêtes de municipalités, à des funérailles de prêtres et de leurs parents. J'ai fait la plupart des confirmations et, autant que possible, j'allais rencontrer les confirmands soit à l'école, soit dans un local de la paroisse lorsque la célébration de ce sacrement a été confiée aux ressources humaines des communautés chrétiennes. J'ai toujours été bien reçu dans les écoles, tant par la direction que par les professeurs. Avec les écoliers, j'étais à l'aise, étant appuyé par la présence du professeur et du pasteur de la paroisse. Au surplus, je disposais d'un moyen qui s'est avéré efficace pour garder leur attention au cours de la catéchèse dialoguée que je faisais : je dessinais devant eux. Ils étaient fascinés de voir surgir au bout de la craie sur le tableau la figure des personnages et des symboles qui illustraient la catéchèse. Combien de fois j'ai fait le portrait du pape, au cours de sa visite de 1984. J'ai souvent dessiné des bateaux à voile, car ce symbole de l'Église avançant au souffle de l'Esprit se retrouvait dans leur documentation. J'ai dessiné l'évêque avec ses habits de célébration. J'ai fait le Bon Pasteur, dans le style de dessin d'enfants. On m'a même demandé de faire « un Chinois sur un pont » et on y tenait, je n'ai jamais compris pourquoi. On m'attendait dans les classes avec un panneau et des crayons feutre et je devais m'exécuter. Ce fut pour moi, entre autres, le moyen d'établir un contact avec mes jeunes amis de *grade eight* d'Akwesasne (Saint-Régis) pour enjamber la barrière culturelle et linguistique et faire baisser le bouclier défensif des adolescents.

Les plus beaux moments de ma vie d'évêque, je les ai vécus dans les rencontres avec les communautés chrétiennes, les mouvements d'Église, les groupes sociaux. Régulièrement, les célébrations religieuses étaient suivies d'un repas où prenaient place les intervenants et parfois l'ensemble des paroissiens. Je n'ai manqué que rarement, lorsque j'étais attendu ailleurs, ces joyeuses rencontres : un repas fraternel est aussi une célébration en Église. « *Ubi missa, ibi mensa*[8] », disait l'adage quand les ecclésiastiques se parlaient en latin !

À ses apôtres, le Seigneur a dit : « Allez… ! » (Matthieu 28,20). Leurs successeurs doivent être encore en marche sur cette lancée de la mission. Nos moyens de transports modernes nous permettent de faire plus de route que ceux qui usaient leurs sandales sur les chemins de gravier. Le diocèse de Valleyfield n'est pas de grande taille géographiquement : sa superficie est de 28 112 km^2 ; sa population de près de 200 000 habitants est répartie dans 63 paroisses. Mon service pastoral m'a fait faire en moyenne 25 000 km par année. C'est peu comparativement à ce que doivent parcourir les évêques de diocèses plus vastes. « Qu'ils sont beaux, sur les montagnes, les pieds du messager qui annonce la paix, du messager de bonnes nouvelles qui annonce le salut » (Isaïe 52,7). Dans la condition actuelle, on pourrait transposer et dire : « Qu'ils sont beaux, les pneus de ceux qui annoncent la Bonne Nouvelle. » Vous voyez maintenant que le titre de ce chapitre n'est pas une annonce publicitaire pour une compagnie de pneus, mais une invitation à prendre la route

---

8. Là où il y a messe, il y a le repas.

pour évangéliser, comme le faisait Jésus, qui allait d'une ville à l'autre pour « annoncer la Bonne Nouvelle du règne de Dieu » (Luc 4,42-44).

Évêque dans le peuple de Dieu en marche.

CHAPITRE 18

Les forces vives à une Église missionnaire

JE TROUVE dans le *Rapport quinquennal* de 1998 sur l'état du diocèse[1] une abondante documentation. Notre Église était en bonne santé. Son personnel pastoral était encore suffisant, quoique vieillissant : 129 prêtres diocésains, 57 prêtres religieux. Les membres des communautés de vie consacrée étaient aussi assez nombreux : 108 religieux frères, 406 religieuses, 6 membres d'institut séculier féminin. Parmi les prêtres et le personnel religieux, un certain nombre était à la retraite. Mais je considère ces personnes comme des « forces vives » par leur témoignage et leur « ministère de l'intercession », comme aimait à se le faire dire un prêtre alité dont la seule activité était la récitation continue du rosaire.

Le diocèse n'avait eu, pendant cinq ans, aucun séminariste. En 1976, nous en avions un. À mon départ en l'an 2000, c'était la même situation. Pendant mon pastorat à Valleyfield, j'ai ordonné 11 prêtres, dont 3 religieux. Comme auxiliaire à Saint-Jean, j'avais ordonné Jacques Hudon-Dubuc, incardiné à Valleyfield. J'ai présidé plus de funérailles de prêtres que d'ordinations. Le résultat est que, au moment où j'écris ces lignes, le diocèse compte 86 prêtres diocésains, dont 8 sont invalides, et quelques autres engagés à temps partiel.

---

1. Un excellent rapport exact et complet réalisé et publié par le chanoine Robert Tremblay, chancelier. Ce rapport compte 274 pages. Les rapports suivants ont été moins volumineux, par pitié pour le personnel des curies romaines qui doivent dépouiller tout ce matériel.

Il fallait prévoir une relève pour le ministère pastoral. Nous l'avons recrutée chez les personnes laïques et les personnes consacrées. Mon prédécesseur, Guy Bélanger, a été un précurseur en mettant sur pied un organisme de formation pastorale destiné à préparer des gens à de nouveaux ministères. Le Centre de formation pastorale (CEFOP), mis sur pied par l'abbé Richard Wallot, offrait une formation en lien avec les milieux universitaires et sanctionnée par des attestations de ces derniers : le certificat, le baccalauréat.

En 1976, le diocèse était donc organisé pour se donner des agents et agentes de pastorale compétents et mettant en œuvre leurs charismes baptismaux. Leur premier champ d'action a été la pastorale scolaire, mais, très tôt, on a eu recours à leurs services dans les paroisses. Ces personnes faisaient plus que combler un vide résultant du manque de prêtres ; elles apportaient quelque chose de nouveau, avec leurs expériences différentes, une théologie pastorale exclusivement issue de Vatican II, et aussi du fait que la majorité étaient des femmes. Dans l'Église, on ne doit pas que colmater les fissures, on doit faire du neuf. Ce neuf, on le trouve dans le retour aux sources, la Bible et la Tradition vivante, comme nous l'a enseigné le concile Vatican II.

Ce neuf, il s'est fait de façon notable avec la pastorale scolaire dans le réseau d'écoles publiques issu de la réforme réalisée à la suite du rapport Parent. L'Office d'éducation, organisé et dirigé par Mgr Lucien Beauchamp, y faisait un travail efficace pour assurer l'animation pastorale et l'enseignement religieux dans les écoles et pour offrir au personnel voué à ce travail les directives et la formation adéquates.

Il y a encore des gens qui s'en prennent à l'école, l'accusant de la baisse de la pratique religieuse et de la foi. À mon avis, ce recul vient autant sinon plus des familles que des institutions publiques d'enseignement. À certains moments, j'avais l'impression que l'école était plus chrétienne que les familles.

À mon avis, une bonne proportion des professeurs donnait un enseignement religieux adéquat ; d'autres étaient mal à l'aise en cette matière ou se sentaient mal préparés pour l'enseigner. Les professeurs pouvaient demander à la direction de l'école d'être exemptés de l'enseignement religieux. Mais, à cause des difficultés administratives que cela comportait, on a très peu appliqué cette mesure, de sorte que, dans certaines classes, l'enseignement religieux était très pauvre ou simplement inexistant.

La pastorale scolaire se faisait en lien avec les paroisses, qui, dans notre diocèse, finançaient en grande partie, et parfois totalement, le salaire des animateurs et animatrices. Dans d'autres diocèses, les commissions scolaires finançaient davantage et parfois totalement la pastorale au primaire. Ici, à cause du manque de personnel, nous n'avions pas les joueurs disponibles quand la balle a été mise au jeu.

De toute façon, cela devient de l'histoire ancienne avec la mise en œuvre de la loi 78. Nous avions passé de l'école aux communautés chrétiennes la préparation immédiate aux sacrements de l'initiation chrétienne. Ce pas préparait celui que nous sommes en train de franchir. L'opération n'a pas été facile partout : on était habitué à s'en remettre aux professeurs. Il a fallu éviter que cette réforme ne soit qu'un transfert de professeurs de l'école à la paroisse. Il a fallu mettre les familles dans le coup. Peu à peu, les parents ont compris et se sont dévoués, de façon d'autant plus admirable que souvent ils doivent mener une vie très mouvementée. Il est plus compliqué d'élever deux enfants aujourd'hui que douze dans les années quarante.

On demande encore le baptême pour les enfants. On les prépare aux sacrements du pardon et de l'eucharistie. On demande le mariage à l'Église et les funérailles chrétiennes. Est-ce là pure conformité à la tradition folklorique ? Je pense que, en général, c'est plus profond que cela : la foi a encore une signification pour les moments les plus importants de la vie.

Je me suis appliqué à faire, le plus possible moi-même, les célébrations du sacrement de confirmation, question d'être présent aux jeunes et aux paroissiens, d'autant plus que la confirmation fait partie du ministère épiscopal. Cela représente cinquante célébrations par année, pour un total approximatif de

2500 confirmés. Je rencontre parfois de grands gaillards de plus de 1,80 m qui me demandent si je les reconnais. Ils me donnent souvent comme point de référence : « C'est toi qui m'a fait faire ma première communion » (!) Y en a-t-il beaucoup chez qui le souvenir de cet important sacrement s'est ainsi estompé ? Heureusement que l'Esprit, qui souffle où il veut (Jean 3,8), n'oublie pas ceux dont l'oreille du cœur est trop assourdie ou distraite pour entendre le vent discret.

Chapitre 19

L'Esprit souffle encore

C'EST UNE ÉGLISE bien vivante qu'on m'a confiée le 2 mai 1976. Le long souffle de la Pentecôte la tenait toujours en marche sur les chemins de l'évangélisation et l'aidait à faire du nouveau et à s'engager dans de nouvelles voies.

Déjà, comme ailleurs, la pratique religieuse avait diminué dans nos assemblées dominicales, et le phénomène n'a pas cessé de s'aggraver. Mais regardons la chose avec un esprit positif, selon une expression qu'on entend souvent. Trouvez-moi une pratique telle que nos messes dominicales qui dure depuis deux millénaires et qui rassemble, malgré tout, autant de monde chaque semaine !

Il faut féliciter et remercier les fidèles de nos communautés paroissiales qui se retrouvent chaque dimanche dans nos célébrations eucharistiques et qui s'y engagent. Ce n'est pas seulement l'erre d'aller qui les amène là. N'y voyez-vous pas une poussée de l'Esprit, celui de la Pentecôte, qui rassemblait la première communauté chrétienne pour « la fraction du pain » (Actes 2,42) ? La pratique dominicale est un des moyens les plus importants, sinon le principal, qui a perpétué la vie de l'Église à travers les siècles. Et ce sont ces « pratiquants » qui, par leurs offrandes, soutiennent financièrement les activités pastorales de l'Église ! Ils ne se jugent pas meilleurs chrétiens que les autres : dès le début des célébrations, on leur rappelle régulièrement qu'ils ont besoin de pardon et qu'ils sont appelés à mieux vivre

selon l'Évangile. Ce n'est pas de leur bouche qu'on entend :
« Le péché, ça n'existe plus. »

On les qualifie de « pratiquants », mais ils savent fort bien
qu'il y a bien d'autres pratiques de l'Évangile. Plusieurs d'entre
eux sont, d'ailleurs, engagés dans celles-ci.

Mon arrivée dans le diocèse a à peu près coïncidé avec
l'organisation du mouvement Cursillo. Celui-ci comptait déjà
plus de 800 membres dans 14 paroisses. Il n'a cessé de grandir
pour en arriver, avec le temps, à une vitesse de croisière et à un
certain plafonnement. Les cursillistes font, dans une démarche
qui dure une fin de semaine, le cheminement du catéchuménat
qui les mène au cœur de leur engagement baptismal. Ils
se rencontrent une fois la semaine (ultreya) pour prier et
échanger sur la Parole de Dieu. Le mouvement comme tel n'a
pas d'œuvre spécifique, mais chaque membre doit s'engager
dans une action qui donne des mains à la prière. Beaucoup
se dévouent dans l'organisation paroissiale. J'ai ressenti leur
présence dans mes visites dans les paroisses. Ce mouvement a
été vraiment une chance pour les communautés chrétiennes.

Moi-même, j'ai fait 611e cursillo (petit cours, enseignement abrégé) du 8 au 11 janvier 1981. Mon parrain, Émilien
Clément, un laïc engagé en pastorale, m'y a amené dans sa
voiture. On ne laisse pas à un candidat son propre moyen de
transport, de peur qu'il ne s'esquive aux moments difficiles. Car
ceux-ci peuvent se présenter. Le Cursillo est une démarche non
seulement de catéchèse, mais aussi et surtout de conversion. Je
n'ai pas eu la tentation de fuir. J'y ai expérimenté de la joie et
même du plaisir à me laisser guider par des laïcs et à tirer un
profit spirituel de leur charisme. On m'avait dit de m'arranger
pour ne pas laisser voir mon identité d'évêque. J'étais en habit
laïc, avec cravate. Je me suis « peigné sur l'autre sens » (?).
Évidemment, tous les participants, même ceux d'un diocèse
voisin, m'ont reconnu, mais ma présence n'a gêné personne.
Pour une fois, je me laissais porter par la communauté, ce qui
est agréable et profitable.

Le mouvement Cursillo a contribué à donner aux laïcs une place active dans la vie de l'Église, pendant que se produisait le malheureux déclin de l'Action catholique. Il a ainsi permis aux fidèles de mettre de la chaleur humaine et de la spontanéité et de se dégager des cadres de notre liturgie souvent demeurés rigides, froids et impersonnels, même après la réforme de Vatican II.

Le Renouveau charismatique est entré au Canada en 1968. À mon arrivée au diocèse, il était en plein essor, non sans éprouver certaines difficultés, comme toute chose nouvelle et importante. Comme les groupes de prière étaient ouverts et accueillants, ils ont reçu des gens qui n'y cherchaient pas ce que le mouvement offrait. Mais, grâce à un groupe de soutien au niveau diocésain, on a retrouvé l'équilibre, qui est d'ailleurs une des marques de l'Esprit. On retrouvait d'une façon consciente ce qui avait été vécu dans l'Église primitive, où l'Esprit, agissant avec puissance, confirmait la Parole (Actes 4,33) par l'exercice de charismes nombreux et variés (1 Corinthiens 12,27-3). Se réalisait alors l'oracle du prophète Joël (3,1-5) rappelé par saint Pierre au jour de la Pentecôte (Actes 2,22). Il y a une hiérarchie dans les charismes, tous n'ont pas la même importance ni la même portée. Saint Paul nous le rappelle dans son célèbre texte de la première épître aux Corinthiens (12,12-31 ; 13,1-13). Il préfère le don de prophète à celui du parler en langues (1 Corinthiens 14,1-25). Mais il ne désavoue pas celui-ci, du moment « que tout se fasse pour l'édification commune » (1 Corinthiens 14,2-6).

Le Renouveau a éprouvé une certaine incompréhension dans une Église dont les pasteurs avaient été formés dans le ritualisme et le juridisme. Le leadership du pouvoir sacramentel et du pouvoir de juridiction donné par l'autorité ecclésiastique rencontrait un autre leadership spontané, don de l'Esprit. Les deux leaderships viennent de l'unique Esprit, ils ne pouvaient aboutir à autre chose que se comprendre et se conjuguer. D'ailleurs des prêtres, très tôt, se sont engagés dans le mouvement, certains à leur corps défendant, poussés par l'Esprit. À des charismatiques me faisant remarquer le manque de charismes de l'ensemble des prêtres, je rappelais que les charismes donnés par l'ordination en sont aussi des vrais et que le ministère sacramentel s'exerce par la puissance de l'Esprit.

Il y a eu dans l'Église primitive des disciples qui exerçaient le don de prophétie, le pouvoir de guérison, se livraient au parler en langues. Pourquoi ne pourrions-nous pas retrouver les mêmes dons dans l'Église du XXIe siècle, qui est encore l'Église de la Pentecôte ?

Le Renouveau a amené chez les fidèles le goût de la prière et de la Parole de Dieu. C'est l'activité dominante des rencontres de prière. On y chante souvent « en langues ». J'en ai été témoin à diverses reprises. C'est très beau et ça amène une atmosphère de recueillement. Moi aussi, j'ai naguère prié et chanté « en langues » lorsque la liturgie était célébrée en latin. Dans le chant grégorien, on trouvait l'équivalent de ce que le Renouveau fait produire spontanément. La réforme liturgique, qui nous fait prier désormais dans notre langue maternelle, est un progrès. Mais on y a trop développé ce qui nourrit l'intelligence et pas assez ouvert les cœurs au mystère inexprimable. Le « chant en langues » exprime ce qu'on éprouve dans son cœur, là où le Dieu ineffable manifeste sa présence. On n'a pas de mots pour le dire, alors, comme l'a expliqué saint Augustin, on « jubile [1] ». On nous a enlevé les neumes du chant grégorien, les fidèles les ont remplacés par le chant en langues.

Nous avons l'équivalent dans les « turlutes » de nos chants folkloriques. L'intelligence a des manières de s'exprimer avec les mots de notre langue. Il faut donner au cœur la possibilité d'exprimer ce qu'il éprouve avec d'autres moyens suprarationnels. Il y avait de cela dans le chant grégorien, qu'on a laissé tomber trop vite et trop complètement. Merci aux moines

---

1. Commentaire sur le psaume 32, dans *La liturgie des heures*, T. IV, p. 1147, en la fête de sainte Cécile. Ce passage mériterait d'être plus connu.

qui nous en gardent le souvenir sonore dans leurs superbes enregistrements[2].

Il y a dans notre liturgie trop de paroles et pas assez de symboles et de gestuelle. On ne parle pas assez au cœur. Le Renouveau charismatique et le mouvement des Cursillos peuvent remédier à cette carence dans la « Nouvelle évangélisation ».

---

2. Bien des jeunes aiment cette musique grégorienne. La musique parle par elle-même. Écouter un chant dans la langue latine qu'on ne comprend pas, c'est semblable à savourer un opéra en langue étrangère ou un *lied* en allemand, où les mots eux-mêmes sont de la musique. Nos jeunes « tripent » sur des chants anglais dont ils ne comprennent pas les paroles et se trémoussent sur le *beat*. Ils aiment aussi s'exprimer dans des gestuelles, qui sont pour eux un langage. On n'a pas assez utilisé, sauf dans les groupes de l'ACLE, l'excellent ouvrage de notre regretté confrère Jacques Dubuc, *Le langage corporel dans la liturgie*. Fides, 1986.

CHAPITRE 20
Les « spirituels » et les « engagés »

*I*L Y AVAIT DANS NOTRE ÉGLISE de la fin des années 1970 de nombreux autres organismes et mouvements où s'exerçaient les forces vives. Il n'y a pas lieu de les énumérer tous ici, encore moins d'en décrire les activités. Ce n'est pas une histoire du diocèse que j'écris. Je rappelle simplement ce qui m'a frappé le plus et que je trouve le plus significatif pour l'évangélisation. J'en mentionne quand même quelques-uns.

La pastorale familiale regroupait les mouvements et organismes dont l'objectif était d'aider les couples et les familles : le Service de préparation au mariage, le Rendez-vous, le *Marriage Encounter*.

La pastorale ouvrière a vu à la formation d'équipes de JOC et de MTC.

En Action catholique générale, nous avions le mouvement Femmes chrétiennes (MFC), qui a pris la relève des « Dames de Sainte-Anne ». On y retrouve d'anciennes militantes de l'Action catholique rurale qui aident le mouvement à s'orienter selon les objectifs de l'Action catholique. Ce mouvement dure toujours, malgré la difficulté de recruter de nouveaux membres.

Un autre mouvement d'Action catholique générale, les Chrétiens en milieu rural (CMR) comptait alors deux équipes. Il n'a pu résister à l'usure du temps malgré la ténacité de militants convaincus, que se sont finalement engagés autrement.

Les scouts et guides ne sont pas des organismes d'Église, mais ils étaient et sont toujours des lieux où les jeunes apprennent la discipline, la débrouillardise et le sens des valeurs, y compris les valeurs chrétiennes.

Une dame douée de leadership et de ténacité, Mme Rebecca Trépanier, dont le nom mérite d'être mentionné, a réussi à implanter dans notre Église la Vie montante, un mouvement de spiritualité pour le troisième âge. Le P. François Sailler, o.m.i., avait amené de France ce mouvement, qui a pris racine au diocèse de Saint-Jean à peu près en même temps que mon arrivée comme évêque auxiliaire. Mgr Coderre m'en avait confié l'accompagnement. J'y ai vu tout de suite une merveilleuse ressource spirituelle pour les personnes âgées. J'ai été heureux de favoriser l'implantation et le développement de ce mouvement dans notre Église de Valleyfield. Il y dure encore.

Les Chevaliers de Colomb et les Filles d'Isabelle y étaient actifs et présents. Ces dernières ont subi la perte d'une partie de leurs membres à cause d'une mésentente avec la tête de l'Ordre aux États-Unis. Les dissidentes se sont regroupées dans l'Association Marie-Reine et s'engagent dans des œuvres de bienfaisance.

Du côté anglophone, nous avions, ce qui subsiste toujours, The Catholic Women League, un mouvement pan-canadien, qui s'engage sur le plan social et caritatif.

Les Fermières et l'AFEAS ne sont pas des mouvements d'Église, mais ils apportent leur concours aux projets de celle-ci. Regroupés au plan paroissial, ils interviennent efficacement dans des dossiers sociaux.

Pour les jeunes, le mouvement R3 (triple rencontre : avec soi-même, avec les autres et avec Jésus-Christ) est la section juvénile du Cursillo. On y fait une démarche de conversion dans une session de fin de semaine suivie de rencontres régulières.

Le mouvement ACLE (Accueillir, Célébrer, Libérer, Engager) offrait aux jeunes, à partir du 3e secondaire, une formation à la vie liturgique centrée sur la Parole de Dieu et sur le sens des symboles et des célébrations. Ce mouvement dure encore. Il se renouvelle constamment, car il concerne les jeunes du secondaire. Malheureusement, une fois que les jeunes ont terminé leur secondaire, on les perd de vue. Quelques membres y ont quand même entendu un appel à consacrer leur vie au ministère. Je me suis toujours intéressé d'une façon spéciale à l'ACLE, et j'étais présent à leurs activités, en particulier les camps d'une semaine qu'ils font durant l'été. Je m'arrangeais pour participer à la journée consacrée au sacrement du pardon. Je vous assure que la célébration de ce sacrement, qui dure toute une soirée, est sérieuse, avec des confessions individuelles. Ces jeunes y ont retrouvé le sens de cette démarche quand on l'a introduite à la fin de la période patristique.

Je me suis aussi débattu pour redémarrer la JEC (Jeunesse étudiante catholique) aussi au niveau secondaire[1]. N'ayant pas, au budget de la pastorale, de poste pour financer ce mouvement, j'ai été aidé par les généreuses et substantielles contributions volontaires de confrères qui étaient alors encore à l'emploi du Collège et qui avaient des salaires de professionnels. Je crois en ce mouvement où se forment des chefs, des gens qui assument leurs responsabilités pour améliorer leur milieu de vie. Ils le font à la lumière de la Parole de Dieu, dans la démarche voir, juger, agir. J'ai dû défendre à quelques reprises la survie de ce mouvement lorsque mes confrères bailleurs de fonds ne furent plus là et qu'il fallait « couper » dans les budgets. Ce mouvement a formé des chefs, il peut le faire encore. Mais le milieu ecclésial a de la difficulté à voir la portée évangélique de l'engagement des jécistes, car celui-ci porte souvent sur des enjeux qui ne sont pas directement religieux. Nous rencontrons le même problème avec la JOC.

L'important, dans tous les mouvements comme dans tout le travail pastoral, c'est d'amener les gens au contact de la Parole de Dieu et à la rencontre avec cette Parole incarnée et

---

1. Ce mouvement d'Action catholique s'appelle le MECQ au niveau collégial et universitaire et MIDADE au niveau primaire.

vivante, Jésus-Christ. On peut y arriver par deux chemins inverses mais convergents. On peut commencer par la rencontre de Jésus-Christ dans la conversion, la prière et l'écoute de sa Parole. Mais si cette conversion est sérieuse et fait un disciple de celui qui la vit, elle mène à l'engagement au service du prochain et d'une cause. Comment suivre Jésus sans partager son désir de sauver le monde ? Sauver le monde ne signifie pas seulement envoyer les gens au ciel, mais transformer le monde selon le plan de Dieu. Un travailleur qui venait de faire son Cursillo me disait qu'il allait abandonner son engagement syndical, car désormais il devait éviter les conflits et pratiquer la charité. J'ai essayé de l'amener à réviser sa décision : le monde syndical avait besoin de son engagement et de ses convictions pour maintenir les relations de travail dans la recherche de la justice et le respect des personnes. Cet homme n'avait pas vu les implications humaines et sociales de sa conversion et de la suite de Jésus-Christ. La soif de justice est une des béatitudes évangéliques (Matthieu 5,6).

D'autres personnes et d'autres groupes commencent par s'engager dans une recherche de justice, une action humanitaire, un service d'autrui. C'est, par exemple, le cheminement de l'Action catholique. Cet engagement sur une route profane amène à l'Évangile grâce, en particulier, à la révision de vie à la lumière de la Parole de Dieu. Le processus peut prendre du temps. On a l'impression que les militants se limitent à l'action sociale. Mais ils sont, sans en être conscients, sur une voie évangélique. Ils finissent par s'en rendre compte. L'Esprit, qui est maître d'incarnation, les soutient et les guide. S'ils travaillent en Église, ils découvrent dans leur engagement une façon de suivre Jésus-Christ et de le connaître.

S'engager envers le prochain pour aller à Jésus-Christ (Matthieu 25,40), suivre le Christ pour partager sa volonté de sauver le monde : deux cheminements nécessaires pour correspondre à deux mentalités ou deux situations différentes. Mais les tenants de ces deux approches ne se comprennent pas d'emblée. J'ai eu à faire se rencontrer des jeunes du R3 avec des militants de la JOC. Les premiers reprochaient à ceux-ci de se limiter à des engagements sociaux. Par contre, ces « engagés » trouvaient leurs protagonistes déconnectés de la réalité et uniquement soucieux de leur salut personnel. Cette rencontre était provoquée par un désir, qui m'avait été exprimé, de mettre sur pied une pastorale jeunesse générale, que d'ailleurs je ne croyais ni pratique ni réalisable. Une pastorale jeunesse peut exister si elle regroupe des mouvements de jeunes caractérisés par leurs différences. Il faut respecter les approches diversifiées qui tiennent compte des aptitudes et des situations des gens. L'important est de rencontrer Jésus-Christ, la Parole vivante qui nous éclaire et nous sauve.

Ce chapitre s'intitule les « spirituels » et les « engagés ». Il reprend la façon populaire de voir les choses et reflète le différend relaté plus haut. Mais en fait, tous les gens concernés sont des « spirituels ». Est spirituel non pas ce qui est désincarné, déconnecté de la vie concrète, mais ce qui est suscité et soutenu par l'Esprit-Saint, qui est un maître non seulement d'adoration et de louange mais d'incarnation.

Tous les mouvements et groupes mentionnés dans ce chapitre ainsi que les institutions de santé et tout ce qui a trait à la pastorale sociale relevaient d'une personne responsable de la pastorale des milieux de vie : une tâche gigantesque, aux effectifs diversifiés et aux objectifs souvent à préciser sur le terrain.

Aux groupes et mouvements que j'ai trouvés ici en 1976 s'en sont ajoutés d'autres. Il en surgit constamment de nouveaux. Notre pape Jean-Paul II a souligné l'importance de ces nouveaux mouvements ecclésiaux et les nouvelles communautés ecclésiales qui s'ajoutent aux groupes qui existaient déjà[2].

Dans un ouvrage interpellant et un peu pessimiste, le théologien Normand Provencher[3] voit lui aussi dans les divers « groupes de prière, communautés de foi et mouvements » des « chemins d'avenir » pour notre Église. Les paroisses qui

---

2. Exhortation apostolique *Ecclesia in Europa*, 2003, n° 15.
3. Normand Provencher, *Trop tard ?* Novalis, 2002, p. 216-218.

doivent se regrouper et s'agrandir risquent de devenir des centres administratifs et de rassembler pour la liturgie des individus qui cherchent à répondre à un besoin personnel. Avec ces mouvements et groupes nombreux, elles pourront être « des communautés de communautés » et refaire leur tissu ecclésial. Ces groupes sont la plupart du temps issus et soutenus par l'initiative de laïcs. « L'Église qui se lève d'en bas finira bien par se répandre et s'épanouir vers le haut[4]. » Un des avantages de ces groupes et petites communautés, c'est que leurs membres entrent en contact avec la Parole de Dieu. J'ai admiré la joie avec laquelle les membres de Vie montante ont reçu l'enseignement biblique de leur animateur spirituel, un passionné et un grand connaisseur de la Bible.

L'avenir de l'Église est dans le contact des fidèles avec la Parole de Dieu. Tous les mouvements, toutes les politiques pastorales doivent avoir ça comme but. La Parole de Dieu, c'est l'eau de jouvence de l'Église.

« Cette foi que nous avons reçue de l'Église, nous la gardons avec soin, car sans cesse, sous l'action de l'Esprit de Dieu, telle un dépôt de grand prix renfermé dans un vase excellent, elle rajeunit et fait rajeunir le vase même qui la contient[5]. »

Dans la constitution dogmatique *Dei Verbum* sur la Révélation, Vatican II rappelle les croyants au contact direct de la Parole de Dieu : « La force et la puissance que recèle la Parole de Dieu sont si grandes qu'elles constituent (…) pour les enfants de l'Église (…) la source pure et permanente de leur vie spirituelle » (n° 21).

Avec les groupes ecclésiaux traditionnels et nouveaux, on peut espérer que la Parole de Dieu va reprendre sa place dans la vie de l'Église et l'alimentation de la foi des fidèles.

« Dans leur variété, les rassemblements actuels des laïcs (…) possèdent une unité fondamentale d'inspiration, car tous

---

4. *Ibid.*, p. 213.
5. Saint Irénée de Lyon (IIe siècle), *Contre les hérésies*, III, 24, 1. Cerf, 1984, 394-395.

tendent à coïncider dans la confrontation essentielle avec la Parole de Dieu et dans l'union avec le Christ pour revivre l'amour pour Dieu et pour les frères et en être témoins individuellement et en communauté avec l'aide de l'Esprit[6]. »

À cause de leur retour à la Parole, les mouvements ecclésiaux sont un signe pour notre espérance dans notre mission d'Église.

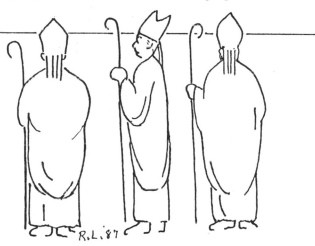

> Can. 208 – Entre tous les fidèles, du fait de leur régénération dans le Christ, il existe, quant à la dignité et à l'activité, une véritable égalité en vertu de laquelle tous coopèrent à l'édification du Corps du Christ, selon la condition et la fonction propres de chacun.

Une conviction qui fait son chemin.

---

6. A. Favale, « *Movimenti ecclesiali contemporanei* », Rome, 1991, cité dans C. Lubrich et coll., *Voyage trinitaire*. Nouvelle cité, 1996, p. 96.

CHAPITRE 21

« Encore un autre évêque socialiste ! »

QUELQUE TEMPS après mon arrivée à Valleyfield, on m'a invité à donner une conférence à un club social de la ville. J'ai exposé tout simplement la position sociale de la Conférence des évêques catholiques du Canada et du Québec. Peut-être y suis-je allé de façon trop directe et malhabile : mes propos ont produit un choc. J'exposais la doctrine sociale de l'Église, mais certains y ont vu un enseignement socialiste.

Quelques-uns, mieux informés, m'ont rappelé que Léon XIII avait condamné le socialisme. Ils avaient raison. Ce que ce pape a condamné dans l'encyclique *Rerum novarum*, c'est un socialisme radical qui nie le droit à la propriété privée, qui promeut la lutte des classes pour arriver à une égalité niveleuse, qui s'impose dans une forme de gouvernement totalitaire, et dont le fondement philosophique est le matérialisme dialectique, niant l'existence de toute autre réalité que matérielle[1]. Cette forme de socialisme athée s'est implantée notamment dans l'Union des républiques soviétiques dans la formule marxiste léniniste, en Chine avec Mao, en Corée du Nord et, dans une forme radicale, en Albanie.

---

1. Léon XIII, encyclique *Rerum novarum*, sur la condition des ouvriers, 15 mai 1987. Pie XII, dans l'encyclique *Divini Redemptoris*, 19 mars 1937, qualifie le communisme athée d'« intrinsèquement pervers ».

C'était bien clair pour tous que ce n'était pas cette forme de socialisme que je proposais. Mais le mot socialisme est un terme général qui recouvre diverses formes de socialisation. Je ne suis ni sociologue ni théologien spécialisé dans le message social de l'Évangile et l'enseignement officiel de l'Église sur le sujet. Ce n'est pas ici le lieu de donner un exposé sur le socialisme. J'emprunte une définition que je trouve dans un dictionnaire : « Le socialisme se dit de l'ensemble des doctrines et des mouvements qui tendent à une transformation de la société pour réaliser la justice dans les structures et une égalité juridique et économique entre ses membres, à travers la suppression des privilèges de classes[2]. » Il existe diverses formes de socialisme qu'on qualifie de réformiste, non marxiste, « qui tend à une société socialiste par des réformes du régime capitaliste sans passer par la révolution et la dictature du prolétariat[3] ». Jean XXIII, dans son encyclique *Mater et Magistra*, ne prononce plus une condamnation globale du socialisme, qui a pris diverses formes et s'applique à divers degrés. Certains auteurs en reconnaissent vingt sortes, et même une centaine[4].

Le mot socialisme fait peur. Il a été contaminé par le communisme. Mais il n'est plus possible de rejeter le socialisme, sans plus de précisions, au nom de la foi et de l'enseignement de l'Église. C'est ce dont je n'ai pu convaincre mes auditeurs.

Des formations politiques comme le Nouveau Parti démocratique du Canada, le Labour Party de Grande-Bretagne, le socialisme des pays scandinaves ne peuvent être condamnés au nom de notre foi, libres que nous restons d'en évaluer la pertinence aux plans économique et social. On qualifie de « social démocrates » les gouvernements qui ont adopté ces formes de socialisme. Ce sont des partis politiques : donc, comme évêque, je n'avais pas à en montrer les mérites ni à les condamner[5].

---

2. *Petit dictionnaire d'éthique*, sous la direction de Offried Höffe, Éditions universitaires Fribourg, Cerf, 1993, p. 309.

3. *Dictionnaire des mots de la foi chrétienne*, Cerf, 1989, p. 723.

4. *Encyclopédia of Theology, The concise sacramentum mundi*, 1975, p. 1595.

5. Paul VI, *Populorum Progressio*, 26 mars 1967. Jean-Paul II, entre autres *Sollicitudo rei socialis*, 30 déc. 1987.

D'ailleurs, il s'agissait plutôt simplement de socialisation, de promotion de mesures sociales pour favoriser une meilleure justice distributive. Plusieurs personnes trouvaient ce mot inquiétant, même s'il faisait partie de l'enseignement de l'Église. « Au droit de propriété est intrinsèquement rattachée une fonction sociale (…). La fonction sociale de la propriété privée (…), elle a sa racine dans la nature même du droit de propriété[6]. » Déjà Léon XIII avait parlé dans le même sens. Paul VI et Jean-Paul II sont revenus abondamment sur le sujet[7].

« Nous voilà encore avec un autre évêque socialiste ! » se sont exclamés quelques-uns. Mais j'ai eu d'autres occasions de revenir sur le sujet et de me faire comprendre. Ces gens que j'avais d'abord choqués sont devenus de bons alliés et de puissants appuis.

Je n'ai jamais manqué l'occasion de leur dire que, lorsque nous dénonçons les abus du capitalisme sauvage et du néolibéralisme économique, ce n'était pas eux que nous visions, mais un système et les grands décideurs anonymes qui gèrent les grosses entreprises. Nous tous, ici, nous ne sommes pas gros dans le système, comme petits actionnaires peut-être mais aussi comme victimes potentielles. J'ai prêché « l'achat chez nous » comme attitude de solidarité pour maintenir les emplois et encourager nos investisseurs dans les entreprises locales.

Mais toute cette histoire m'a fait prendre conscience d'une chose : l'enseignement social des papes et des évêques ne se rend pas jusqu'aux communautés chrétiennes paroissiales, du moins pas assez. Seuls les milieux de la pastorale ouvrière, de

---

6. Jean XXIII, *Mater et Magistra*, 15 mai 1961, Fides, p. 66-67.

7. Lorsque le Nouveau Parti démocratique (NPD) a fait son apparition dans l'Ouest canadien sous l'appellation de la « Cooperative Commonwealth Federation » (CCF), il a été accueilli avec des réticences et des avis de prudence par l'épiscopat canadien. Même l'archevêque coadjuteur de Montréal y était allé d'une condamnation en 1934. Mais dès la fondation de la Conférence des évêques catholiques canadiens en 1943, on y a mis les nuances (Bernard Daly, *Se souvenir pour demain*, CECC, 1995, p. 30). Il serait inapproprié de rejeter les options politiques et sociales du NPD au nom de la foi et de l'enseignement social de l'Église.

l'Action catholique, les organismes conscientisés comme Développement et Paix se donnaient le temps de prendre au sérieux cet enseignement. Des groupes de paroissiens se sont quand même engagés pendant un certain nombre d'années dans une initiative d'éducation sociale, les « Chantiers ». Mais l'essoufflement a fini par prendre le dessus sur les bonnes volontés.

J'ai créé un autre choc lorsque, à l'invitation de la pastorale ouvrière, j'ai participé, en 1979, à un souper aux « beans » en appui à des grévistes qui réclamaient une loi anti-scabs. J'ai eu à y prendre la parole pour préciser le sens de ma présence : donner mon appui à la demande d'une législation, à la condition que les grévistes ne fassent pas usage de la violence contre l'entreprise et le directeur de l'usine. Celui-ci est venu me rencontrer après le conflit. Je lui ai répété mes propos et lui ai laissé entendre que je lui avais peut-être évité des ennuis et des injures. Des grèves peuvent être légitimes, mais elles ne justifient pas la violence, surtout lorsqu'elle atteint des gens qui ne sont pas les premiers responsables de la situation.

On n'a pas compris partout mon appui auprès des syndiqués. Un certain point de vue prétendait que le clergé devait se tenir loin des conflits ouvriers, oubliant que l'Église avait travaillé à la mise sur pied de syndicats, où étaient actifs des prêtres comme aumôniers. Pendant un conflit ouvrier qui menaçait de prendre la mauvaise tournure d'une fermeture d'usine, j'ai demandé qu'on inclue dans les prières universelles de la messe des invocations à l'Esprit Saint afin qu'il inspire une solution juste. Ce n'était pas là prendre parti pour un côté ou l'autre. Mais on n'a pas partout compris le sens de ma demande. On est resté dans les prières générales et désengagées alors que les paroissiens se mouraient d'inquiétude au sujet de leurs droits de travailleurs et de leur gagne-pain. Après cela, on est étonné que les gens s'intéressent peu à nos célébrations…

Lors d'une rencontre avec des professeurs, au cours d'une journée pédagogique, j'ai eu l'occasion d'exprimer ma position au sujet du syndicalisme. J'ai senti, au départ, qu'on me voyait venir avec appréhension. Mais ils se sont vite rendu compte que mes convictions étaient loin d'être antisyndicales. J'avais moi-même fait partie d'un syndicat à l'Université du Québec à Rimouski. J'étais même représentant du département des sciences religieuses au conseil du syndicat. J'avais, par ailleurs, fait l'expérience d'une négociation du côté de la partie patronale, au Séminaire de Rimouski. Ça avait été une joute serrée, avec un vis-à-vis très habile et informé, mais dans un climat non de confrontation, mais de recherche de justice.

Devant ces professeurs en journée pédagogique, j'ai affirmé mes convictions sur la nécessité de la syndicalisation des travailleurs. Mais je les ai exhortés à être plus que des membres inscrits et des payeurs de cotisation : qu'ils soient actifs au sein de leur syndicat, qu'ils n'abandonnent pas celui-ci aux mains des responsables qu'ils ont élus, qu'ils ne prennent pas le risque de voir une faction qui tire les ficelles et dirige le groupe dans des combats inutiles. Parfois, des membres qui ont un plan en tête s'arrangent pour prolonger les réunions, quitte à prendre le vote sur des décisions importantes à la fin des rencontres, alors que la majorité des membres, fatigués de tourner en rond, sont retournés chez eux.

Les syndicats peuvent devenir les victimes de manipulateurs et d'idéologues si les membres ne sont pas vigilants. Leur force, leur pouvoir de négociation peut les amener à un corporatisme égoïste. Cela est contraire à l'esprit syndical, qui ne doit pas perdre de vue le bien commun de la société et surtout la défense des plus faibles, des sans-voix, des travailleurs non organisés. Surtout, si on doit prendre de vigoureux moyens de pression, qu'on évite la violence et des mesures qui pénalisent la population, qui n'y peut rien dans le conflit.

En août 1981, j'ai déclenché bien involontairement une onde de choc en matière économique. Dans un billet destiné aux hebdos régionaux, je dénonçais les taux d'intérêt usuraires qui sévissaient alors. Des entreprises qui avaient bien fonctionné jusque-là étaient acculées à la faillite parce que le crédit nécessaire à leurs investissements était devenu inabordable.

Mon billet a pris le large. J'ai été pris à partie par des gens qui se présentaient comme plus experts que moi en matière économique. Mais j'ai reçu l'appui d'économistes compétents. Quand une chose n'a plus de bon sens, il n'est pas nécessaire d'être un spécialiste pour s'en rendre compte. Pas besoin d'être un ingénieur pour savoir que l'eau coule en descendant !

Il faut dire que les taux d'intérêt excessifs (autour de 20 %) étaient atténués par l'inflation. Mais la marge était encore trop grande, au détriment des personnes et des entreprises qui avaient besoin d'argent. Cette situation a engendré de la misère. Dans ce contexte, un café chrétien centré sur la prière est devenu le « Café des deux pains » pour offrir des repas gratuits aux nécessiteux, à Valleyfield. Cette œuvre admirable fonctionne toujours.

La conscience sociale a encore besoin de se développer dans notre population. Mais elle est loin d'être absente et produit parfois des fruits merveilleux. Devant les situations critiques, les gens manifestent le meilleur d'eux-mêmes.

Mon souci de justice a reçu l'appui non seulement de la pastorale sociale du diocèse et des groupes travaillant en ce sens, mais aussi de fidèles qui ont pris conscience de la dimension sociale de l'Évangile. Parmi ces appuis, je dois mentionner les communautés religieuses. Les ordres contemplatifs, en particulier, reconnaissent la nécessité d'établir un monde où il n'y a plus de pauvres et de laissés-pour-compte. Quand on est proche de Dieu, on entend avec lui le « cri des opprimés » (Exode 3,7).

CHAPITRE 22

Un évêque « féministe » ?

Au concile Vatican II, le 28 octobre 1964, alors qu'on discutait sur le texte qui est devenu la constitution apostolique *L'Église dans le monde de ce temps*, Mgr Coderre s'exprimait ainsi : « Il faut que le paragraphe sur la personne humaine parle de la promotion de la femme, qui est un signe des temps. Cette reconnaissance de l'égalité en dignité de l'homme et de la femme est conforme à l'Écriture, elle représente un progrès considérable dans l'évolution de l'humanité. L'Église ne peut se borner à reconnaître ce fait. Elle doit promouvoir elle-même ce mouvement, dans le monde et en son propre sein. Le schéma devrait affirmer que la femme a une mission propre et indispensable dans le plan de Dieu, dans l'ordre naturel comme dans l'ordre surnaturel : la femme joue un rôle spécifique, pour la perfection de l'homme, de la famille et de la société[1]. »

Ce texte très clair et explicite a eu dans la constitution apostolique un écho mitigé, fragmenté, sans grand impact. On n'a pas mis de l'eau dans ce vin, mais on a dilué ce vin dans beaucoup d'eau. Dans les messages adressés au monde à la fin du concile, on en trouve un qui s'adresse aux femmes, lu par le cardinal Léon Duval : « L'heure vient, l'heure est venue, où

---

1. Texte polycopié distribué par le service de presse, *cf.* Bernard Daly, *Se souvenir pour demain*, CECC, 1995, p. 83-84. L'auteur relate la série des interventions des évêques canadiens sur le sujet, p. 88-93.

la vocation de la femme s'accomplit en plénitude, l'heure où la femme acquiert dans la cité une influence, un rayonnement, un pouvoir jamais atteints jusqu'ici[2]. » Ce texte est assez positif, mais aussi bien général. Pourtant, dès 1963, Jean XXIII, dans son encyclique *Pacem in terris*, avait placé « l'entrée de la femme dans la vie publique parmi les ‹ signes des temps ›[3] ».

Sur la question du féminisme, on ne pouvait être plus d'accord que Mgr Coderre et moi-même. Il favorisait les ministères laïcs et, parmi ceux-ci, les femmes étaient en plus grand nombre, même si celui-ci était encore restreint. Il s'agissait non seulement de compenser pour la diminution des prêtres, mais de promouvoir une nouvelle approche à cause de l'expérience différente des laïcs et encore plus, je pense, de la présence et de l'influence féminine. Mais cela n'était pas perçu très fortement dans les milieux ecclésiaux.

Dans une assemblée plénière de l'AEQ où participaient des agents et agentes de pastorale non ordonnés, j'ai voulu souligner l'impact que représentait la participation des femmes au ministère pastoral. J'ai comparé cette nouveauté à l'arrivée d'Ève au Paradis terrestre (Genèse 2,20-24) ; désormais, l'humanité y était présente dans la complète image de Dieu (Genèse 1,27). Peut-être le morceau était-il gros et inattendu. Ma remarque a été accueillie par un gros rire, qui m'a désarçonné. Ce qui n'a pas arrangé la situation, un éminent personnage s'est levé en disant : « Terminons cet échange avant qu'Ève n'ait fait trop de ravages. » J'étais furieux, les femmes présentes aussi, inutile de le dire. Faisait surface la vieille image de la première femme tentatrice plus que collaboratrice.

Dans mon indignation, j'ai pris ma plume et rédigé le billet suivant intitulé « Paradis ou garçonnière ».

« Adam n'était pas heureux tout seul dans son paradis terrestre.

---

2. *Vatican II, les seize documents conciliaires*, Fides, 1966, p. 649.
3. Les Éditions du jour, 1963, p. 58.

« Il ne lui manquait rien, mais il lui manquait quelqu'un : quelqu'un de sa sorte pour lui tenir compagnie (Genèse 2,4-20).

« Alors Ève est arrivée, sortie de son rêve et formée tout près de son cœur, compagne de son espèce, ‹ os de ses os et chair de sa chair › (Genèse 2,23).

« À ce moment, le jardin en Éden est devenu le vrai paradis terrestre.

« Lorsque Dieu a créé l'être humain pour lui confier la gérance du monde, il l'a fait homme et femme (Genèse 1,27-29). Alors, comment sommes-nous arrivés à faire du monde une énorme garçonnière où l'on n'arrive pas à être à l'aise ?

« Ce n'est pas à la libération de la femme qu'il faut travailler en cette année internationale de la femme : c'est l'humanité elle-même qu'il faut libérer de ses entraves.

« L'humanité a besoin de ses deux bras. Mais le bras masculin s'est réservé tout ce qu'il a jugé important, après avoir attaché le bras féminin avec des rubans de soie gentils, chevaleresques, mais solidement fixés au nœud gordien des coutumes et préjugés séculaires…

« Et dans la garçonnière, on continue à travailler au masculin : on planifie, on organise, on analyse, on objectivise, on rentabilise, on rationalise, on opérationnalise[4]… Mais on n'est jamais capable de se comprendre, on est malheureux et on se bat tout le temps.

« Si on libérait l'humanité, si on laissait leur place aux filles d'Ève dans tous les endroits où le destin du monde se bâtit, afin que notre espace humain devienne pleinement humain ?

« Dans la Bible, la domination masculine est présentée comme la conséquence d'un péché (Genèse 3,16), donc comme un mal à corriger, il me semble.

---

4. Les femmes aussi sont capables de cela. Mais elles y ajoutent une dimension qui humanise ce travail.

« Vous qui êtes ‹ bénie entre toutes les femmes ›, aidez-nous, pour les bénir toutes, à découvrir tout le bien qu'elles pourraient accomplir en faisant un beau ménage à leur façon dans notre énorme garçonnière internationale, nationale, municipale, politique, économique, militaire et ecclésiastique [5]. »

J'ai eu une autre occasion de m'exprimer sur le sujet en tant que délégué de la Conférence des évêques catholiques du Canada au synode romain sur la famille, en octobre 1980. J'avais fait partie d'une équipe pastorale chargée de réfléchir sur des problèmes pastoraux de la famille. En cours de rédaction, ce document a fini par prendre des proportions imprévues, et sa rédaction a tellement duré que, à sa parution, certains passages étaient devenus dépassés [6].

Le groupe féministe de « l'Autre Parole » m'a convoqué à une rencontre pour me confier la mission d'intervenir au synode. Elles m'ont alors signalé certains passages de notre document qui étaient loin de les satisfaire. J'ai admis moi aussi que ces textes ne reflétaient plus ma pensée.

Elles ont aussi relevé d'autres passages que, malheureusement et je ne sais comment, elles comprenaient à contresens. Il suffisait de continuer la lecture pour prendre conscience de cette erreur. Je vous épargne le détail de cet échange qui, d'ailleurs, n'est plus très précis dans ma mémoire.

De toute façon, au synode, j'ai trouvé l'occasion d'intervenir selon leur demande. Je m'insérais ainsi dans une tradition propre aux évêques canadiens. En 1991, au synode qui portait sur le sacerdoce et la justice, le cardinal Flahiff avait dénoncé les injustices dont les femmes étaient encore victimes dans la société. À chaque synode, par la suite, un évêque canadien revenait sur le sujet [7], ce qui agaçait d'autres épiscopats qui n'en

---

5. Reproduit dans Robert Lebel, *L'utile, l'inutile et le nécessaire*. Novalis, 1980, p. 10-11.

6. J'ai oublié le titre de ce document, que j'ai perdu de vue. À ma connaissance, il n'a pas été beaucoup utilisé.

7. Nous trouvons ce texte dans la brochure intitulée *Rappel historique des interventions de la CECC concernant les femmes*, CECC, 2000.

étaient pas au même point. Dans notre pays, nous avions eu la chance d'avoir de grandes dames engagées dans le combat pour la promotion de la femme. Le combat, mené de façon intelligente et civilisée depuis le début du XXᵉ siècle, a toujours trouvé de la relève[8].

Je vous dispense de la citation entière de mon intervention, dont une partie reflétait mon propos rapporté plus haut.

« Ce que les femmes demandent, c'est de discerner dans l'Église une volonté sérieuse de les voir prendre des responsabilités. Certaines attitudes négatives sur des points sans grande importance sont cependant lourdes de signification. Pourquoi, par exemple, vouloir tenir loin de l'autel les femmes et les fillettes[9] ? J'admets que ce n'est pas surtout en tenant les burettes que les femmes vont parvenir à leur plein épanouissement religieux, mais pour elles, il est grave qu'on leur refuse même ça. Une telle interdiction a toutes les apparences d'une attitude sexiste. Elle prend une allure antifamiliale lorsque c'est le couple ou toute la famille qui se présente pour le service de l'autel, comme le veut une pratique qui tend à se répandre dans notre pays et sans doute ailleurs. Qu'on nous épargne donc l'embarras d'avoir à convaincre nos fidèles de la pertinence et de l'intelligence de telles réglementations.

« Il reste un long chemin à faire pour répondre au légitime désir de nos sœurs de mettre toutes leurs capacités au service

---

8. Micheline Dumont et Louise Toupin. *La pensée féministe au Québec*, Anthologie 1900-1985, Éditions du Remue-ménage, Montréal, 2003, 752 pages.
9. *Missel romain*, présentation générale, n° 70, Desclée Mame, 1974. La fonction de servant de messe à l'autel fut refusée aux femmes et aux fillettes (*Liturgiae instauratione*, 1970). Depuis ce temps, le Code de droit canonique de 1983 (canon 230,3) ouvre aux laïcs la possibilité d'exercer des ministères ne requérant pas l'ordination. Dans le cadre des protestations suscitées par l'exclusion des femmes et des fillettes du service de l'autel, la commission pontificale pour l'interprétation des textes législatifs a répondu par l'affirmative au *dubium* suivant : « Le service de l'autel peut-il être considéré comme une fonction liturgique pouvant être remplie par des laïques, hommes ou femmes selon le canon 230,2 ? » La réponse a été accompagnée d'une instruction de la Congrégation du culte divin et de la discipline des sacrements (AAS 86, 6 juin 1994, 541-542). Cet élargissement, qui n'est pas quand même une grosse révélation, signifie qu'il n'est pas inutile de dénoncer des anomalies et de demander des changements. Nous traiterons plus loin du non-accès des femmes au ministère ordonné.

de l'Église. Il faut, bien sûr, éviter de se lancer dans des voies sans issue et de faire naître de faux espoirs. Mais une attitude fondamentale est nécessaire : une attitude positive devant les requêtes, même celles qui expriment la souffrance à travers une certaine agressivité, une conviction profonde que l'accès de nos sœurs à une plus grande place dans l'Église est une chance pour celle-ci[10]. »

J'ai reçu de multiples échos à cette intervention, des États-Unis, de France. Au Québec, c'est la ministre responsable de la condition féminine, Mme Lise Payette, qui m'a adressé une lettre de remerciements en m'attribuant le titre de « Père de l'Église ».

J'ai voulu ne pas m'en tenir qu'aux paroles et aux déclarations en intégrant le plus grand nombre possible de femmes dans les ministères au diocèse, dans les paroisses, dans les maisons d'éducation et les institutions de santé. Pour ce faire, nous n'avons pas eu à faire de discrimination positive, c'est-à-dire à mandater des femmes plutôt que des hommes. Je dis « nous », car les engagements se faisaient dans une ouverture de poste, et les personnes intéressées étaient évaluées par un comité de sélection, qui me faisait sa recommandation. Nous engagions la personne qui apparaissait la plus compétente et la plus appropriée au poste à combler.

Nous étions limités par la loi de l'Église selon laquelle seuls les prêtres peuvent occuper un poste qui comporte un pouvoir de juridiction. Les régions pastorales et certaines responsabilités diocésaines ont été confiées à des vicaires épiscopaux. Quand il s'agissait de personnes laïques, j'ai contourné l'obstacle en nommant ces personnes pro-vicaires épiscopaux ou « faisant fonction de vicaires épiscopaux », à l'exclusion des actes administratifs et pastoraux requérant un pouvoir de juridiction.

---

10. Publié dans *Aujourd'hui la famille*, « Les tâches de la famille chrétienne dans le monde d'aujourd'hui », Synode des évêques 1980, Le Centurion, 1981, p. 136-138. Publié aussi dans la brochure *Rappel historique des interventions de la CECC concernant les femmes*, 2000, p. 42-44.

C'était là une sage suggestion du chancelier M. Robert Tremblay. Nous avons fait état de cette procédure dans un rapport quinquennal, et les autorités romaines ont semblé ne pas y voir de problème. À ce moment, on avait à Rome, à la tête de certains dicastères, des pro-préfets et des pro-présidents. Au Canada, nous avions un pro-nonce pour éviter que celui-ci soit automatiquement doyen du corps diplomatique.

Il y eut, au cours de l'histoire, des abbesses qui ont reçu les insignes et les privilèges d'abbés *nullius*, c'est-à-dire chargés du gouvernement pastoral d'un territoire. La plus célèbre abbaye *nullius* fut celle de Las Huelgas, en Espagne, fondée au XIIe siècle. L'abbesse exerçait le ministère pastoral sur le territoire de l'abbaye, à l'exclusion des gestes sacramentels, mais donnait juridiction aux prêtres qui y exerçaient leur ministère. Cette façon de faire s'est prolongée jusqu'au pontificat de Pie IX, qui y a mis fin[11]. J'ai eu l'occasion de mentionner le fait au cardinal Ratzinger, qui était au courant, il va sans dire. Il m'a dit qu'il s'agissait d'exceptions. Mais exceptionnel n'est pas l'équivalent d'impossible. Pourquoi les abbesses ont-elles un bâton pastoral si elles ne sont pas vraiment et proprement pasteurs ?

Jusqu'ici, l'épiscopat du Québec, comme celui de l'ensemble du Canada[12], a montré sur la question de la place des femmes dans l'Église une ouverture qu'on ne retrouve pas partout.

Ceux qui sont plus âgés se souviennent de la campagne que les évêques du Québec, le cardinal Villeneuve en tête, ont menée contre le droit de vote des femmes. C'est le gouvernement libéral dirigé par Adélard Godbout (1939-1944) qui a voté la loi accordant aux femmes le droit de vote. Mais c'est à l'arraché que le premier ministre Godbout a obtenu que le cardinal, ses confrères évêques et le clergé cessent de s'opposer à son projet de loi (1940).

---

11. *Dictionnaire encyclopédique du Moyen Âge*, T. 2, Cerf, 1977, p. 871-872.
12. CECC, *Rappel Historique des interventions de la CECC concernant les femmes*, CECC, 2000.

On est gêné de se rappeler les arguments qu'on a mis alors de l'avant pour justifier l'opposition au droit de vote des femmes. Mais ce serait un anachronisme de juger nos prédécesseurs à la lumière de la situation actuelle. Il faut être un saint, un prophète ou un génie pour se dégager des conditionnements sociaux, culturels et moraux où s'élabore la pensée et se prennent des décisions.

L'Assemblée des évêques du Québec a quand même jugé nécessaire de demander pardon aux femmes pour l'attitude de nos prédécesseurs en ce moment historique [13]. Dans le milieu romain, certains se sont scandalisés de ce geste. Mais nous avions l'exemple de notre pape Jean-Paul II, qui ne s'est pas laissé arrêter par certains membres de la curie romaine pour demander de tels pardons au nom de l'Église.

Au cours de la fin de semaine des 1er et 2 mars 1986, l'Assemblée des évêques du Québec a tenu une session d'étude sur « Le mouvement des femmes et l'Église ». Cette session, qui a eu lieu à Cartierville à la maison-mère des Sœurs de la Providence, a rassemblé près de 140 personnes dont 96 femmes, 29 évêques et une dizaine de prêtres et d'hommes laïcs. La représentation féminine était constituée des répondantes diocésaines à la condition féminine, d'une autre personne par diocèse intéressée à la question, de représentantes de mouvements féminins et féministes.

On peut dire que cette session d'étude, regroupant des évêques avec un nombre trois fois plus grand de femmes, a été une première comme événement. Ce fut aussi une précieuse expérience.

La montée du féminisme est un des phénomènes culturels les plus importants du XXe siècle. Il s'agit d'une vague de fond qui n'a pas fini d'avoir des répercussions profondes. Jean XXIII l'a qualifiée de « signe des temps » dans son

---

13. *Message du président de l'Assemblée des évêques du Québec à l'occasion du 50e anniversaire de l'obtention du droit de vote des femmes au Québec*, 1990.

encyclique *Pacem in terris*. Un « signe des temps » (Matthieu 16,3) est un phénomène nouveau et important, dans l'humanité, que le croyant est invité à regarder à la lumière de l'Évangile pour que la Bonne Nouvelle soit présente dans le monde actuel.

La montée du féminisme est un « signe des temps ». Les évêques du Québec ont voulu y réfléchir avec leurs sœurs en humanité et dans la foi pour découvrir les valeurs évangéliques que ce mouvement social et culturel porte, voir l'enrichissement que la foi chrétienne peut lui apporter et tirer les conséquences pour la pratique de l'Église.

Les réflexions et les échanges ont été lancés par un rappel historique où on nous a montré les inégalités que les femmes ont subies dans la société et dans l'Église et, en même temps, les efforts du mouvement féministe pour corriger la situation.

Le dialogue a été franc, vigoureux, avec quelques moments pénibles pour des participantes et participants ; mais l'ensemble a été positif et apte à donner de l'espoir. Certains points, comme le problème de l'avortement et la question des ministères dans l'Église ne peuvent faire l'objet d'un consensus. Mais, à se parler, on apprend à faire des nuances et à tenir un langage qui, sans perdre la fermeté et la clarté nécessaires, sait éviter de faire mal par maladresse : on ne parle pas sur le même ton quand il s'agit de principes et quand il s'agit du vécu où se mêlent les relations personnelles, les émotions, les joies, les souffrances. En aucun cas, il n'est question de juger.

Des moments de fête et de célébration liturgique ont fait vivre aux participants et participantes une authentique expérience de communion. Une homélie donnée par une participante a souligné la présence de l'Esprit dans toutes les personnes baptisées et son action dans tout ce qui est positif et fait progresser l'humanité vers le Royaume. À la fin, on a adopté, au vote, une série de résolutions visant à faire progresser la pratique de l'Église dans le sens du mouvement féministe et la correction des inégalités.

Cette session a été un événement mémorable, dont les médias ont d'ailleurs perçu et fait voir l'importance.

« La parole de la révélation nous fait découvrir la femme comme image et ressemblance de Dieu (Genèse 1,27). Elle révèle et concrétise historiquement des valeurs, des dimensions de l'humain et des promesses qui nous donnent une certaine idée de ce que peut être le mystère de Dieu. Sans elle, nous en saurions moins sur Dieu. Elle est un chemin vers Dieu d'une façon originale et irremplaçable. Chaque fois qu'on marginalise la femme au sein de l'Église, notre expérience de Dieu est perturbée : nous nous appauvrissons et nous nous fermons à un sacrement fondamental de Dieu ; dans le même temps, nous réprimons en nous une réalité profonde qui existe et agit dans chaque être humain : la structure féminine. Celle-ci n'est pas spécifique à la femme, mais constitue une dimension de tout être humain, qui se manifeste de façon plus ou moins dense et concrète selon chaque sexe.

« La femme et le féminin sont aussi chemins de Dieu dans sa quête de rencontre avec l'être humain. Dieu possède en plus de son visage paternel un visage maternel. Sa révélation et sa geste libératrice sont jalonnées de traits féminins, virginaux, conjugaux et maternels. La plénitude de l'humanisation s'exprime par le sentiment d'être totalement accueillis dans un sein maternel et infini. Alors seulement nous avons la certitude d'être pleinement acceptés [14]. »

Je cite cette très belle page du théologien Leonardo Boff pour montrer sur quel fond théologique il faut situer la réflexion et les échanges sur la place de la femme dans la vie de l'Église.

Je n'aime pas l'expression « théologie féministe ». On a fait une lecture trop exclusivement masculine de la révélation [15]. On ne sera pas plus avancé dans la recherche de la vérité si on tombe dans l'excès contraire d'une lecture féministe de la révélation.

---

14. Leonardo Boff, *Je vous salue, Marie*, Cerf, Paris, 1986, p. 8.
15. Pourquoi, par exemple, interprète-t-on le mot disciple au masculin ? Pourquoi représente-t-on les deux disciples que le Christ a rejoints sur le chemin d'Emmaüs comme deux hommes ? Pourquoi ne s'agirait-il pas d'un couple qui rentre chez soi (*cf.* Luc 24,13-32) ?

Peut-être avons-nous besoin d'exagérer pour renverser le courant, d'ériger un barrage féministe temporaire pour pouvoir naviguer sur des eaux tranquilles et lire la Parole de Dieu de façon objective. Une bonne et sérieuse exégèse et une réflexion théologique dégagée de préjugés vont nous amener à redonner à la moitié féminine de l'humanité sa place dans la révélation et le plan de Dieu. Le gros obstacle à enlever, c'est l'image patriarcale de Dieu tirée non pas des paroles et des événements où Dieu s'est révélé, mais du contexte culturel dans lequel ces paroles ont été accueillies.

Un champ immense s'ouvre à notre recherche, sur le plan scientifique et dans la pratique pastorale. La première chose à faire, c'est de prendre constat des acquis sur le plan doctrinal et en pastorale. Il reste encore un long chemin à faire. Mais, comme sur la route avant de dépasser un véhicule, il faut commencer par le rattraper ; ainsi, il faut s'appuyer sur les progrès acquis pour aller plus loin. Les femmes peuvent occuper plusieurs ministères et fonctions importantes dans l'Église. Elles n'occupent pas encore tout le terrain disponible que leur ouvre le Code de droit canonique. Qu'on les y accueille non pas par discrimination positive parce qu'elles sont femmes, mais à cause de leur compétence et de leurs qualités. Le champ est vaste, mais les barrières ne sont pas toutes levées. Pour elles, la barrière est double : celle qui bloque le chemin aux laïcs et celle qui se dresse devant les femmes. Mais ne lâchons pas. Comme le disait quelqu'un : poussons fort, mais poussons « égal », pour éviter de réveiller des résistances et des peurs. Je ne puis m'empêcher de me référer ici à l'invitation pressante de Jean-Paul II à l'inauguration de son pastorat le 22 octobre 1978 : « N'ayez pas peur, ouvrez les portes au Christ. » N'est-ce pas ouvrir les portes au Christ que d'accueillir toutes ces femmes qui veulent mettre au service de l'évangélisation leur compétence, leur générosité et leur féminité ?

Malheureusement, il y a des portes qui restent verrouillées.

En 1972, le pape Paul VI rétablit le diaconat permanent (*Ad pascendum*) et institua deux ministères laïcs, le lectorat et l'acolytat (*Ministeria quaedam*). Mais on n'en donna pas l'accès aux femmes. Le diaconat est un ministère ordonné, et selon la constante tradition de l'Église, il n'y aurait pas eu de femmes diacres. Quand on a parlé de diaconesses (*cf.* Romains 16,1), il ne s'agissait pas du ministère ordonné. Cela est discuté entre historiens. Les ministères institués accessibles aux laïcs sont aussi réservés aux hommes « en accord avec la tradition vénérable » (*Ad pascendum*, norm. 7). Mais cette exclusion des femmes a peu de répercussions. De fait, ces nouveaux ministères ne sont conférés qu'à titre d'étape vers le diaconat. Si on pouvait ordonner au diaconat sans passer par ces étapes, peut-être pourrait-on découvrir leur valeur et leur sens. De toute façon, les laïcs hommes et femmes peuvent remplir les tâches qui leur sont assignées, comme on l'a vu plus haut, dans une note.

Le débat tourne surtout autour de l'ordination des femmes au presbytérat, et, plus récemment, à l'épiscopat. En 1975, les Églises anglicanes de l'Angleterre et du Canada avaient donné leur accord de principe sur l'admission des femmes au ministère presbytéral. Paul VI réagit dans deux lettres adressées au primat de l'Église anglicane d'Angleterre. À sa demande, la Congrégation pour la doctrine de la foi publiait, le 15 octobre 1976, la Déclaration *Inter insigniores* qui rappelle que « l'Église catholique n'a jamais pensé que l'ordination presbytérale et épiscopale peut être conférée validement à des femmes [16] ». L'argument principal du document est la longue et constante tradition de l'Église. Mais on a pensé bien faire en illustrant la position traditionnelle par un argument qui relève de la théologie sacramentelle. Dans son ministère de l'eucharistie, le prêtre est le ministre et le signe sacramentel du Christ qui s'offre à son Père. Seul un homme peut être le signe clair du Verbe qui s'est incarné dans un être humain au masculin. Par souci d'être bref, je simplifie l'argument, au risque, je le reconnais, de le faire apparaître plus simpliste qu'il ne l'est. J'avoue que je ne comprends pas l'anthropologie

---

16. Denzinger, *Symboles et définitions de la foi catholique*, Cerf, 1996, n° 4590-4606.

à laquelle on fait appel. D'ailleurs, la Congrégation n'insiste pas pour en montrer la valeur. Le recours à la tradition est le véritable appui de la position de l'Église.

C'est là que se situe Jean-Paul II quand il réitère la position de *Inter insigniores* dans sa lettre *Ordinatio sacerdotalis* du 22 mai 1994, en ajoutant que cette position est « définitive [17] ». Il ne présente pas cette position comme un acte d'autorité, mais comme une limite dans son pouvoir. Comment changer du jour au lendemain une façon que l'Église, tant orientale qu'occidentale, a tenue constamment pendant vingt siècles, de comprendre la décision du Christ de n'appeler que des hommes au ministère apostolique ? Cet argument est de poids et je ne vois pas pourquoi on y a ajouté un argument théologique contestable. C'est comme si on consolidait avec des ficelles la solide structure d'acier d'une construction !

Mais le mot « définitif » me fait rêver. On pourrait penser qu'on faisait appel à l'infaillibilité. « Joseph Ratzinger confiera lui-même que la discussion avec le pape sur ce point fut délicate [18]. » Est-ce que ce mot « définitif » veut aussi signifier qu'on n'a plus à discuter ni à faire des recherches sur le sujet ? Je ne pense pas que notre pape défende de réfléchir et de continuer les recherches. Je pense à de vraies recherches et non pas à des thèses qui tentent de prouver que oui ou que non, mais des recherches où on est prêt à accueillir la vérité et les faits tels qu'on les trouvera. D'ailleurs, les vrais savants sont modestes. Ils ne se donnent pas le titre de découvreurs mais de chercheurs. Quand ils arrivent à faire une découverte, ils continuent à chercher.

Cette modestie est de mise surtout si on est face au mystère de foi. Le dépôt révélé est complet dans les Écritures, mais on peut toujours progresser dans la connaissance de celles-ci. « Les divines paroles et celui qui les lit grandissent ensemble [19]. » Le

---

17. Mentionnée et commentée par Bernard Lecomte, *Jean-Paul II*, Gallimard, 2003, p. 505.
18. Bernard Lecomte, *Jean-Paul II*, Gallimard, 2003, p. 449.
19. Saint Grégoire le Grand, cité dans le *Catéchisme de l'Église catholique*, n° 94.

Seigneur nous a promis que son Esprit nous guiderait vers la vérité entière (Jean 16,13). Mais il ne nous a pas dit avec quel concile, quelle encyclique ou quel texte d'une Congrégation romaine nous serions arrivés à cette vérité entière et « définitive » !

Il reste beaucoup de chemin à faire pour que les femmes jouent dans l'Église un rôle à la mesure de ce qu'elles ont à offrir. J'avais été invité à un débat à RDI, où j'étais confronté à une théologienne féministe. L'animatrice, ma partenaire et moi-même étions dans des studios séparés, réunis par des écrans de télévision. Après avoir donné la parole à ma partenaire, qui ne pouvait que déplorer le manque d'espace donné aux femmes dans l'Église, l'animatrice s'est adressée à moi avec cette question : « Ne pensez-vous pas qu'on devrait donner aux prêtres le droit de se marier ? » Ma réponse a été celle-ci : « Madame, je vais commencer par répondre à la question pour laquelle je suis venu ici : est-ce que les femmes occupent toute la place qu'elles devraient dans l'Église ? Ma réponse est non. Il y a eu beaucoup de progrès dans la situation, mais il en reste encore plus à faire. » L'animatrice a été désarçonnée, car elle s'attendait que je défende inconditionnellement la situation présente. Nous étions à une tribune téléphonique. Un monsieur de l'Abitibi m'a souligné que dans l'Église, la femme n'est reconnue que pour sa maternité. C'était facile de répondre à cette remarque : « Regardez les femmes qui ont été canonisées ou béatifiées. Elles ont fondé des instituts religieux, elles ont été théologiennes, mystiques, dévouées en éducation et en soins de santé. Il y a même eu une guerrière, sainte Jeanne d'Arc. » — « Oui, mais on attend après leur mort pour reconnaître leurs mérites. » — « C'est la même chose pour les hommes. On ne les canonise pas de leur vivant. »

Il est vrai que Jean-Paul II accorde beaucoup d'importance à la maternité dans son anthropologie de la femme. Mais la femme n'exerce pas sa maternité seulement quand elle met des enfants au monde. Elle met un accent maternel en tout ce qu'elle accomplit. On peut discuter cette façon de voir, qui relève d'une discipline humaine. Mais on n'est pas autorisé pour autant à voir en Jean-Paul II un rétrograde qui veut renvoyer les femmes à leur cuisine et à leur salle de lavage !

J'entends encore des gens qualifier notre pape de misogyne, parce qu'il n'accepte pas que les femmes aient accès à l'ordination. On ne regarde que cette barrière, on ne voit pas autre chose. Jean-Paul II, misogyne ? Rien n'est plus faux ! Bernard Lecomte le démontre abondamment dans son excellente biographie mentionnée plus haut[20]. Les personnes qui qualifient Jean-Paul II de misogyne ont-elles lu sa lettre apostolique *Mulieris dignitatem* du 15 août 1988 et sa *Lettre aux femmes* du 29 juin 1995 ? En connaissent-elles seulement l'existence ? L'ont-elles vu à la télévision se laisser approcher par des femmes et des jeunes filles comme aucun de ses prédécesseurs des temps modernes ?

Au synode de 1989 sur les prêtres, il a adressé à la présidence de la Conférence des évêques catholiques du Canada une lettre demandant d'envoyer comme auditrice une femme, laïque, ayant de l'expérience dans l'éducation permanente des prêtres : une qualification très précise et plutôt rare ! Une personne répondait à cette exigence : madame Jeanine Guindon, fondatrice et directrice de l'Institut de formation humaine intégrale de Montréal (IFHIM). Comme toute personne présente à titre d'auditrice, elle a eu à prendre la parole dans les ateliers linguistiques et dans l'assemblée plénière. Le pape avait l'habitude d'inviter les participants à sa table. C'est comme cela que madame Guindon s'est retrouvée dans la salle à manger du pape, un bon soir. Étaient présents des évêques et une autre femme africaine. Jean-Paul II a invité les femmes à prendre place de chaque côté de lui, et aux évêques il a dit : « Placez-vous où vous voudrez. » Tout au long du repas, le pape s'est montré enjoué, taquin. Madame Guindon était tellement impressionnée qu'elle n'est pas vraiment entrée dans le jeu, à son grand regret.

---

20. Bernard Lecomte. *Jean-Paul II*, Gallimard, 2003, p. 500-504.

Une grande journaliste, Oriana Fallacci, qui a donné des entrevues aux personnalités les plus importantes à la fin du siècle dernier disait, au sortir d'une rencontre qu'elle avait eue avec Jean-Paul II, qu'elle n'avait jamais rencontré un homme montrant autant de respect pour les femmes. Si elle avait ressenti autre chose, croyez-moi, elle ne serait pas gênée pour le dire[21] !

Le mot « féminisme » recouvre des attitudes et des positions diverses. Les féministes ne le sont pas toutes (et tous) au même degré. De plus, le mouvement évolue. D'aucuns se réjouissent, car ils y voient des signes de désaffection, surtout chez la jeune génération. Heureusement ils ont tort. Il y a des critiques à l'intérieur du mouvement[22]. Mais cela est un signe non de désaffection mais de renouvellement.

Suis-je un évêque féministe ? Il serait prétentieux de m'attribuer ce qualificatif. J'essaie d'être un pasteur qui cherche la vérité des Paroles de Dieu. Je désire non pas qu'on fasse une lecture féministe de la Révélation, mais qu'on cesse d'en faire une lecture patriarcale, qu'on fasse la distinction entre le message et la culture patriarcale dans laquelle il a été livré.

Il reste un long chemin à faire pour que justice soit faite aux femmes dans le monde. Tous les jours, les médias nous rapportent des cas dramatiques de violence faite aux femmes, non seulement dans les pays où les femmes n'ont pas de droits reconnus, mais même chez nous.

Comment ne pas garder en mémoire l'événement du 6 décembre 1989, alors qu'un tireur fou a massacré quatorze jeunes étudiantes à l'École polytechnique de l'Université de Montréal ? Ces quatorze victimes sont un symbole qui nous rappelle ce que la violence accomplit encore chaque jour au milieu de nous. Au moment de ce drame, nous étions, les évêques,

---

21. J'ai malheureusement omis de noter la référence dans la revue où j'ai pris cette information.
22. Par exemple, le récent ouvrage de Elizabeth Badinter, *Fausse route*, Odile Jacob, 2003.

en retraite à Québec. Comme président de la Conférence des évêques catholiques du Canada, j'ai aussitôt envoyé un message de sympathie et de solidarité aux proches de ces victimes. J'ai aussi participé aux funérailles qui se sont déroulées à la basilique Notre-Dame, à Montréal, sous la présidence du cardinal Grégoire. Celui-ci a eu des paroles appropriées et fort touchantes dans son homélie. Le soir même, dans une entrevue téléphonique radiodiffusée, une féministe m'a interpellé au sujet de ces funérailles. Je n'avais pas affaire là, puisque les victimes étaient des femmes ! Quand elle a vu que, dans le sanctuaire, il n'y avait que des prêtres, des hommes, elle a refusé d'entrer dans la basilique. C'était facile de répondre à de tels propos attribuables à l'émotion et à la révolte bien compréhensible devant un événement si malheureux. N'avais-je pas le droit d'aller pleurer la mort de ces jeunes victimes, avec leurs parents et leurs amis ? Pourquoi n'y avait-il aucune femme dans le sanctuaire ? Les organisateurs avaient invité des étudiantes à venir participer aux lectures. Personne n'a accepté. Quand on vient d'échapper à une fusillade, on est réticent à se placer à découvert, comme on l'est dans le sanctuaire d'une église. C'est l'information qu'on a donnée à la population pour expliquer l'absence de femmes dans le sanctuaire. Malgré cela, on pouvait lire encore il y a peu d'années la même doléance sur l'absence de femmes parmi les intervenants dans ces funérailles.

Cela m'amène à rappeler une autre célébration de funérailles où l'on m'a fait le grand honneur de présider et de prononcer l'homélie, celles de madame Simone Monet-Chartrand, le 21 janvier 1993. L'entourage de madame Monet-Chartrand considérait qu'il fallait que les funérailles fussent présidées par un évêque pour souligner le rôle exceptionnel de cette femme dans notre société. La célébration devant se tenir à Longueuil, alors que l'évêque du lieu, Mgr Bernard Hubert, était absent, on a voulu que ce soit moi qui prenne sa place et que je prononce l'homélie. Ne disposant que de très peu de temps, j'ai demandé aux intimes et aux collaborateurs de madame Monet-Chartrand de m'aider à me documenter, ce qui m'a grandement aidé à relever le défi. J'ai interprété l'insistance à me faire jouer ce rôle comme la reconnaissance que mes prises de position et mes orientations pastorales étaient en harmonie avec l'œuvre de madame Monet-Chartrand.

Dès les premiers mots de l'homélie, j'ai souligné l'importance historique de la personne et de l'œuvre de la regrettée disparue : « C'est un grand moment de notre histoire collective que nous vivons ce matin en rendant un dernier hommage à madame Simone Monet-Chartrand. Celle qui vient de nous quitter fait partie de la liste des grands noms de femmes qui ont influencé de façon déterminante notre destinée collective : Jeanne Mance, Marguerite Bourgeoys, Marie de l'Incarnation, mère d'Youville, Thérèse Casgrain, mère Marie Gérin-Lajoie et plusieurs autres, dont certaines n'ont pas encore terminé leur engagement. » Ce n'était pas exagéré de placer madame Monet-Chartrand au nombre de ces géantes de notre histoire [23].

---

23. Le texte de mon homélie a été publié dans un recueil d'hommages. Sous la direction d'Hélène Pelletier-Baillargeon, Claudette Boivin, Hélène Chénier et Gisèle Turcot, *Simone Monet-Chartrand, Un héritage et des projets*, Fides, 1993, p. 347-356.

CHAPITRE 23

Membre du Collège apostolique

Dès les débuts de l'Église, les chefs des communautés chrétiennes ont ressenti le besoin d'établir des liens entre eux. Peu à peu, l'unité s'est organisée autour de l'évêque de Rome. C'est ce qui a permis à l'Église de traverser les persécutions, les dangers de dérive doctrinale, et de propager l'Évangile d'un pays à l'autre, d'un continent à l'autre.

Je ne veux pas faire ici la théologie et l'histoire du Collège apostolique. Je vais plutôt me rappeler mon expérience d'évêque comme membre de ce Collège, l'aide que j'y ai trouvée et la joie que j'ai eue à servir l'Évangile en Église à la dimension de ce Collège.

Je ne vois pas comment un prêtre nommé à la charge d'un diocèse pourrait se débrouiller seul, même entouré des meilleurs conseillers et collaborateurs, sans le soutien et l'aide du Collège épiscopal. Chacun apprend son métier d'évêque en travaillant avec ses collaborateurs. Mais les évêques apprennent les uns des autres grâce aux organismes qu'ils se sont donnés pour travailler en collégialité.

Le Collège épiscopal, c'est l'ensemble des évêques ayant à leur tête l'évêque de Rome, successeur de saint Pierre, chef des apôtres. Quand le Collège se rassemble en son entier, nous avons un concile. Mais ceux-ci sont rares. En dehors de ces événements exceptionnels, le Collège continue d'assumer sa mission.

Il le fait de plus en plus en utilisant les médias de communication. Mais la collégialité est la réalisation, au sein des évêques, du mystère de communion qu'est l'Église. Il exige plus que des contacts épistolaires et la navigation par Internet. Il faut se rassembler, célébrer ensemble et échanger de vive voix. Nous le faisons à divers niveaux. Il y a les provinces ecclésiastiques : des diocèses rattachés à un diocèse central dont le responsable a le titre d'archevêque. Mais en pratique, cette répartition ne correspond pas parfaitement aux situations actuelles. On a inventé les « inters », des diocèses regroupés selon la géographie. On y traite des problèmes communs et on y prend des décisions qui évitent les disparités entre diocèses voisins et surtout qui font face aux situations et aux problèmes semblables. Sur un plan plus large, les Églises du Canada se rencontrent dans quatre régions : l'Est, les provinces maritimes ; le Québec ; l'Ontario ; l'Ouest. Mais le regroupement le plus important est celui qui englobe tout le pays : la Conférence des évêques catholiques du Canada (CECC, en anglais CCCB : *Canadian Conference of Catholic Bishops*).

Les Conférences épiscopales entretiennent des liens permanents entre elles. J'ai été membre du Bureau de direction de la CECC pendant huit ans, ce qui m'a amené à rencontrer les bureaux de direction de la Conférence des évêques des États-Unis une fois par année. En plus, une fois par année également, on organise une rencontre interaméricaine regroupant des représentants des États-Unis, du Canada du CELAM (Conférence des épiscopats latino-américains) et du Brésil. Au fil de ces rencontres où reviennent souvent les mêmes personnes, on perçoit des affinités, et même des « complicités » se dessinent. Durant le temps que j'ai vécu cette expérience dans les années 1980, nous avons senti une compréhension spéciale entre l'épiscopat du Canada et celui du Brésil. J'y ai connu des pasteurs remarquables, comme le cardinal Arns, archevêque de São Paulo, le cardinal Lorsheider, de Fortaleza, des hommes très préoccupés de justice et soucieux de mettre en application le fameux document de Puebla[1] qui a donné à l'évangélisation un nouveau souffle libérateur en proclamant « l'option préférentielle de Jésus-Christ pour les pauvres » et en lançant un appel à la justice. Dans la même orientation, nous avons connu Dom Luciano Pedro Mendes de Almeida, un polyglotte, un esprit génial, un saint, qui a joué un rôle capital de réconciliation et d'équilibre dans les inévitables tensions entre les diverses orientations pastorales suscitées par la situation de pauvreté et d'exploitation qui prévalait en Amérique latine. Auxiliaire de l'archevêque de São Paulo, il avait été élu président de la Conférence des évêques du Brésil. Mais comme, selon la règle, un auxiliaire ne peut être président d'une Conférence épiscopale (pourtant Mgr Candolfi, auxiliaire de Bâle, a été président de la Conférence des évêques de Suisse), on l'a promu archevêque de Mariana, un endroit reculé et d'accès difficile. En sortant de là, il a subi un grave accident d'automobile. Je l'ai vu, à la suite de cet accident, à une rencontre internationale, en fauteuil roulant mais actif et efficace. Je ne comprends pas pourquoi on n'a pas promu cet homme exceptionnel à un siège de prestige. Je signale aussi Dom Yvo Lorsheiter, évêque de Santa Maria, qui a été président de la Conférence des évêques du Brésil (CNBB) au temps où j'ai pris part aux rencontres interaméricaines. Il faut aussi mentionner Dom Hélder Câmara, qui n'était pas de ces réunions mais dont le témoignage héroïque de l'option préférentielle de Jésus-Christ pour les pauvres n'a pas toujours été compris en haut lieu. Il disait : « Si je fais la charité à un pauvre, je suis un saint. Si je dénonce l'injustice qui le fait pauvre, je suis un marxiste. »

Au cours d'une de ces réunions, un évêque âgé, Dom Carlos Isnard, évêque de Nova Friburgo, au Brésil[2], demanda la parole pour nous livrer un message important. Il nous parla en français,

---

1. Conférence des évêques latino-américains tenue à Puebla au Mexique en 1979.
2. Son successeur est Dom Alano Pena, o.p., que j'ai connu chez des amis communs à Valleyfield.

langue où il était plus à l'aise qu'en espagnol, car, étrangement, la langue brésilienne n'était pas ou presque pas utilisées dans ces rencontres interaméricaines. Son message était celui-ci : « Lorsque nous vous demandons de l'aide pécuniaire, à vous, évêques d'Amérique du Nord, nous ne faisons que réclamer une partie de ce que vos pays nous ont dérobé par vos entreprises multinationales gérées selon la philosophie du néolibéralisme. Vous venez exploiter nos richesses naturelles, que vous payez à vil prix, en faisant travailler nos gens à des salaires de famine. Vos investissements génèrent des dettes dans nos pays, mais les profits s'en vont tous au Nord. Nous ne demandons pas la charité, nous réclamons la justice. »

De fait, les sujets principaux de nos rencontres portaient souvent sur le déséquilibre économique Nord-Sud. S'ajoutait à cela le problème de la drogue. Des pays comme la Colombie sont aux prises avec une mafia qui s'enrichit avec la culture du coca et finance la guérilla. Mais il faudrait combattre le mal à la racine, non en détruisant les récoltes au Sud mais en arrêtant la consommation au Nord. Si nos dollars allaient acheter autre chose dans ces pays, on n'aurait pas besoin de cultiver le coca pour survivre. Ces dernières années, on a commencé à corriger le problème avec l'opération « Café équitable » et « Chocolat équitable ». On fait concurrence aux grandes entreprises qui exploitent les fermiers du Sud en achetant leurs produits à des prix dérisoires. On supprime ces intermédiaires, et le producteur reçoit, pour sa marchandise, un prix qui lui permet de vivre décemment. Chez nous, OXFAM est engagée dans ce mouvement.

Un autre sujet de préoccupations communes était la prolifération des sectes évangélistes dans les pays du Sud. Ces sectes, soutenues par les grandes corporations américaines, nous avons des raisons de le soupçonner, encourageaient les pauvres à accepter l'injustice et à dénoncer les efforts de libération comme de la propagande marxiste.

J'ai surtout retenu nos contacts avec l'épiscopat latino-américain. J'ai aussi de bons souvenirs concernant nos confrères des États-Unis, à propos de grands évêques comme le cardinal Bernardin et Mgr John-R. Quinn, ancien archevêque de San Francisco, dont je mentionnerai plus loin un ouvrage important. En plus des réunions organisées par les Conférences épiscopales, nous pouvions aussi nous rencontrer à Dallas pour des sessions financées par les Chevaliers de Colomb et portant sur les sujets d'actualité, comme les questions que les nouvelles technologies posent à la morale.

J'ai aussi eu l'occasion de rencontrer des pasteurs remarquables en Europe, surtout à l'occasion du synode romain sur la famille en 1980. Au cours de nos visites quinquennales à Rome, j'ai pu prendre contact avec de grands serviteurs du Collège apostolique. J'aurai l'occasion d'y revenir. De plus, en 1980, avec deux confrères et amis, Mgr Bernard Hubert et Mgr Charles Valois, nous avons fait une tournée d'un mois dans des diocèses d'Amérique latine où nous avons des missionnaires. Cela nous a amenés au Honduras, au Pérou, au Chili et au Brésil. Nous avons répété la même chose dans des diocèses d'Afrique en 1992, au Kenya, en Côte d'Ivoire, au Burundi et au Burkina Faso. Notre erreur a été de vouloir couvrir trop grand. Mais nous avons reçu partout un accueil chaleureux et nous avons pu prendre un contact enrichissant avec la vie de ces jeunes Églises. Ce qui m'a frappé, c'est la jeunesse et la vitalité des communautés chrétiennes. À côté de leurs célébrations liturgiques élaborées et vivantes, les nôtres, ici, sont expéditives, tranquilles et parfois soporifiques.

Un autre fait m'a aussi frappé dans ces pays du Sud, en Afrique et en Amérique. Les gens sont pauvres, dans une situation de survie, mais ils sont ouverts au partage. Les gens, surtout les enfants, arborent un sourire qui contraste avec la misère des lieux. Ils sont soucieux de leur dignité. Les hommes n'ont qu'un pantalon, mais le pli en est impeccable. Ils n'ont qu'une chemise, mais elle est immaculée.

Notre pape est-il opposé à la théologie de la libération ? Chaque fois que j'entends quelqu'un l'affirmer sans nuances, je bondis. Dit comme ça, c'est faux. C'est injuste pour les honnêtes théologiens qui essaient d'écouter les pauvres pour expliquer la Bonne Nouvelle, qui leur est destinée en priorité (Luc 4,18).

Notre cardinal Marc Ouellet, qui a été missionnaire et éducateur en Amérique latine, a une idée plus nuancée sur la théologie de la libération.

« La théologie de la libération naît de la Parole de Dieu : elle a été une manifestation de l'Esprit dans le sens qu'elle a permis que s'exprime le cri des pauvres qui demandent justice, qui demandent de l'aide et qui s'inspirent de la Bible, en particulier de l'Ancien Testament. La théologie de la libération a laissé ensuite un héritage très positif, une manifestation de vitalité, à travers les communautés ecclésiales de base. Ce qui manquait à la théologie de la libération, c'était une christologie plus profonde. Dans la mesure où l'analyse marxiste de la société exerçait une influence excessive, on tendait à s'inspirer davantage de l'Ancien Testament que du Nouveau et l'on donnait, par exemple, une interprétation politique de l'Exode. Ce qui manquait à la théologie de la libération, c'était la compréhension du fait que Jésus n'est pas simplement le martyr d'une cause, mais qu'il est l'accomplissement de l'histoire humaine. C'est pourquoi les interventions de la Congrégation pour la doctrine de la foi ont été très utiles. Guttierez a lui aussi, après ces interventions, approfondi la dimension spirituelle de la théologie de la libération[3]. »

Une lettre remarquable de Jean-Paul II, adressée aux évêques du Brésil le 9 avril 1986, donne une interprétation positive aux deux instructions de la Congrégation pour la doctrine de la foi[4]. D'après les porte-parole des évêques du Brésil (Dom Ivo Lorsheiter et le cardinal Evaristo Arns), elle en est la clé d'interprétation. Le pape s'exprime ainsi :

---

3. Entrevue, dans *30 jours*, XXIᵉ année, n° 11, 2003, p. 27.
4. La première est du 6 août 1984 ; l'autre, du 22 mars 1985, la complète et apporte des nuances. Elles ont fait l'objet d'une publication : *Liberté chrétienne et libération. Instructions de la Congrégation pour la doctrine de la foi*, Cerf, 1986.

« Vous donnez le témoignage de pasteurs proches de leur peuple (…). Nous sommes convaincus, vous et moi, que la théologie de la libération est non seulement opportune, mais utile et nécessaire. Elle doit constituer une nouvelle étape — en lien étroit avec les étapes antérieures — de cette réflexion théologique commencée avec la Tradition apostolique et continuée avec les grands Pères et Docteurs de l'Église, avec le Magistère ordinaire et extraordinaire et, à une époque plus récente, avec le riche patrimoine de la doctrine sociale de l'Église, exprimée dans les documents qui vont de *Rerum novarum* à *Laborem exercens*[5]. »

Répéter encore aujourd'hui que Jean-Paul II condamne la théologie de la libération, c'est de l'ignorance crasse ou de la mauvaise volonté.

Je n'ai jamais participé à des rencontres officielles en Afrique, mais j'y entretiens des liens permanents avec quelques personnes. J'ai un ami au Burundi, Mgr Bernard Bududira, évêque de Bururi. Il était en voyage au Canada en 1974, ce qui lui a permis de m'imposer les mains à mon ordination épiscopale, le 12 mai 1974. Depuis, il est revenu quelques fois au Canada pour prêcher ou demander du secours. Son pays, le Burundi, pourrait être un petit paradis verdoyant, mais il a été, à maintes reprises, ravagé par des luttes fratricides entre les ethnies tutsie et hutue. La situation ressemble à celle du Rwanda, quoique les massacres aient été moins dramatiques. Ceux qui prêchent la réconciliation et la paix voient leur vie mise en danger par les extrémistes des deux partis. L'archevêque de Gitega, Mgr Ruhuna, a péri il y a quelques années dans une embuscade le long d'une route. Mon ami Bududira a vécu lui aussi sous la menace. Dans son pays, il a joué un rôle important. Il a été pratiquement le leader qui a réussi à empêcher le pire. Malheureusement, comme c'est le cas au Rwanda, la communauté internationale ne s'intéresse pas à ce

5. *Documentation catholique* 1919 (1er juin 1986), p. 536-540.

petit pays où il n'y a ni pétrole ni minerai mais seulement « du monde [6] » !

J'ai un autre ami, évêque à Pala, au Tchad, Mgr Jean-Claude Bouchard, o.m.i. Nous sommes du même coin du pays. Il est né à Saint-Éloi, paroisse voisine de Trois-Pistoles. À leur retraite, ses parents ont déménagé à Trois-Pistoles, voisins de chez ma mère. Nos deux mères se parlaient régulièrement de chaque côté de la clôture du jardin. J'ai eu l'occasion de le rencontrer lors de ses visites bi-annuelles dans sa famille, et aussi dans des événements internationaux, notamment au synode romain de 1980 sur la famille. Il a été nommé évêque très jeune. Il avait fait son stage pastoral au Tchad comme scolastique et futur prêtre, après de brillantes études à Rome. C'est un homme intelligent, débrouillard, un grand missionnaire.

J'ai aussi un autre ami au Togo, un jeune prêtre avec lequel j'ai été en correspondance depuis le temps où il était encore lycéen. Il a fait toutes ses études théologiques et sa formation au presbytérat en Italie. Il a séjourné dans ce pays pendant neuf ans. Son retour dans sa patrie a été difficile. Il a dû se réhabituer au climat et reprendre contact avec la culture ambiante. Son diocèse de Atakpamé est dans une situation difficile à cause du comportement incompréhensible de son évêque. Il n'y a aucun prêtre d'origine étrangère, et la moitié des prêtres autochtones sont partis faire du ministère ailleurs. Grâce à Internet, nous sommes en lien assez assidu. Avant de retourner dans son pays, il est venu faire une visite au Québec. Il s'appelle Robert Lokossou. C'est à cause de son prénom qu'il a commencé à correspondre avec moi.

Dans la Conférence des évêques catholiques du Canada, j'ai occupé diverses fonctions : membre de l'équipe pastorale qui a préparé un travail sur la famille, ce qui a occasionné ma

---

6. Il faut souligner l'éloquent témoignage du lieutenant-général Roméo Dallaire qui a commandé la force internationale de maintien de la paix des Nations unies au Rwanda. Il a assisté, impuissant, au massacre de 800 000 Tutsis parce que les Nations unies ne lui ont pas envoyé de secours. Lieutenant-général Roméo Dallaire, *J'ai serré la main du Diable. La faillite de l'humanité au Rwanda*, Libre expression, 2003, 685 pages.

participation au synode romain de 1980 ; membre de la commission de théologie ; membre de la commission sectorielle des Communications sociales, à deux reprises ; membre de l'exécutif comme trésorier, vice-président et président.

En 1984, j'ai remplacé au pied levé le vice-président Mgr Jean-Guy Hamelin, malade à ce moment, pour accompagner notre pape dans sa visite au Canada. Le président de la CECC était Mgr John M. Sherlock. Quelle expérience ! Du 9 au 20 septembre, notre pape a parcouru tout le pays, visitant neuf provinces, ainsi que les Territoires du Nord-Ouest ; douze journées fort occupées et fort longues, avec les distances que comporte notre grand pays. La visite a commencé à Québec et s'est terminée à Ottawa en parcourant un itinéraire compliqué : Québec, Sainte-Anne, Notre-Dame-du-Cap, Montréal, Terre-Neuve, les provinces maritimes, Toronto, la Huronie à Midland, Winnipeg, Edmonton, Yellowknife, Vancouver et Ottawa.

Nous étions debout à 5 heures du matin. Petit déjeuner « continental ». Nous devions être plus que modérés sur le café, car il fallait prévoir de longs trajets en auto sans pause-santé. Après la splendide célébration de Québec, nous avons affronté le plus souvent le mois de septembre le plus exécrable de ma mémoire : de la pluie, du froid, du vent. La pire expérience a été la messe de Halifax, sous une pluie battante poussée par un fort vent froid. Trempés et gelés, nous nous sommes envolés vers Toronto sans avoir l'occasion de nous sécher. Après une journée de défilé, nous avons eu la messe sur un podium au sommet presque stratosphérique où nous avons gelé littéralement. Après une visite à une cathédrale slovaque en construction et une rencontre avec la colonie polonaise, nous sommes finalement arrivés à l'hôtel où nous devions souper et dormir. Il était 23 h ! Trop fatigué, j'ai quand même fait l'erreur de manger. J'ai été malade durant la nuit, profitant peu de la somptueuse suite mise à ma disposition. Le pape logeait dans les évêchés, mais sa suite, dont je faisais partie, était reçue dans des hôtels. Les diocèses ont fait les choses en grand. Jamais avant ou après n'ai-je logé dans des appartements aussi spacieux et somptueux. À Edmonton, nous avons retrouvé nos manières, dans la maison des Sœurs Grises.

Dans les défilés, je prenais place dans la deuxième limousine derrière la papemobile. Je m'étais imaginé que les gens, tout le long du cortège, ne nous regarderaient même pas. Eh bien ! j'ai passé les douze jours les bras en l'air, à répondre aux signaux enthousiastes des gens désireux de partager leur joie d'avoir vu le pape passer devant eux. Tout le monde était dehors, des gens de toutes couleurs et de toutes religions. Plus nous allions vers l'ouest, plus la population était diversifiée.

Il n'y a pas lieu ici de décrire toutes les étapes de ce voyage. À Fort-Simpson, dans les Territoires du Nord-Ouest, nous avons eu la déception de ne pouvoir atterrir : plafond trop bas. Après avoir tourné au-dessus de cette localité, espérant que le brouillard se dissiperait, les pilotes ont dû nous acheminer vers Yellowknife avant d'être en panne d'essence. Cela était d'autant plus frustrant que le choix de ce lieu de rencontre avait fait l'objet de laborieux débats avec les chefs des Premières nations.

Les représentants de celles-ci se sont montré des négociateurs habiles et bien informés. À un moment donné, l'un d'eux a demandé si Jean-Paul II mentionnerait la bulle *Sublimis Deus* de Paul III. Le président de la CECC, Mgr Sherlock, n'avait aucune idée de ce qu'était cette bulle. Mais il a eu la présence d'esprit de répondre que certainement le pape y recourrait si cela s'avérait utile et significatif.

De fait, dans ce document du 2 juin 1537, qui commence par les mots « *Sublimis Deus* », Paul III condamne la réduction des peuples indigènes à l'esclavage, demande qu'on respecte leur vie et leur liberté en tant qu'êtres humains. Il demande qu'on leur propose l'Évangile sans les conquérir au préalable par les armes.

La catholique Espagne n'a pas respecté cette demande du pape Paul III. On a massacré la population, on en a fait des esclaves qu'on a ensuite remplacés par des Africains plus costauds.

Le pape tenait à sa visite chez les Autochtones. Toute la nuit du 18 septembre, Mgr André Vallée, p.m.é., secrétaire général de la CECC, a essayé de trouver une solution, mais en vain. Question de logistique. L'aéroport de Fort Simpson ne pouvait accueillir un avion gros porteur comme celui qui nous ramènerait de Vancouver à Ottawa. La visite à Fort Simpson devait se faire dans un avion plus petit dans un voyage aller-retour depuis Edmonton. Mais le pape a promis aux Autochtones qu'il se reprendrait. Il le fit au terme d'un voyage aux États-Unis en 1987. Le grand chef Erasmus en a exprimé sa satisfaction au nom de tous : « Les politiciens nous promettent des choses mais ne le font pas toujours. Le pape, lui, a tenu sa promesse[7]. »

J'ai fait ce long périple en compagnie immédiate du nonce, Mgr Angelo Palmas, de Mgr Jacques Martin, préfet de la maison pontificale et de M. Gugel, le valet du pape, un fidèle et débrouillard serviteur qui occupe encore cette fonction. Ces personnes se sont avérées d'aimables compagnons. Le nonce apostolique accueillait bien mes taquineries : il était porté à se plaindre des difficiles conditions du voyage.

Je me suis bien entendu avec le nonce, sauf en ce qui concernait l'Amérique latine. Il avait été nonce apostolique en Colombie pendant une dizaine d'années. Il prétendait que, à Bogota, il n'y avait pas la grande pauvreté décrite par les médias et nos missionnaires. Comment peut-on ainsi nier la réalité ? J'ai vécu quatre jours à Bogota et j'ai visité les quartiers pauvres et les favelas en compagnie de membres de la JOC (Jeunesse ouvrière catholique). Nous avons décidé de ne pas échanger sur l'Amérique latine. Pour lui, la théologie de la libération était une pure lecture marxiste de l'Évangile.

L'enthousiasme festif avec lequel la population canadienne a accueilli le pape pouvait laisser espérer un regain de vie dans nos Églises. L'effet permanent de cette « visitation », selon la belle expression de notre gouverneure générale, Mme Jeanne

---

7. Les discours que notre pape a prononcés au Canada ont été publiés, l'année même de la visite, aux Éditions Paulines et chez Anne Sigier.

Sauvé, n'a pas été à la hauteur de nos attentes. Les gens sont heureux de voir le pape, mais est-ce qu'ils l'écoutent ? Est-ce qu'ils retiennent ses enseignements ?

Quant à moi, ce qui m'a le plus frappé dans ce contact prolongé avec le pape, c'est sa façon de prier. Il ne manquait pas l'occasion de s'agenouiller devant un tabernacle ou une statue de la Mère de Dieu. Et là, il partait ailleurs, complètement absorbé dans la prière. Moi, je dis qu'il pratiquait alors le « repos dans l'Esprit ». Il se reposait vraiment, il faisait une halte dans les écrasantes et longues journées en prenant le plein d'énergie au contact de l'Esprit. Chaque fois, il fallait que le secrétaire-cérémoniaire aille le chercher dans cet autre monde : autrement, nous aurions passé le reste de la journée là…

Chapitre 24

Nos luttes pour la vie

*D*EVANT LA LIBÉRALISATION de l'avortement et l'absence de législation sur le sujet, depuis que la Cour suprême du Canada a déclaré inconstitutionnelle la législation en cours (1988), les évêques du Canada et du Québec ont eu à lutter ferme pour défendre le droit à la vie de l'enfant non encore né. Les circonstances ont fait que j'ai dû participer à cette bataille en étant sur les premières lignes.

De 1968 à 1990, la CECC a publié une quinzaine de déclarations sur le sujet. On tapait sur le même clou, mais on y a mis un accent positif en faisant la promotion d'une « société accueillante à la vie » (6 avril 1973). Il serait fastidieux de donner la liste de tous ces documents.

Nous avons dû mener une lutte épique. Nous étions confrontés aux « pro-choix », les personnes qui défendaient le droit à l'avortement, souvent des féministes avec lesquelles nous étions en accord sur d'autres sujets. Par ailleurs, nous devions surveiller nos arrières. Certains mouvements « pro-vie » nous accusaient de mollesse. Pourtant, les évêques sont convaincus, autant que les tenants de ces mouvements, du droit à la vie intra-utérine. Mais nous avions de la difficulté à nous comprendre, nous situant de part et d'autre dans des approches sociales différentes. Parfois, la défense de la vie intra-utérine se situe dans un contexte conservateur et même intégriste qui, par exemple, est favorable à la peine de mort.

L'approche des évêques est plus globale. Si on est pro-vie, on défend les droits de celle-ci tout au long de l'existence humaine. Cela signifie qu'on réclame pour tous la justice, un niveau de vie décent, le droit aux soins de santé, le respect des pauvres. Nous situons notre position dans une perspective plus large. Nous essayons de nous exprimer dans un langage ouvert au dialogue, en respectant les personnes qui sont d'avis contraire.

Dans une déclaration du 13 mai 1976, justement intitulée *L'amour de la vie*[1], nous affirmions : « Il est de notre devoir de dire non à l'avortement directement voulu et provoqué (...). Mais avec ce rappel, tout n'est pas dit. Si nos lecteurs ont la patience d'aller jusqu'au bout de notre texte, ils pourront cons-tater, nous l'espérons, que notre position est beaucoup plus positive qu'une simple condamnation de l'avortement[2]. »

Tout en ayant un enseignement ferme et clair, nous avons voulu éviter un langage méprisant, violent, propre à insulter les personnes qui pensent autrement. La rédaction du document de 1976 a exigé plusieurs révisions. Pour certains, chaque fois que venait le terme avortement, il aurait fallu ajouter « crime abominable », comme on disait *« ora pro nobis »* après chaque invocation des litanies. L'expression est de Vatican II[3] et elle est justifiée. Mais est-il nécessaire, une fois qu'on l'a dite, de s'en servir comme d'une massue ?

Le combat s'est accentué autour d'un projet de loi destiné à remplacer la législation fédérale déclarée inconstitutionnelle par un jugement de la Cour suprême (1988). Le projet de loi C-43 a soulevé une vague de protestations de la part des mouvements pro-vie. Mais ceux-ci s'en sont pris non seulement aux législa-teurs mais aussi aux évêques qu'ils accusaient, rien de moins, d'appuyer l'avortement et de ne pas transmettre l'enseignement de l'Église[4].

---

1. Fides, coll. *L'Église aux quatre vents*.
2. *Ibid.*, p. 6.
3. *Gaudium et Spes*, n° 51.
4. Bernard Daly, *Se souvenir pour demain*, CECC, 1995, p. 136.

J'avais envoyé aux diocésains de Valleyfield un appel leur demandant de s'engager dans les paroisses et les mouvements et de ne pas laisser le combat pour la vie à l'exclusive responsabilité des groupes pro-vie. Je les exhortais à contacter leurs députés pour qu'ils nous donnent « la meilleure législation possible » pour défendre la vie intra-utérine. Je reçus un appel téléphonique d'un des leaders du mouvement pro-vie. Il m'engueula en disant : « Vous acceptez d'avance une loi imparfaite qui va permettre des avortements. » J'essayai de lui faire comprendre la portée du mot « possible ». S'il signifie du cent pour cent contre l'avortement, j'en serai enchanté ; mais si la loi ne se rend pas jusque-là, des amendements peuvent l'améliorer et sauver des vies. Impossible de dialoguer avec ce monsieur : pour lui, c'est du tout ou rien. J'interrompis la conversation, ce qui me valut un article diffamatoire et méprisant dans la revue du mouvement *Human life international*. Mgr Bertrand Blanchet, alors évêque de Gaspé, a subi le même traitement parce qu'il avait participé à un échange courtois mais ferme avec le grand promoteur de l'avortement, le Dr Henri Morgentaler. Les coups durs que j'ai reçus ne venaient pas d'ennemis de l'Église, mais de gens qui se jugeaient plus fidèles à l'Église que moi.

Nous avons présenté notre mémoire au Comité parlementaire le 31 janvier 1990. J'étais accompagné de Mgr James H. MacDonald, c.s.c., alors évêque de Charlottetown, et de Mme Jennifer Leddy, avocate de la Conférence.

Nous avons affirmé notre ferme conviction, au plan moral, qui est un refus total de l'avortement. Sur le projet de loi, nous avons dénoncé sa faiblesse, son imprécision. Nous avons suggéré des amendements pour le rendre plus efficace. Mais nous avons situé notre intervention dans un contexte de législations qui font la promotion de la vie à toutes ses étapes. Le mémoire constatait que les problèmes sociaux et économiques les plus souvent cités dans la décision de se faire avorter sont la pauvreté, le viol, l'inceste, la violence familiale et l'injustice faite aux femmes. Pourtant, poursuivait le mémoire, l'avortement constitue une fausse solution parce qu'il n'atteint pas et ne peut pas atteindre les causes sous-jacentes au refus de poursuivre la grossesse. « Tous les niveaux du gouvernement se doivent d'introduire des politiques et des programmes vraiment accueillants pour la vie… Ces mesures ne peuvent cependant pas se réaliser sans des programmes d'éducation qui pourraient motiver de tels changements sociaux[5]. »

Le mémoire se terminait par cette déclaration : « Aucune loi civile ne modifiera notre engagement moral sur l'avortement ou ne diminuera notre engagement pour une attitude compréhensive et respectueuse de la vie à toutes ses étapes[6]. »

Les groupes pro-vie ont présenté leur mémoire le même soir que nous. Pour eux, il fallait absolument battre ce projet de loi. Quand on leur a demandé jusqu'où s'étendait leur défense de la vie, ils ont répondu que ce qui les concernait, c'était la vie intra-utérine. Les questions sociales de justice et d'éducation, on les laissait à d'autres. Par ailleurs, les pro-choix féministes voulaient elles aussi le rejet pur et simple du projet de loi. Étrange alliance : les pro-vie et les pro-choix qui poussent dans le même sens. Le résultat de cette bataille a été que le projet de loi C-43, dans lequel on avait inclus des amendements proposés par la CECC, a été adopté en mai 1990 par la Chambre des communes mais a été défait au Sénat à la fin de janvier 1991. Le Canada s'est trouvé devant un vide juridique sur l'avortement.

Le 20 février 1990, des groupes pro-vie sont allés faire une manifestation devant les bureaux de la CECC. On est gêné devant l'excès des slogans imprimés sur les pancartes. Comment des chrétiens peuvent-ils tenir un langage si méprisant, si haineux[7] ? Le langage haineux va dans le sens de la mort et ne peut être au service de la vie.

Il était injuste d'accuser les évêques du Canada d'appuyer l'avortement, alors que nos efforts allaient dans le sens d'améliorer la loi afin de sauver des vies. On nous accusait d'être opposés à Rome, alors que les plus hautes instances romaines, qui étaient

---

5. Cité dans Bernard Daly, *op. cit.*, p. 134.
6. *Ibid.*, p. 138.
7. *Cf.* note 233 de l'ouvrage de Bernard Daly, p. 217.

au courant, nous avaient donné leur appui au cours d'une visite de mon prédécesseur, Mgr James Hayes, à la secrétairerie d'État. Les groupes « pro-vie » avaient sans doute l'oreille du Conseil pontifical pour la famille, qui s'est montré, c'est le moins qu'on puisse dire, étonné devant la position de la Conférence exprimée par le président. Mgr Hayes a beaucoup souffert des attaques des « pro-vie ». Il a fait, mais en vain, des tentatives de dialogue[8].

Je ne sais ce qu'on a raconté à notre sujet à la Congrégation pour la doctrine de la foi. Mais à la visite de la présidence de la CECC qui a suivi le dépôt de notre mémoire, une théologienne, Mme Hendrix, s'est lancée dans une démonstration pour nous faire comprendre que l'avortement est un homicide. J'ai interrompu son discours : « Ne perdez pas votre temps à nous démontrer ce dont nous sommes déjà convaincus. L'enjeu en cause n'est pas la moralité de l'avortement, mais l'amélioration à apporter à une loi sur l'avortement. L'intention de notre démarche portait sur cette amélioration. »

D'ailleurs, nous avons retrouvé notre position dans la lettre encyclique *Evangelium vitae* du 25 mars 1995, au n° 73 : « Un problème de conscience particulier pourrait se poser dans le cas où un vote parlementaire se révélerait déterminant pour favoriser une loi plus restrictive, c'est-à-dire destinée à restreindre le nombre des avortements autorisés, pour remplacer une loi plus permissive déjà en vigueur ou mise aux voix (…). Dans le cas ici supposé, il est évident que, lorsqu'il ne serait pas possible d'éviter ou d'abroger complètement une loi permettant l'avortement, un parlementaire, dont l'opposition personnelle absolue à l'avortement serait manifestée et connue de tous, pourrait licitement apporter son soutien à des propositions destinées à **limiter** les préjudices d'une loi et ainsi à en diminuer les effets négatifs sur le plan de la culture et de la moralité publique. » Le cardinal Ratzinger aurait reconnu dans ces propos la position des

8. Bernard Daly, p. 137-138.

évêques du Canada. La Congrégation pour la doctrine de la foi a fait sienne cette position dans un document du 24 novembre 2002[9].

Depuis *Evangelium vitae*, les propos des mouvements « pro-vie » sont devenus moins virulents, et on regarde le problème d'une façon plus positive et dans des perspectives plus larges. Il faut dire, pour être juste, que la violence des discours de ceux qui défendent la vie intra-utérine n'était pas le fait de tous les membres du mouvement, mais de quelques leaders qui manquaient de mesure.

Nous avons mené le combat pour la vie sur la scène québécoise. Le dossier était confié au comité de théologie, dont j'étais alors le président. Nous avons publié en 1976 un texte de 14 pages intitulé *L'amour de la vie*[10], et un autre en 1981, dans la même veine, *Un appel en faveur de la vie*[11]. Comme j'avais fait la première rédaction de ces textes (passés au laminoir par l'Assemblée, il va sans dire), j'ai eu à les défendre devant l'opinion publique et les groupes qui n'étaient pas d'accord. Je dois dire ici que la controverse avec les « pro-choix » a été, sauf quelques rares exceptions, beaucoup plus civilisée qu'avec les groupes « pro-vie ». Lorsqu'il était question d'avortement, c'est moi qui étais envoyé au front dans les médias. Je me souviendrai toujours d'une mémorable rencontre avec Mme Denise Bombardier, dans l'émission *Noir sur blanc*, qui a retenu l'attention d'un demi-million d'auditeurs. Madame Bombardier a joué son rôle d'interviewer de façon très efficace et honnête, me donnant l'occasion de répondre aux objections auxquelles faisait face notre position. J'ai eu d'autres occasions de dialoguer avec Mme Bombardier et n'ai pas eu à m'en plaindre, au contraire. Je me suis toujours bien entendu avec le monde des médias. Il s'agit de jouer franc jeu et de ne pas se dérober devant les questions. Si on ne connaît pas la réponse, on le dit tout simplement. Dans des sessions organisées par l'AEQ

---

9. *Inside the Vatican* (Febr. 2003), p. 21.
10. Publié chez Fides.
11. Publié par l'AEQ.

pour apprendre à intervenir dans les médias, on nous a appris à toujours garder l'initiative de l'interview et à ne pas nous laisser entraîner dans des sous-bois que nous ne connaissons pas.

Mes contacts avec les gens des médias ont été plutôt bons. Il m'est arrivé peu souvent de leur adresser des reproches. Il faut parfois le faire. On ne peut pas laisser dire n'importe quoi. Mais ce devoir de rétablir la vérité n'incombe pas seulement aux évêques. Chaque fois que j'ai critiqué quelqu'un des médias, j'en suis resté avec un goût amer et des regrets. J'aime mieux complimenter le travail bien fait. Je l'ai fait beaucoup plus souvent. C'est peu de chose d'écrire une lettre à une personne qui donne de l'information ou qui fait de l'animation dans les médias.

Rencontré par hasard à Londres, le journaliste Paul-André Comeau m'a dit que j'avais sauvé sa *job* comme correspondant de Radio-Canada en Angleterre. Comment cela ? À la suggestion de Mgr Lucien Labelle, secrétaire de la Commission des communications sociales pour le secteur francophone de la CECC, j'avais écrit, à titre de président de cet organisme, une lettre louangeant le travail du reporter lors de la visite du pape en Angleterre, en 1982. On se préparait alors à fermer le poste de correspondant en Angleterre et de congédier Paul-André Comeau. Devant cette lettre, les autorités de Radio-Canada se sont dit : « Les évêques du Canada ont aimé son travail. On le laisse là. » C'est dire qu'une simple lettre peut avoir des conséquences et qu'il ne faut pas hésiter de complimenter ceux qui le méritent. Dans ces milieux, quand on reçoit une lettre, on multiplie par mille, dit-on. Une demande bien simple peut sauver un emploi ou une émission de qualité.

La chose que j'ai eu à défendre le plus dans les médias a été le droit à la vie des enfants à naître ainsi que la position de l'Église sur la contraception. Les coups les plus durs, je les ai reçus non des adversaires de l'Église, mais de ceux qui trouvaient que les évêques canadiens n'étaient pas fidèles aux enseignements du pape. Les choses se sont calmées. Je n'en veux à personne. Mais je déplore qu'on ait donné à une cause aussi belle que la défense de la vie une allure ultra-conservatrice et rétrograde. Si vous défendez la survie d'une espèce animale menacée, vous êtes moderne, *in*, comme on dit. Si vous défendez la vie humaine, si vous êtes opposé à l'avortement et à l'euthanasie, vous êtes un conservateur démodé.

Les évêques du Canada continuent leur lutte pour la vie à travers un organisme soutenu par les Chevaliers de Colomb, l'Organisme pour la vie et la famille. Chacun se fait le défenseur de la vie à sa façon. Nos convictions sur le sujet ne sont pas ébranlées par le vide juridique. L'absence de législation nous incite à combattre sur le plan moral, en nous adressant aux consciences et en faisant la promotion d'une société juste, accueillante à la vie, et où la femme a toute sa place.

CHAPITRE 25

« *Tenez-vous deboutte !* »

QUAND J'AI ÉTÉ NOMMÉ évêque auxiliaire de Mgr Coderre, il m'a dit : « Les cardinaux à Rome ne sont pas nos patrons. Ils sont nos serviteurs, les serviteurs du Collège apostolique que nous formons avec le pape[1].» Lorsque nous partions pour Rome, Mgr Coderre, alors retraité, nous donnait une consigne : « Tenez-vous deboutte ! » Ce n'est pas que cet évêque souffrait d'un complexe anti-romain. Au contraire, il a fait de nombreuses visites à Rome. En plus de sa participation assidue au concile, il a été membre de la Congrégation pour le clergé. Il n'a manqué aucune réunion, d'autant plus qu'on y traite de l'enseignement religieux, un dossier dont il a longtemps été chargé dans l'épiscopat d'ici.

Il avait des amis à Rome, non seulement parmi ceux qui suivaient fidèlement, comme lui, les orientations de Vatican II, mais aussi parmi la minorité qui digéraient mal les réformes conciliaires.

Les Églises particulières ne sont pas des succursales de Rome et, dans leur diocèse, les évêques sont « vicaires et légats du Christ (…). Ils ne doivent pas être considérés comme vicaires des pontifes romains, car ils sont revêtus d'un pouvoir qui leur est propre et sont appelés en toute vérité chefs spirituels des peuples qu'ils gouvernent » (*Lumen Gentium*, n° 27).

---

1. *Cf.* Vatican II, *La charge pastorale des évêques*, n° 8.

Le cardinal Dante, qui avait été longtemps cérémoniaire du pape Pie XII, disait à Mgr Coderre : « Il y a des évêques qui passent leur temps à nous consulter et à nous demander des autorisations. Pourquoi n'exercent-ils pas leurs pouvoirs et ne prennent-ils pas leurs décisions ? »

Lors d'une dernière visite qu'il fit à Rome, on conseilla à Mgr Coderre de solliciter une audience avec Paul VI. Il s'agissait d'une pure visite de courtoisie. On lui avait dit : « Paul VI aime recevoir les évêques anciens. » En se présentant chez le pape, il rencontra à la porte un évêque espagnol, les bras chargés d'un volumineux dossier. Paul VI, fatigué, les traits tirés, vint à la rencontre de Mgr Coderre. « Mgr Coderre ! Vous êtes le bienvenu. Quel problème venez-vous me soumettre ? » Mgr Coderre se planta devant lui à la manière qui lui était bien particulière. « Très Saint-Père, lui répondit-il, votre prédécesseur m'a nommé évêque de Saint-Jean pour que je règle les problèmes de ce diocèse quand il y en a. Je ne viens pas vous imposer cette ennuyeuse surcharge. » Le pape l'étreignit en disant : « J'aime donc ça quand les évêques prennent ainsi leurs responsabilités ! »

On critique le centralisme romain. Comme en tout pouvoir central, à Rome on a tendance à centraliser. Mais les évêques diocésains qui recourent à Rome pour tout et pour rien favorisent autant le centralisme.

On sait que des flagorneurs écrivent à Rome pour dénoncer des évêques ou se plaindre de telle ou telle décision ou situation. Rome répond toujours aux lettres. Dans ce volumineux courrier, ils savent faire la part des choses.

Des personnes et des groupes qui n'étaient pas d'accord avec nos positions ont propagé l'idée que l'épiscopat canadien, surtout québécois, était mal vu à Rome. En 1990, à titre de président de la CECC, j'ai écrit un document qui met les choses au point[2].

2. Document officiel de la CECC n° 622, 2 février 1990. Publié dans Bernard Daly, *Se souvenir pour demain*, CECC, 1993, p. 167-169.

Depuis sa fondation en 1943, la Conférence des évêques catholiques a toujours entretenu avec le Magistère romain des relations franches comportant parfois des dialogues vigoureux mais toujours cordiaux et fraternels. Nos relations se concrétisaient dans les visites quinquennales et les rapports que la présidence de la CECC allaient porter à Rome, au Saint-Père et aux divers dicastères. Les visites quinquennales étaient faites individuellement jusqu'en 1974. À cette date, les évêques du Québec ont commencé à se regrouper pour ces visites. Cela faisait peur à certains responsables romains, mais ils se sont vite rendu compte que cette manière de faire simplifiait leur travail. Les dossiers étaient répartis entre différents évêques, qui devaient en faire la présentation aux différents dicastères. En général, j'ai hérité des questions concernant les ordinations et d'autres aspects de la vie sacramentelle.

Je n'ai pas à faire l'histoire des relations des évêques canadiens ou québécois avec Rome. Je vais simplement rapporter quelques faits me concernant personnellement.

En 1992, j'ai accepté de donner une entrevue à la revue RND sur la place des femmes dans l'Église [3].

Malheureusement, on a choisi comme titre de l'entrevue un passage sorti de son contexte : « Si le fait de ne pas ordonner de femmes est discriminatoire pour les femmes, il faut changer cela. »

On donne ainsi l'impression que toute la longue entrevue de dix pages tourne autour de l'ordination à la prêtrise.

Il fallait s'y attendre : ça n'a pas été long qu'un exemplaire de la revue a été entre les mains du cardinal Ratzinger, préfet de la Congrégation pour la doctrine de la foi. Il m'a, naturellement, manifesté son étonnement. Je lui ai demandé une entrevue pour discuter de ce texte avec lui et en dégager les perspectives.

---

3. RND, n° 8, septembre 1992, p. 18-28.

Le « cela » qu'il faut changer n'est pas nécessairement se mettre à ordonner les femmes à la prêtrise. Le grand changement qui est possible, et qui presse le plus, c'est dans la façon d'exercer le ministère ordonné. Être prêtre ou évêque n'est pas un privilège, mais une fonction de service. Ce n'est pas un droit, mais une réponse à un appel. Quand on aura saisi et expérimenté vraiment que l'ordination dirige quelqu'un vers le service et non le pouvoir, on pourra poser la question dans ses vraies perspectives.

« L'erreur de perspective vient de ce qu'on se braque uniquement sur la question de l'ordination. » Celle-ci ne met pas nécessairement quelqu'un en position d'autorité sur les autres. Chez les moines, le père abbé n'était pas nécessairement un prêtre. Dans certaines communautés religieuses laïques, on a ordonné quelques sujets pour le service sacramentel. Mais ces prêtres n'exercent pas l'autorité dans leur communauté. On pourrait relever toutes les fonctions ouvertes aux femmes, comme à l'ensemble des laïcs, dans lesquelles on peut exercer un service d'autorité. Si l'Église devient une vraie communauté dirigée de façon synodale, les décisions importantes vont être prises dans les conseils de pastorale et dans les synodes diocésains. Il y a là un vrai pouvoir[4].

La chose à changer, c'est d'abord la mentalité. Serait-on plus avancé avec des prêtres mariés et des femmes prêtres si on y perpétuait le cléricalisme ? « D'aucuns se demandent peut-être si un afflux de prêtres mariés ou de femmes ordonnées ne prolongerait pas la structure cléricale qui domine encore largement l'Église catholique[5]. »

« Au point où nous en sommes, l'ordination des femmes n'est pas possible dans l'Église catholique. Il faut se soumettre à cela. Mais je n'accepte pas qu'on refuse d'étudier la question et d'en discuter. »

---

4. Comité de théologie de l'Assemblée des évêques du Québec, *Vers l'exercice de la synodalité*, Fides, 2000.

5. Jean-Claude Leclerc. « Vers un nouveau pouvoir des laïques ? » *Le Devoir*, 27 mars 2000, B6.

Le pape ne se pense pas autorisé à permettre l'ordination des femmes. Deux mille ans de tradition, tant dans l'Église catholique romaine que chez les orthodoxes, on ne saute pas par-dessus.

Inter insignores de la Congrégation pour la doctrine de la foi (1976) avait fermé la porte à l'ordination des femmes. Le 22 mai 1994, dans une lettre intitulée *Ordinatio sacerdotalis*, Jean-Paul II réaffirme ce refus en précisant que ce jugement doit être considéré comme **définitif**[6]. « Définitif » : est-ce que le pape interdit, par ce mot, de continuer la recherche et la réflexion sur le sujet ? Je ne le crois pas. Mais je pense à une recherche ouverte, qui n'essaie pas de prouver que oui ou que non mais qui est prête à trouver la vérité telle qu'elle se présentera. Cette recherche doit essayer de comprendre les pourquoi et se situer dans une réflexion plus globale sur la nature à la fois communautaire et hiérarchique de l'Église.

Je comprends la frustration des femmes engagées en Église devant cette porte verrouillée. L'ordination a tenu une place tellement centrale dans la vie de l'Église.

Ma conversation avec le cardinal Ratzinger a été, à mon avis, fructueuse. C'est un homme supérieurement intelligent et courtois. Mais ma conclusion est que, sur certaines questions, non seulement il faut être conforme à ce qu'on en dit à Rome, mais il vaut mieux ne pas en parler. Du même coup, nous avons échangé sur un problème concernant l'onction des malades.

En décembre 1991, un laïc, directeur de la pastorale sociale du diocèse, incluant la pastorale hospitalière, publiait un document où il posait certaines questions et donnait des directives aux personnes laïques exerçant leur ministère auprès des malades. Il rappelait l'ancienne discipline de l'Église selon laquelle l'évêque bénissait l'huile des malades et recommandait aux fidèles de s'en servir chez eux. Avec le concile de Trente, l'administration du sacrement des malades a été réservée aux

---

6. Denzinger, 4980-4983.

prêtres. Il ne s'agissait donc pas de permettre aux personnes engagées en pastorale hospitalière de donner l'onction des malades. Il leur recommandait d'avoir recours aux prêtres et, à défaut de pouvoir le faire, d'utiliser une célébration de la Parole non sacramentelle.

Le cardinal Ratzinger avait en mains ce document. Qui le lui avait envoyé ? Comme le disait un directeur des élèves dans un séminaire : « Je connais le coupable et j'ai des doutes sur deux autres… »

L'auteur s'était questionné sur l'identité presbytérale des anciens dont parle saint Jacques (5,13-15). Il ne disait pas pour autant aux laïcs d'administrer le sacrement. Il laissait entendre que même s'ils utilisaient l'huile des malades, la célébration ne devenait pas pour autant sacramentelle.

J'avais avec moi un document adressé aux agents de pastorale de la santé, où je leur rappelais la discipline en vigueur (canon 1003). Je leur recommandais d'éviter le risque de confusion entre une célébration de la Parole et le sacrement. J'ai permis à une agente de pastorale d'utiliser l'huile des malades, mais dans le cadre d'une célébration où les paroles évitaient les textes du sacrement. Cette pratique existait dans d'autres pays. J'avais donné cette autorisation *ad experimentum*. Je l'ai retirée, car, malgré les précautions, la pratique donnait lieu à de la confusion. Je reconnais avoir mal calculé les risques[7].

Quelle idée les gens qui ont recours à Rome pour de tels problèmes ont-ils du rôle d'un évêque dans son diocèse ?

À la même visite, j'ai échangé avec Mgr Bovone, secrétaire de la Congrégation, à propos des ministres extraordinaires du baptême. Selon lui, je donnais trop facilement et trop abondamment cette autorisation à des laïcs. L'absence de prêtre pour administrer ce sacrement signifiait, selon lui, qu'il n'en existait

---

7. Un document romain intitulé *Instruction sur quelques questions concernant la collaboration des fidèles laïcs au ministère des prêtres, 15 août 1997*, disait : « Ceux qui ne sont pas prêtres ne peuvent en aucun cas pratiquer des onctions ni avec de l'huile bénite pour le sacrement des malades ni avec toute autre huile. »

pas à je ne sais combien de kilomètres à la ronde. Pour moi, cette absence était une question de disponibilité. Le prêtre est pris à d'autres tâches ou bien il est exténué après une lourde fin de semaine. Le canon 861.2 dit : si le ministre ordinaire est absent ou « empêché »… Notre pratique est conforme au droit canonique, d'autant plus que les cas de ministres extra-ordinaires ne sont pas si nombreux. Il s'agit d'agentes de pastorale, qui d'ailleurs donnent une excellente préparation au sacrement. Nous avions quand même demandé au prêtre de faire les baptêmes aussi souvent qu'il en serait capable. Dans un diocèse, c'est l'évêque qui connaît les besoins et les ressources humaines qui y répondent. L'argument de Mgr Bovone était celui-ci : le baptême est l'accueil dans la communauté parois-siale. Il convient que ce soit le chef de la communauté, donc le curé ou un vicaire, qui l'administre. Cet argument a du sens, mais il ne tient pas compte du fait que le diacre, ministre ordinaire, n'est pas chef de la communauté.

On ne va pas à Rome pour s'excuser, même s'expliquer, mais pour informer les personnes qui aident le pape dans son ministère d'unité. On ne leur rend pas service si on agit comme des béni-oui-oui.

« Au Vatican, comme dans toute organisation, y compris l'Ordre dominicain, il y a des personnes avec lesquelles il est plus ou moins commode de travailler. L'important est de dire au Saint-Siège ce que l'on pense, ni plus ni moins. Certains sont si intimidés qu'ils essaient de dire ce que le Vatican, selon eux, souhaite entendre. D'autres sont tellement suspicieux qu'ils arrivent en tirant du canon. Aucune des deux réactions n'est adulte. Nos interlocuteurs sont des serviteurs de Dieu, comme nous. Ils méritent le respect et la miséricorde dont nous souhai-tons bénéficier de leur part [8]. »

J'ai eu à échanger, avec le cardinal Ratzinger sur un autre problème : celui du vin de messe pour les prêtres qui ne peuvent prendre de boisson alcoolisée. Il fallait recourir à Rome, à la

---

8. Timothy Radcliffe, *Je vous appelle amis*. La Croix/Cerf, 2000, p. 57.

Congrégation pour la doctrine de la foi, afin de permettre à ces prêtres d'utiliser alors le *mustum*, le moût, jus de raisin non fermenté. Un évêque m'avait confié une demande à l'intention du cardinal Ratzinger. Il avait écrit pour demander l'autorisation pour un diacre en chemin vers la prêtrise de célébrer avec du jus de raisin parce qu'il était allergique à l'alcool. La réponse était de ne pas ordonner ce diacre à la prêtrise tant qu'il ne serait pas devenu sobre. À la Congrégation, on n'avait même pas eu le temps de lire la demande correctement ! J'ai donné mon point de vue au cardinal : pourquoi devoir recourir à sa Congrégation pour des choses si peu importantes qui peuvent se régler au niveau diocésain ? Au cours d'une assemblée spéciale des présidents de Conférences épiscopales, j'ai soulevé ce même point en plénière. Mon intervention est tombée à plat malgré ce que j'avais entendu, dans un atelier préparatoire, de la part d'évêques d'autres pays, indignés de devoir recourir à Rome pour des choses peu importantes.

Surprise : le 19 juin 1995, une lettre aux présidents des conférences épiscopales remettait le problème aux ordinaires des diocèses[9]. Le 24 juillet 2003, une lettre du cardinal Ratzinger revient sur le sujet et confirme l'autorité des évêques en la matière. Je n'ai pas la naïveté de croire que ma seule intervention ait amené ce changement d'attitude à Rome. D'autres évêques, voire des conférences épiscopales, ont dû intervenir sur le sujet. Tout cela prouve que les évêques ont tout intérêt à prendre leurs responsabilités.

Mais il reste une difficulté concernant les prêtres et les fidèles allergiques au pain de froment. Celui-ci contient du gluten, agent de l'allergie. Je ne rappellerai pas ici les dispositions énumérées pour accommoder les personnes allergiques à l'alcool ou au gluten. La lettre affirme que « les hosties totalement privées de gluten sont une matière invalide[10] ». Cela revient à dire que le pain eucharistique doit être fait de farine de froment,

---

9. *Notitiae* 31 (1995), 608-610.
10. Congrégation pour la doctrine de la foi, 24 juillet 2003.

complètement ou du moins en partie. Il s'agit d'un rappel de ce qui a toujours été en vigueur pour respecter le caractère historique de l'institution de l'eucharistie, où on suppose que le Christ a utilisé du pain de froment, puisqu'on ne mentionne pas autre chose, comme on l'a fait pour la multiplication des pains, où on précise qu'il s'agit de pains d'orge[11] (Jean 6,9). Certains théologiens et liturgistes ont suggéré qu'on pourrait utiliser d'autres aliments dans les régions où ceux-ci tiennent lieu de pain. Mais on ne peut spéculer lorsqu'il s'agit de validité sacramentelle.

Un ministère de l'avenir ?

---

11. Dans le grec de l'Évangile, le même mot *artos* désigne le pain, qu'il s'agisse de froment ou d'orge.

CHAPITRE 26

La fumée blanche

L E 28 SEPTEMBRE 1978, les évêques du Canada étaient en assemblée plénière annuelle au Château Laurier, à Ottawa[1]. À trois heures du matin, au plus profond de mon sommeil, je suis éveillé par un appel téléphonique. Une voix féminine, une journaliste anglophone de Toronto, se présente et me demande : « Que pensez-vous du décès du pape ? » Dans mon idée, il s'agit de Paul VI, décédé un mois plus tôt. « Écoutez, le pape est décédé il y a un mois, je ne me réveille pas la nuit pour penser à cela. » — « Non, dit-elle, il s'agit de Jean-Paul Ier, décédé durant la nuit. » Avec cette nouvelle, je me réveille complètement. Elle me demande : « Vous irez sans doute à Rome pour l'élection de son successeur ? » — « J'irai à Rome, car nous sommes sur le point de partir pour notre visite quinquennale. Quant à l'élection du prochain pape, je n'y participerai pas. » — « N'êtes-vous pas un éminent membre de l'épiscopat canadien ? » La journaliste pensait parler au cardinal Léger. Quand je lui ai dit que je n'étais qu'un simple évêque, son intérêt est tombé et elle a raccroché.

J'ai d'abord pensé qu'il s'agissait d'un canular et je me suis dit que je n'en parlerais à personne tant que d'autres nouvelles n'arriveraient pas. Je n'ai pu me rendormir. À l'ouverture des

---

1. Après bien des démarches et des hésitations, les évêques ont trouvé des endroits moins prestigieux et moins coûteux pour tenir leurs réunions.

émissions de la télévision, on nous montrait déjà Jean-Paul Ier reposant sur un catafalque.

Vous devinez l'excitation des évêques quand nous nous sommes rencontrés aux petites heures du matin. Les plus âgés voulaient contremander notre visite à Rome. Mais la majorité a opté pour que ce voyage se fasse quand même. Nous n'avions plus de pape, les Congrégations romaines n'avaient plus de préfets, mais les secrétaires demeuraient en fonction. Nous irions rencontrer les secrétaires qui, au fond, sont ceux qui connaissent le mieux les dossiers, car les cardinaux préfets ont à s'occuper de beaucoup de choses diverses. Surtout, nous serions à Rome pour les funérailles de Jean-Paul Ier et l'élection de son successeur.

À Rome, la dépouille du pape était exposée dans la basilique Saint-Pierre, dans un enclos aménagé devant l'autel de la Confession. Les gens devaient défiler sans s'arrêter, car la file très longue commençait sur la place Saint-Pierre. Les évêques pouvaient entrer dans l'enclos pour y prier un moment. C'est ce que j'ai fait, mêlant, je l'avoue, mes prières à mes larmes. Une autre personne se trouvait dans l'enclos en même temps que moi, mère Teresa de Calcutta.

Nous avons pu prendre part aux funérailles. Nous étions arrivés de très bonne heure pour n'être pas trop loin de la présidence de la célébration. C'était impressionnant de voir la simple tombe de bois dans laquelle reposait l'illustre défunt. Un monsignore est venu nous faire reculer de deux rangées pour faire place aux archevêques secrétaires des Congrégations romaines. Ce que nous avons fait de bonne grâce. Quelque temps plus tard, un autre vint nous dire de reculer encore. Mais derrière nous les sièges étaient occupés et nous nous serions retrouvés en arrière. Nous n'avons pas bougé. On est venu nous dire que c'était Mgr Noë, le cérémoniaire du pape, qui nous demandait cela. À ce moment-là, il pleuvait. Mgr Jean-Guy Hamelin dit : « C'est Noë qui le demande, mais il l'a dit avant le déluge. » À ma souvenance, c'est le cardinal Carlo Confalonieri, doyen du Sacré Collège, qui présidait.

Le 15 octobre s'ouvrait le conclave. Dans la soirée, la population de Rome était sur la place Saint-Pierre pour attendre les résultats du vote. À ce moment, je trouvais périmée la façon d'annoncer si le pape était élu ou non. Une fumée noire s'échappant d'un tuyau aménagé à cet effet communiquait un résultat négatif. La fumée blanche nous disait : nous avons un pape !

J'ai passé la soirée du 15 avec une jeune Romaine dans mes bras. Ne vous inquiétez pas, elle avait quatre ans. J'étais avec un prêtre zaïrois. Devant nous se tenaient deux dames avec deux enfants en bas âge : un garçon de 5 ans, une fillette un peu plus jeune. Le garçon a demandé au prêtre zaïrois qui l'avait noirci comme ça. Il a répondu : « C'est Dieu qui m'a fait ainsi. » Le garçon a passé sa main sur le front du prêtre et a regardé si sa main était noircie. Une relation de confiance s'est installée entre ces enfants et nous. La fillette a demandé à sa mère de venir à moi. Je l'ai prise dans mes bras pour ne pas la perdre dans la foule. Quand la fumée noire est apparue, il a fallu partir. La petite ne voulait plus me quitter. Je lui ai donné un *bacio*, un beau bisou, et elle a accepté de partir avec sa maman. Quand j'ai raconté la chose à mes confrères, de retour à la maison[2], ils ont dit : « Détournement de mineure. » — « Jaloux ! » Cecilia, c'est son nom, doit maintenant être une resplendissante Romaine de près de 30 ans.

Le lendemain 16 octobre, au quatrième tour de scrutin, un nouvel évêque de Rome était élu. La fumée blanche est apparue. Discussion chez les commentateurs des médias. À contre-jour, ce n'est pas clair si une fumée est blanche. « È nera, è bianca ! » Finalement, le doyen des cardinaux diacres, Pericle Felici, se présenta à la loggia de la basilique et nous a fait l'annonce dans une formule solennelle où le dernier mot est le nom de l'élu : « *Annuntio vobis gaudium magnum : habemus Papam : eminentissimum et reverendissimum dominum Carolum, sanctae romanae ecclesiae cardinalem Wojtyla, qui sibi nomen imposuit Joannis Pauli II* [3]. »

---

2. Nous étions à la Casa internationale animazione missionaria, sur le Janicule.

3. « Je vous annonce une grande joie : nous avons un Pape : l'éminentissime et révérendissime Mgr Carol, de la sainte Église romaine cardinal Wojtyla qui s'est

Le pape n'a pas tardé à apparaître à la loggia. Contrairement à la coutume selon laquelle le nouvel élu se contentait de donner sa bénédiction en latin, Papa Wojtyla a improvisé un bref discours en italien. Cette élection d'un pape non italien après cinq siècles (Adrien VI, 1522, un Hollandais, qui dans un court pastorat d'un an a brassé la cage de la curie romaine) était toute une révolution. J'en avais les jambes molles.

J'ai été beaucoup impressionné par la célébration qui a marqué l'inauguration du pastorat de Jean-Paul II, le 22 octobre suivant : une célébration à la fois simple et grandiose. Ce n'était pas un couronnement. Paul VI avait vendu sa tiare, Jean-Paul Ier avait refusé ce symbole d'un triple pouvoir. Comme ce dernier, Jean-Paul II a reçu le pallium, comme tout archevêque métropolitain. Mais ce qui m'a impressionné le plus, ce fut l'homélie du pape. À mon avis, en quelques pages de texte, il a tout dit ce qu'il devait développer par la suite dans ses encycliques, ses exhortations apostoliques et le monumental ensemble de documents qu'il nous laissera. « N'ayez pas peur d'accueillir le Christ et d'accepter son pouvoir (…). Lui seul sait ce qu'il y a dans l'homme. Laissez le Christ parler au cœur de l'homme et lui révéler ce qu'il y a en lui (…). » On a là le fil conducteur de son enseignement. Le Rédempteur de l'homme (titre de sa première encyclique) révèle à celui-ci sa dignité, qui commande le respect mais aussi des devoirs. On a dit que Jean-Paul II était conservateur dans l'enseignement de la morale personnelle, mais très avancé dans sa morale sociale. Mais au fond, c'est toujours le même principe qui commande sa pensée : le respect de l'être humain créé à l'image de Dieu et sauvé par le Christ[4].

En passant, je me demande pourquoi, dans les textes français de la liturgie, on dit toujours le pape pour traduire

---

donné le nom de Jean-Paul II. » Le nom de famille de Jean-Paul II se prononce Woitiwa, ce qui nous a donné, de prime abord, l'impression qu'il était africain.

4. « À chaque étape de la vie universitaire et du ministère pastoral, l'attention à la personne a été au centre de mes recherches philosophiques et théologiques. » Jean-Paul II, Discours aux participants au congrès de l'Université pontificale du Latran, 25e année de son pontificat, 9 mai 2003. Zenith, même date.

l'expression « pro papa **nostro** ». Pourquoi ne pas dire *notre* pape ? Il n'est pas le seul pape, les coptes d'Égypte ont le leur, nous avons le nôtre. **Le** pape : c'est comme dire « le père chez nous » au lieu de notre père pour désigner le père de famille.

Chapitre 27

Le synode de 1980

J'AI DIT PLUS HAUT dans quelles circonstances j'avais été délégué par la Conférence des évêques catholiques du Canada au synode romain sur « Les tâches de la famille chrétienne dans le monde d'aujourd'hui ».

Comme j'ai voyagé avec Alitalia en compagnie du cardinal Emmett Carter, j'ai goûté aux avantages de la première classe avec, dans ma poche, un billet de classe touriste. À l'aéroport de Toronto, comme à celui de Rome, nous avons été traités en V.I.P. La délégation canadienne comprenait, outre le cardinal Carter, Mgr Henri Légaré, alors président de la CECC, Mgr Jos. N. MacNeil, moi-même et Mgr Maxim Hermaniuk, le métropolite des Ukrainiens du Canada.

On avait la traduction simultanée, mais ceux qui présentaient des interventions en latin avaient priorité. Je comprends les membres des congrégations romaines de préférer cette langue, dans laquelle ils s'expriment non seulement avec facilité mais aussi avec éloquence. Le cardinal Carter leur a dit : « Moi aussi, je pourrais m'exprimer en latin, mais je ne le ferai pas, par principe, car je trouve que le traitement de faveur donné au latin est une anomalie et une injustice, étant donné que nous avons la traduction simultanée. »

Dès les débuts, l'intervention de Mgr J. R. Quinn, archevêque de San Francisco et président de la Conférence des évêques des États-Unis d'Amérique, a eu l'effet d'une bombe. Il a simplement fait état de la situation des couples et de la réaction des théologiens après l'encyclique *Humanae vitae* de 1968. Il révélait que 76 % des femmes catholiques américaines recouraient à une forme quelconque de régulation des naissances et que 94 % de ces femmes catholiques utilisaient des méthodes condamnées par l'encyclique. En somme, on ne suivait pas l'enseignement de ce document. Tout en affirmant son adhésion à la doctrine de Paul VI, il proposait diverses mesures pour qu'il soit mieux connu et, à travers un meilleur dialogue, qu'il soit formulé de façon à être compris.

Le lendemain, un cardinal important de la curie prit parti contre cette intervention. Pour lui, les statistiques ne signifiaient rien, on leur fait dire ce que l'on veut. Voilà une façon de refuser de voir la réalité ! S'exprimant en latin, il n'a pas manqué d'utiliser à diverses reprises la conjonction *quin*, un « que » reliant un membre de phrase à une négation, genre de « je ne puis empêcher que ». J'ai trouvé le procédé proprement insultant pour l'archevêque américain : se servir de son nom pour un jeu de mots facile. D'ailleurs, l'éminent personnage romain a donné d'autres mauvais exemples : lorsqu'un intervenant parlait dans une autre langue que le latin, il sortait son *Osservatore romano* qu'il lisait, toutes pages déployées.

Sur la question du contrôle des naissances, le synode a entériné l'enseignement de *Humanae vitae*[1]. Mais cette position a été placée dans un contexte pastoral important qu'on a appelé le principe de gradualité[2]. Il s'agit d'une « pédagogie pastorale » qui prend les gens là où ils sont et les amène à cheminer avec l'aide de la grâce et des sacrements.

Le problème des divorcés réengagés dans une autre union a longuement retenu l'attention du synode. Les Pères ont entériné la discipline actuelle de l'Église latine : les divorcés réengagés ne sont pas admis aux sacrements de la réconciliation et de

---

1. *Familiaris consortio*, n° 24.
2. Proposition 7 des évêques du synode. *Familiaris consortio*, n° 9.

l'eucharistie. « Leur état et leur condition de vie contredisent objectivement l'indissolubilité de l'alliance d'amour nouée entre le Christ et l'Église, signifiée et réalisée par l'eucharistie. » Je ne sais ce que les gens peuvent comprendre dans l'expression « contredisent **objectivement** » : ce terme veut signifier qu'on ne juge pas leur conscience. De toute façon, le synode insiste pour dire qu'ils ne sont pas excommuniés et sont invités à participer à la vie de l'Église.

La proposition 14.64 du synode recommande de regarder du côté des Églises d'Orient, dans lesquelles les divorcés peuvent contracter une nouvelle union en vertu de ce qu'elles appellent l'« économie », c'est-à-dire la miséricorde. J'avais amené avec moi une recherche que j'avais faite naguère sur le sujet. Les évêques s'y sont intéressés. C'est ce qui a motivé la proposition ici mentionnée. Le texte de l'exhortation n'a pas retenu la suggestion. Il ne s'agissait pas d'adopter la pratique orientale, mais de s'en inspirer pour « mieux mettre en évidence la miséricorde pastorale[3] ».

Pendant le synode, Jean-Paul II continuait à donner ses catéchèses aux audiences hebdomadaires du mercredi. Commentant le passage évangélique : « Quiconque regarde une femme avec convoitise a déjà, dans son cœur, commis l'adultère avec elle » (Matthieu 5,28), il a ajouté : « Même un mari peut regarder sa femme de telle façon que son désir soit de l'adultère. » Ce sont à peu près ses paroles, je ne les ai pas sous les yeux. Ces propos ont soulevé une tempête chez des féministes. Dans une émission de Radio-Vatican, nous fûmes mis en contact par Radio-Canada avec des féministes de Montréal : « Que faites-vous à Rome pour laisser le pape dire des choses pareilles ? Sommes-nous si méchantes que même un mari ne peut regarder sa femme sans pécher ? » Heureusement, nous avions le texte lui-même en mains[4]. Au fond, ce que le

---

3. Robert Lebel, « L'économie de l'Église orthodoxe. Une solution pour l'Église catholique face à certains cas de divorce ? », dans *Société canadienne de théologie, Le Divorce* (héritage et projet 6), Fides, 1973, p. 77-105.

4. Grâce à la prévoyance du P. Vandrisse, du journal *La Croix*.

pape voulait dire, c'est qu'un mari peut considérer son épouse comme un objet dont le rôle est de satisfaire ses désirs sexuels. J'admets que la formulation pouvait rendre difficile de saisir le sens au premier coup d'œil.

Dans la salle des plénières, les évêques étaient répartis selon l'ordre de préséance liturgique. Premières rangées : les cardinaux, les patriarches ; ensuite les archevêques, puis, en haut, les évêques. Tous étaient placés selon la date de nomination. À ma gauche prenait place un évêque du Zaïre, Dieudonné M'Sanda Tsinda Hata, de Kengé ; à ma droite, Georg Weinhold, de Neisen, en RDA. Celui-ci a passé son temps à dévorer des journaux. Il avait probablement été privé d'information dans la République démocratique allemande (RDA) sous gouvernement marxiste. Devant moi, Mgr Metodio Dimitrow Stratiew, de Sofia, en Bulgarie. Lui et l'évêque de Meisen nous ont livré des interventions plutôt générales et neutres. Ils voulaient probablement rentrer chez eux sans problèmes.

Madagascar était représenté par un cardinal jésuite, Victor Razafimahatratra. Chaque fois qu'on nous appelait pour un vote, le secrétaire bredouillait ce nom, à l'hilarité générale.

Entre les congrégations générales, nous étions répartis en groupes linguistiques : latin, anglais, français, espagnol, italien. Le groupe francophone, où je fus assigné, était présidé par le cardinal Roger Etchegaray, archevêque de Marseille, en qui j'ai vu tout de suite un homme remarquable. Le secrétaire du groupe était Mgr Godfried Danneels, dont j'ai admiré le souci d'exprimer exactement ce sur quoi nous nous étions entendus. Était là aussi le cardinal Franciszek Macharski, successeur de Jean-Paul II à Cracovie, qui maîtrisait très bien le français. On avait disposé pour les observateurs non évêques des chaises le long du mur. Nous avons installé tout le monde autour de la table. J'étais le plus souvent à côté de Mgr Ligondé, de Port-au-Prince. Un couple remarquable de Belgique, M. et Mme Vercruysse, nous a présenté, à un moment donné, un beau texte où on lisait : « L'histoire des familles est une histoire sainte. » Le Dr Wanda Poltawaka, une psychologue amie du pape, s'est objectée à cette formule : « Il y a du péché dans les familles. » Nous avions beau lui répéter qu'il y en a aussi dans l'histoire du peuple de la Bible, que nous appelons « l'histoire sainte », elle a « tenu son bout », et nous avons dû sacrifier ce passage dont nous étions fiers.

Pendant que les rapporteurs s'affairaient à résumer et à unifier les diverses interventions, un travail colossal qui leur a coûté des heures de sommeil, l'assemblée plénière recevait des informations de la part des responsables des congrégations romaines et autres dicastères. C'est là qu'on a assisté à un combat épique entre notre cardinal Carter et le cardinal Felici. Celui-ci voulait qu'on procède immédiatement à la publication du nouveau Code de droit canonique. Le cardinal Carter voulait une autre ronde de consultation auprès des diocèses : « C'est nous qui aurons à gérer l'application de ce Code. » Nous avons assisté à la confrontation de deux hommes forts. J'ai pensé à Dom Camillo et Peppone du romancier italien Guareschi. De toute façon, le Code a été publié en 1983.

J'ai moi-même posé une question au cardinal Knox, préfet de la Congrégation pour les sacrements et le culte divin, relativement à l'interdiction faite aux femmes et aux jeunes filles de servir à l'autel. Sous forme de demande d'information, alors que je connaissais la réponse. Je désirais savoir si la Congrégation convoquait et consultait ses membres qui étaient des évêques diocésains, selon le désir du pape Paul VI et le concile Vatican II[5], avant de prendre des décisions importantes ou de publier des textes destinés à toutes les Églises. Le cardinal ne parlait pas le français, j'ai donc répété la question en anglais. Sa réponse a été que, lorsque ces évêques venaient à Rome, la Congrégation les accueillait et les écoutait volontiers. Ce n'était pas ce que j'avais demandé. Je savais fort bien qu'un de mes confrères canadiens avait été membre de cette Congrégation pendant deux termes sans avoir été convoqué (et peut-être même pas

---

5. Décret sur la charge pastorale des évêques, n° 10.

consulté par écrit) une seule fois. Des évêques européens m'ont trouvé pas gêné. J'avais été poli et j'avais posé une question légitime comme membre du Collège épiscopal. Je me suis tenu « deboutte » non par esprit de contestation, mais par esprit de collaboration et de solidarité.

Je suis demeuré une semaine de plus à Rome, après la clôture du synode, pour me reposer un peu et faire quelques visites. Durant cette semaine, grâce aux habiles et persévérantes négociations de Mgr Robert Tremblay, nous avons pu donner au musée du Vatican une tapisserie de laine de madame Marie Clermont-Dionne intitulée *Le manteau du pèlerin*. Le fait que l'œuvre ait été acceptée là montre qu'il s'agit d'une pièce de grande valeur. Le carton de cette œuvre avait été dessiné par M. Pierre Dionne, architecte et époux de Mme Marie Clermont.

CHAPITRE 28

Les suites du synode

*L*ES SYNODES ROMAINS n'ont pas, il me semble, les suites que mériteraient leur contenu et tout le travail qu'ils demandent. Nous attendons plusieurs mois le texte que le Saint-Père publie sous son autorité. Nous savons déjà un peu ce que nous allons y trouver parce que notre pape respecte les recommandations du synode. Mais quand le texte arrive, les évêques sont déjà engagés dans la préparation du prochain synode !

Comme les choses se présentent, à mon avis, l'aspect le plus important des synodes et leur impact est la rencontre elle-même des évêques. Celle-ci est une célébration de communion, une expérience de la collégialité.

Les évêques délégués aux synodes doivent assumer une lourde tâche. Il y a d'abord la préparation, qui demande une série de réunions où se rencontrent les évêques délégués et les experts qui les accompagneront à Rome. Pour le synode d'octobre 1980, nous sommes allés rencontrer les délégués de la Conférence des évêques des États-Unis d'Amérique.

Le contenu des interventions à faire au synode même doit être vu, approuvé et parfois amendé par l'assemblée plénière de sorte que, lorsqu'un évêque canadien prend la parole, il s'exprime au nom de la Conférence, ce qui donne plus de poids à ses propos.

Au retour du synode, il faut prendre la route pour communiquer le contenu des travaux, ce qui prépare les gens à accueillir l'exhortation apostolique de notre pape, attendue pendant plusieurs mois. J'ai dû me lancer dans une tournée qui m'a conduit non seulement dans les régions du diocèse, mais dans les sessions pastorales des Églises voisines. J'avoue que l'attention des gens n'était pas retenue par les grandes questions comme le sens sacramentel du mariage, la spiritualité conjugale, la transmission de la foi dans la famille... Il a fallu garder ces larges perspectives comme fond de scène pour les questions brûlantes actuelles : la pastorale des divorcés remariés et l'observance de l'encyclique *Humanae vitae*.

Je n'entreprendrai pas de donner ici le contenu de ces interventions. On m'a demandé alors de mettre par écrit leur substance. J'y ai enseigné ce que les Pères du synode avaient voté à grande majorité. Le texte du pape, qui a été publié le 22 novembre 1981, nous a proposé le même contenu. On ne s'attend naturellement pas que je m'écarte de l'enseignement de l'Église dans ces documents. Mais je me suis efforcé de mettre en relief leur origine et leur valeur évangélique [1].

Car le questionnement des gens se braquait sur deux points qui, il faut bien le dire, dérangeait bien des gens : la situation des divorcés réengagés dans une nouvelle union, la pratique de la planification des naissances selon l'encyclique *Humanae vitae* de 1968, dont les positions ont été entérinées par le synode. On a retenu deux choses : l'Église condamnait les moyens artificiels de planification des naissances ; l'Église refusait les sacrements du pardon et de l'eucharistie aux divorcés remariés.

---

1. On trouve ces textes dans les revues suivantes : « La vie sacramentelle et les divorcés remariés », dans *Communauté chrétienne* 138 (novembre-décembre 1984), p. 520-527 ; « Pour une Église de la miséricorde », dans *L'Église canadienne*, vol. XIV, n° 1 (4 septembre 1980), p. 9-15. Ce texte a aussi été publié dans le *Supplément de la vie spirituelle*, n° 134 (septembre 1980), p. 389-405. De fait, je l'ai donné avant les assises du synode, mais je n'ai pas eu à changer mon enseignement après celui-ci ; « Le synode 1980, peut-être le meilleur. Notes et réflexions pour mémoire » dans *L'Église canadienne*, vol. XIV, n° 8 (11 décembre 1980), p. 235-239.

Combien de gens, journalistes inclus, ont poussé de hauts cris de protestation devant la position de l'Église présentée dans ces termes simplifiés ! Combien ont pris la peine de lire les documents incriminés ? Levez la main, ceux qui l'ont fait ! On parle de l'encyclique sur la pilule. Le mot « pilule » ne s'y trouve pas. Paul VI n'était pas un pharmacien mais un pasteur.

Il y a dans ces textes un enseignement pastoral qui permet de comprendre les normes, de les accepter et de les appliquer à sa vie de façon consciencieuse, honnête et, j'ose ajouter, intelligente, en précisant qu'il s'agit de l'intelligence de la foi, qui suppose, faut-il le dire, celle du cœur et de la matière grise. Il faut noter que les groupes faisant la promotion de la planification des naissances par les méthodes dites « naturelles » ont mieux compris et accepté la position de l'Église.

Deux mots recouvrent tout cet enseignement : **exigence** et **miséricorde**.

L'Évangile est **exigeant** : il nous invite à porter notre croix (Matthieu 10,38) et à tendre vers la perfection de l'amour à l'exemple de celle de notre Père céleste (Matthieu 5,48). L'Évangile ne nous propose pas une morale de préceptes et d'interdits, mais une morale d'appel[2]. Comme tout bon père, Dieu est exigeant pour ses enfants. Il n'aime pas nous voir nous installer dans la suffisance et la médiocrité. Mais aussi il est miséricordieux, il comprend nos faiblesses, il est prêt à nous attendre.

Paul VI et le synode ont dit ce qu'il fallait dire : « Ne diminuer en rien la salutaire doctrine du Christ est une forme éminente de charité envers les âmes[3] ». Voilà pour l'exigence. Mais on ne voit pas assez tout ce que l'enseignement de Paul VI et celui de Jean-Paul II offrent comme chemin de miséricorde.

---

2. Marcel Legault. *Introduction à l'intelligence du passé et de l'avenir du christianisme*, Aubier, 1970, p. 219 s.
3. Paul VI, *Humanae vitae*, n° 29.

Devant les exigences de *Humanae vitae* qu'ils s'estimaient incapables de suivre, des couples, beaucoup de couples par ailleurs excellents, se sont sentis rejetés par l'Église et ils ont cessé leur pratique religieuse. Ce fut aussi l'attitude de bien des divorcés réengagés. Pourtant, les documents incriminés disaient clairement et avec insistance qu'ils avaient toujours leur place dans la vie de l'Église.

Dans sa fameuse déclaration de Winnipeg, la Conférence des évêques catholiques du Canada a mis en évidence le couple exigence et miséricorde[4]. Quelle a été l'influence de cette déclaration ? Elle n'a pas, à mon avis, diminué de façon notable l'impact de *Humanae vitae*. À ma souvenance, la discussion qui a suivi *Humanae vitae* a plus tourné autour de la déclaration de Winnipeg que de l'encyclique elle-même. Des personnes et des groupes « de droite » ont dénoncé avec vigueur le manque de solidarité des évêques canadiens envers Paul IV et son enseignement. Même après quarante ans, on entend encore cette rengaine. Or, nos évêques (je n'y étais pas encore) n'ont fait que proposer une lecture évangélique et intelligente du texte. Par ailleurs, les soi-disant défenseurs de la pensée du pape ont réussi à donner à celle-ci une allure de moralisme étroit, sans nuances et inhumain.

Le pape Paul VI a dit ce qu'il fallait, malgré l'avis d'une partie des commissions consultées[5] ; le synode de 1980 a parlé dans le même sens. Cet enseignement a été confié aux pasteurs, aux moralistes et aux couples eux-mêmes. C'est à ce niveau qu'on doit appliquer les deux aspects, aussi importants et impératifs l'un que l'autre : exigence et miséricorde. On est dans le domaine de la morale. Or, la morale ne s'applique pas comme « deux plus deux font quatre et deux moins deux font zéro ». La morale requiert la souplesse. Attention ! Exigence n'est pas dureté et souplesse n'est pas laxisme. Une morale souple est plus

---

4. « Déclaration de l'épiscopat canadien à propos de l'encyclique *Humanae vitae* » dans *L'Église canadienne*, vol. 1, n° 9 (octobre 1968), p. 292-294.
5. Zenit.org. 21 juillet 2003.

contraignante qu'une morale rigide. Celle-ci se contente de suivre les balises, celle-là tient compte de tous les aspects de la réalité : elle conjugue le respect de la loi et celui des personnes[6].

La loi morale s'adresse à la conscience. « La conscience est le centre le plus secret de l'homme, le sanctuaire où il est seul avec Dieu et où sa voix se fait entendre[7]. » C'est à chacun de décider pour soi, devant sa conscience et devant Dieu. C'est aux couples de prendre les décisions concernant leur fécondité. Ils revient aux pasteurs de les éclairer et de les soutenir par la prière et la vie sacramentelle. Les pasteurs et les moralistes doivent non pas dicter la conduite des gens, mais respecter leur conscience. Respecter les consciences, c'est les éclairer. L'a-t-on fait suffisamment en montrant tout le contenu des documents de l'Église sur le sujet : *Humanae vitae*, le synode de 1980, l'encyclique *Evangelium vitae* ? A-t-on communiqué aux gens l'enseignement du synode sur la loi de la gradualité, c'est-à-dire faire progresser les gens à partir de là où ils en sont ? En matière de participation à la vie sacramentelle de l'Église, les gens ont la mentalité, qu'on trouve dans tous les domaines, du tout ou du rien : du tout obtenu tout de suite. Leur a-t-on enseigné la « pastorale du seuil », le cheminement vers le pardon et la participation plénière à l'eucharistie ? Ils ont besoin de ces données-là pour se former une conscience souple, non pas élastique mais éclairée, qui suit un chemin de progrès.

Ce qu'on dit en morale de la fécondité s'applique, avec des nuances, à la morale de la fidélité conjugale. Beaucoup de pasteurs ne savent pas quelle attitude prendre devant les couples divorcés et réengagés qui réclament la pleine participation à la vie sacramentelle de l'Église. D'abord, ils n'ont pas à prendre les décisions à leur place. Ils doivent les aider à éclairer leur conscience en leur transmettant la position de l'Église, avec les

---

6. Charles Péguy, « Note sur M. Bergson et la philosophie bergsonienne » sur les morales raides et les morales souples, *Œuvres en prose*, 1909-1914, Bibliothèque de la Pléiade, 1961, p. 1343-1344.

7. *Gaudium et Spes*, n° 16.

deux côtés de la médaille : exigence et miséricorde. Ils doivent les mettre au courant qu'il y a peut-être lieu de vérifier la validité du mariage où ils ont connu l'échec, en recourant au tribunal ecclésiastique, et ainsi régulariser leur situation.

Mais le domaine juridique ne règle pas tout. Il peut arriver qu'on ne puisse établir devant le tribunal l'invalidité d'un premier mariage, alors que les conjoints sont convaincus dans l'honnêteté de leur conscience que leur vrai mariage est celui dans lequel ils réalisent « la communauté profonde de vie et d'amour[8] ». Ils savent et ressentent ce qui a manqué dans leur première union. Si, en toute conscience, ils sont convaincus que leur vrai mariage est celui qu'ils sont en train de vivre, si leur engagement en Église est fructueux, qui peut leur interdire le pardon et l'eucharistie[9] ?

Les couples et les familles ne sont pas seulement les objets de la pastorale familiale, mais ils en sont aussi les sujets. Ils se regroupent dans divers mouvements dont ils ont l'initiative et la direction. Les laïcs étaient, au synode, représentés par des personnes et des groupes de grande qualité.

Les laïcs qui vivent des problèmes face à la loi de l'Église peuvent se prendre en mains de façon heureuse. Dans le diocèse de Valleyfield, un groupe de couples divorcés réengagés ont fait une série de rencontres pour échanger entre eux sur leur situation en Église, avec la présence d'un animateur professionnel[10].

Dans leurs premiers échanges, ils ont exprimé librement leur souffrance, même leur colère, devant ce qu'ils avaient à vivre. La plupart avaient été des gens engagés en Église. « Plus notre participation à la vie de l'Église était grande, plus le silence

---

8. *Gaudium et Spes*, no 48.

9. *Cf.* Dino Staffa, « De celebratione alterino matrimonii absque sententia nullitatis prioris », *Apollinaris* 30 (1957), p. 470-473.

10. Gérald Chaput, prêtre, membre clinicien de l'association des thérapeutes conjugaux et familiaux du Québec, a fait un rapport de l'expérience dans un article intitulé « Les divorcés remariés chez nous », *L'Église canadienne*, 15 octobre 1981, p. 111-119.

qu'on nous impose est insupportable. » Au long des échanges, ils ont fait « une relecture dynamique de leur réalité ». Ils ont cherché ensemble les aspects positifs de leur situation et ce qu'ils pouvaient faire eux-mêmes pour aider l'Église à leur laisser prendre leur place. J'ai fait, comme évêque, une rencontre avec le groupe qui m'a accueilli avec joie. J'ai « confirmé » leur démarche: « Ce que vous faites est bon. La mission de l'évêque est de confirmer les bonnes choses. Je vous invite à vous tenir debout. La pastorale des divorcés-remariés sera faite par les divorcés remariés. » Ils ont compris qu'ils avaient un rôle important à jouer dans la vie de l'Église.

Que sont devenus ces couples après leur démarche ? Je les ai perdus de vue. Quelques-uns étaient de l'extérieur. Mais je suis sûr qu'ils ne se sont pas laissés aller aux solutions faciles. Ils voulaient d'abord réussir cette seconde union malgré les blessures et la fragilité laissées par la rupture de leur premier mariage.

Je connais plusieurs couples de divorcés réengagés qui n'ont pu faire reconnaître la nullité de leur premier mariage. Les attitudes sont diverses. Il y en a qui respectent la loi de l'Église et s'abstiennent de recevoir l'eucharistie et le sacrement du pardon tout en continuant la pratique religieuse : c'est un merveilleux et courageux exemple de fidélité. D'autres ont recours « à la pratique approuvée par l'Église au for interne » qui signifie vivre « comme frère et sœur[11] ». C'est, à mon avis, de l'héroïsme qui n'est pas à la portée de la majorité. J'admire le témoignage de ces personnes. Mais, à mon sens, l'expression vivre « comme frère et sœur » n'est pas appropriée puisque ce qu'ils expérimentent l'un pour l'autre n'est pas simplement un amour fraternel mais un amour d'époux-épouse. Il y a le cas de ceux qui sont convaincus de la nullité de leur premier mariage sans qu'ils aient pu la faire reconnaître juridiquement. Leur pratique sacramentelle ne fait pas problème, sauf pour les témoins qui ne sont pas au courant et ne savent pas s'abstenir

---

11. Congrégation pour la doctrine de la foi, 11 avril 1973.

de juger. Il y a ceux qui continuent la pratique sacramentelle, dont ils sentent le besoin, et s'en remettent au jugement de Dieu et de leur conscience. Enfin il y en a, sans doute, qui ont opté pour la facilité et ne mesurent pas le problème. Mais qui a le droit de les juger ? Nous ne savons pas ce qu'ils vivent dans leur intimité et leur conscience.

Le rôle du pasteur est de donner aux gens une information claire sur les exigences de l'Évangile et les dispositions pour accueillir la miséricorde. C'est aux gens de prendre leurs décisions. Parmi les choses qu'on m'a enseignées au Grand Séminaire, il y a celle-ci : nous ne devons pas nous substituer à la conscience des gens.

Le Magistère incertain.

CHAPITRE 29

La réforme conciliaire

U N CONCILE est une célébration de conversion de l'Église. En ce qui me concerne, la conversion la plus importante et prioritaire est la mienne. Mais je dois vivre celle-ci en Église. Ma conversion fait partie de celle de l'Église, et l'Église ne peut se convertir sans le faire dans ses membres.

L'Église n'est pas un centre de distribution, un supermarché où les gens vont chercher des moyens de salut. Elle s'identifie à ses membres.

« Un concile, c'est l'Église qui se regarde dans l'Évangile » (P. Congar). À quelqu'un qui lui demandait le pourquoi d'un concile, le pape Jean XXIII a répondu en ouvrant la fenêtre de l'appartement où ils étaient. Quand on ouvre une fenêtre, on laisse entrer l'air et on prend contact avec l'extérieur. Le concile a ouvert l'Église au vent de l'Esprit et a voulu améliorer son contact avec le monde qu'elle doit évangéliser.

Au concile, l'Église a pris une meilleure conscience de sa nature communautaire. La communauté, c'est les fidèles rassemblés autour de Jésus-Christ par l'appel du Père et le dynamisme de l'Esprit.

Je reviens toujours à l'incomparable définition de saint Cyprien de Carthage citée au n° 4 de *Lumen Gentium* : « un peuple rassemblé de par l'unité du Père, du Fils et de l'Esprit

Saint [1] ». Au synode spécial de 1985, on a confirmé que Vatican II a mis en relief que l'Église est communion. Cette communion prend sa source et son modèle dans la communion dynamique des trois Personnes divines.

La constitution dogmatique *Lumen Gentium* a intitulé son premier chapitre « Le Mystère de l'Église », le second « Le Peuple de Dieu » et le troisième : « La constitution hiérarchique de l'Église et, en particulier, l'épiscopat ». Après avoir présenté la place des laïcs, la vocation de tous à la sainteté, la vie religieuse, l'Église en marche vers la vie future, elle consacre un chapitre important, le huitième, où elle présente « La bienheureuse Vierge Marie Mère de Dieu dans le mystère du Christ et de l'Église ».

On y est à des années-lumière des anciens manuels de théologie qui présentaient l'Église comme une société parfaite, munie d'une autorité et d'une organisation la rendant capable de remplir sa mission. Le Saint-Esprit, qui avait inspiré à Jean XXIII de convoquer un concile, a aussi aidé les artisans de sa mise en œuvre à retrouver le miroir évangélique qui lui a permis de souligner ses traits principaux.

Le 18 novembre 1983, le patriarche Maximos IV exprimait « sa joie en voyant la première entrée d'une vraie théologie de l'Église comme mystère de communion [2] ».

L'Église, « mystère de communion ». De cette prise de conscience devait s'inspirer la réforme conciliaire. On est allé dans cette direction. Mais il reste beaucoup de chemin à faire. Les uns sont allés trop vite. D'autres ont ralenti ou même bloqué la circulation sur certains points.

Réformer l'Église, c'est plus que faire sa « ré-ingénierie ». Il s'agit d'une conversion. Le dira-t-on assez souvent ? L'Église est plus qu'une organisation, bien qu'elle ait besoin d'en avoir une ; elle est un mystère de communion. L'organisation est au service de la communauté et doit en refléter les impératifs.

---

1. Commentaire sur l'oraison dominicale 23.
2. P. Congar, o.p., *Mon journal du concile*, T. 1, Cerf, 2002, p. 542.

Là-dessus, mes observations sont brèves et demanderaient plus de nuances. Il ne s'agit pas d'écrire ici un traité de l'Église selon Vatican II et une histoire de sa mise en application. Cela a été fait abondamment. Mais l'histoire de l'après-concile est non seulement en train de s'écrire, mais elle est en train de se faire et de se vivre. Ce n'est pas en quelques années qu'on met en application les textes d'un concile : on parle plutôt de dizaines d'années et de siècle.

Jusqu'ici, est-ce qu'on a bien vécu l'après-concile ? À mon avis, on a sauté trop vite par-dessus le premier chapitre de *Lumen Gentium*, qui présente le mystère de l'Église, pour s'intéresser davantage au second chapitre, qui arrivait avec quelque chose de nouveau, de plus frappant, l'Église comme peuple de Dieu : c'est un texte très riche, très beau, sublime et inspirant. Mais pour bien en saisir toute la profondeur, il faut le lire à la lumière du chapitre premier, sur l'Église comme mystère de communion. Ce qu'on n'a pas assez fait, à ma connaissance. Je dirais la même chose pour la parfaite compréhension du troisième chapitre, sur la constitution hiérarchique de l'Église. Le service d'autorité dans l'Église fait partie du mystère de communion. C'est sa raison d'être. Le ministère ordonné rappelle sacramentellement l'origine divine trinitaire de l'Église.

La Constitution sur la sainte liturgie, *Sacrosanctum concilium*, le premier document officiel du concile promulgué en 1963, contient déjà d'une façon admirable, comme base théologique, l'enseignement de *Lumen Gentium*. La réforme conciliaire a donc pu commencer par celle de la liturgie. On était prêt à cela. Des liturgistes compétents, des théologiens, des historiens de l'Église ancienne nous permettaient de disposer de précieuses et abondantes connaissances pour mettre en marche cette réforme. Dans trop de cas, on est allé trop vite, on a fait des réaménagements des textes et des lieux de culte sans en chercher le sens et sans l'expliquer aux fidèles. De regrettables massacres ont été faits sur le plan architectural. Des pasteurs qui se sont empressés d'entrer dans le mouvement du renouveau se sont vite fixés dans une commode routine. D'autres se sont permis d'y ajouter leurs improvisations, qui sont vite devenues des redites. On a laissé trop vite le chant grégorien, avant d'avoir un répertoire de qualité en langue vernaculaire.

Mais dans l'ensemble, le renouveau de la liturgie s'est bien fait et a produit de bons fruits. On a redonné son rôle essentiel à la Parole de Dieu, on a simplifié le rituel et les textes. Un vrai traditionalisme nous a fait redécouvrir l'admirable prière eucharistique numéro deux conservée par saint Hippolyte, un traditionaliste, au début du IIIe siècle (235). L'Église nous offre un choix plus grand de prières eucharistiques adaptées à diverses circonstances. Mais deux tendances se manifestent : on prend toujours les mêmes ou on se lance dans des improvisations ou dans des créations en oubliant l'essentiel du mystère pascal qu'on célèbre.

Le concile nous a ouvert des portes de dialogue avec les chrétiens des autres confessions chrétiennes et avec les religions non chrétiennes. Il a mis l'accent sur l'importance de la conscience [3]. On n'a pas encore assimilé dans la pratique ces deux gros morceaux. La constitution dogmatique *Dei Verbum* sur la révélation divine n'a pas, à ma connaissance, retenu l'attention que méritaient son importance et sa portée pastorale.

En somme, le concile Vatican II est une grâce immense que l'Esprit a faite à l'Église et au monde dans la seconde moitié du XXe siècle. Que serait l'Église au début du XXIe siècle sans cet événement et tout ce qui en a découlé ? Il faut l'accueillir avec reconnaissance, s'en inspirer constamment.

Je reviens au geste symbolique de Jean XXIII. Le concile, c'est l'Église qui ouvre sa fenêtre au vent de l'Esprit et aux appels du monde. L'Église ne peut le faire si chacun de ses membres n'ouvre pas son cœur au souffle de l'Esprit, dans une profonde et constante conversion. Car la réforme conciliaire, on ne le dira jamais trop, est avant tout une conversion. Chacun

---

3. Constitution pastorale *Gaudium et Spes*, *L'Église dans le monde de ce temps*, n° 16 ; la déclaration *Dignitatis humanae* sur la liberté, n° 3.

doit aussi s'ouvrir sur « le monde de ce temps » autour de soi d'abord, et devant les perspectives plus larges de la mission universelle de l'Église.

Pour mettre en œuvre une réforme conciliaire, il faut des saints. « L'histoire de l'Église est bien avant tout l'histoire des saints. Des saints connus, des saints inconnus[4]. »

---

4. Hans Urs Von Baltasar, *Points de repère*, Paris, Fayard, 1973, p. 96.

Chapitre 30

« *As you were !* »

C'EST CE QUE NOUS DISAIENT, dans les années 1940, nos officiers de l'armée lorsqu'ils s'étaient trompés dans un commandement. Car, en ce temps-là, l'armée fonctionnait encore en anglais seulement. « *As you were* » : « Revenez à la position où vous étiez avant mon commandement ».

« *As you were !* » On peut appliquer, à mon avis, ce commandement à certains aspects de la vie actuelle de l'Église. « *As you were* : revenez à comme c'était avant. » Nous vivons actuellement dans un climat de restauration.

Cela concerne la liturgie, l'enseignement dogmatique et moral, le centralisme du gouvernement de l'Église, ainsi que le difficile dialogue entre la haute autorité et le monde.

Dans la mesure du possible, je ne mentionnerai pas les noms des personnes, surtout de celles qui vivent encore, ainsi que des groupes et des mouvements portés vers la restauration. Je n'ai pas à faire le procès de quiconque. Je ne classe pas parmi les méchants répréhensibles ceux dont je ne partage pas les orientations. Qui suis-je pour juger les autres ? (Romains 14,4). Dans une orientation comme dans l'autre, tous s'engagent par amour de l'Église et avec sincérité. Dans le dialogue ou la controverse occasionnés par la mise en pratique des réformes de Vatican II, il faut regarder plus large et plus loin que l'Église. Notre mission n'est pas de sauver l'Église, mais, dans une Église fidèle au Christ, de sauver le monde. Au synode de 2001, le cardinal Ratzinger a fait une observation que nous devons garder devant nos yeux : « L'Église s'occupe trop souvent d'elle-même et ne parle pas de Dieu, de Jésus-Christ avec la force et la joie nécessaires [1]. »

« Dans l'Église, l'idéologie de restauration est un symptôme de l'absence de deuil ; c'est-à-dire le refus de renoncer à ce qui n'a pas d'importance et de permettre à la nouveauté apostolique d'entrer [2]. »

Remarquons l'expression « nouveauté apostolique » : il ne s'agit pas d'inventer de la nouveauté pour le plaisir. La réforme entreprise n'est pas meilleure parce qu'elle est nouvelle, mais parce qu'elle veut être plus fidèle à l'Évangile et plus missionnaire devant le monde. La nouveauté dont nous nous préoccupons est celle de la Bonne Nouvelle redécouverte dans sa source qu'est l'Écriture et la Tradition vivante des commencements. Pour accueillir du nouveau, il faut faire de la place, faire le deuil de traditions accumulées au cours des siècles pour accueillir la Tradition qui véhicule jusqu'à nous, dans la foi vivante des fidèles, la révélation de Dieu en Jésus-Christ. Un confrère de Rimouski disait : « L'Église n'est peut-être pas encore assez morte pour ressusciter. »

Ce climat de restauration se manifeste, entre autres, dans le domaine de la liturgie. Je suis d'accord que les autorités romaines aient permis l'usage du missel de Pie V (1570). C'est ce missel que j'ai utilisé du début de mon ministère presbytéral jusqu'au 3 avril 1969 lorsque Paul VI a proclamé le nouveau missel. Mais il ne faudrait pas en arriver à penser, et à laisser entendre, que le missel de Pie V et celui de Paul VI ont une place égale dans la pastorale de l'Église. Ce que j'aime moins, ce sont les critiques négatives que l'on formule sur le rituel de la messe actuelle et les aménagements pastoraux qu'il a amenés.

---

1. Zenit.org. 11 octobre 2001.
2. Gérard A. Arbuckle, *Refonder l'Église, dissentiment et leadership*. Bellarmin, 2000, p. 284.

On va parfois jusqu'à mettre en doute la validité de la messe de Paul VI. On qualifie celle-ci de célébration protestante. Cela n'est pas un compliment pour nos frères de confession protestante ! On trouve que la messe de Paul VI met l'accent sur l'aspect repas convivial en occultant l'aspect sacrifice. Pourtant, un peu de théologie sacramentelle fait voir qu'il n'y a pas d'exclusion entre ces deux dimensions de la célébration eucharistique. Elle est un repas sacrificiel, le sacrement qui représente, c'est-à-dire rend présent à notre foi l'unique sacrifice de la croix. Et celui-ci est un sacrifice non pas surtout à cause du sang répandu[3], mais à cause de l'amour et de l'obéissance du Christ[4]. Il y a sacrifice quand on entre en contact avec Dieu[5]. L'offrande que le Fils fait de sa vie est accueillie par le Père dans la résurrection.

Je suis d'accord qu'on nous rappelle de regarder vers le passé afin de faire les réformes dans la fidélité à la Tradition.

Il ne faut pas pour autant négliger ou rejeter ce que le concile Vatican II met de l'avant, ce qui favorise la compréhension des textes et des symboles qui font partie de la liturgie. Le concile veut aussi faire saisir et faire vivre la nature communautaire de l'Église. C'est la raison pour laquelle on a aménagé les églises de telle sorte que le président de la célébration soit face aux autres participants. On célèbre autour du Christ. Cette façon de faire souligne l'aspect convivial de la célébration. Mais cela n'exclut pas le caractère sacré de la célébration où les participants se rassemblent non seulement sur un plan horizontal, mais aussi dans une dimension verticale. L'Église n'est pas un quelconque rassemblement relevant de l'initiative de ses membres, mais une communauté convoquée par le Père et rassemblée autour de Jésus-Christ par le dynamisme de l'Esprit. La célébration n'est pas « un cercle fermé ». Un cercle

---

3. J'ai entendu un prédicateur dire, fier de sa trouvaille, que sur l'autel, le Christ est en état d'hémorragie ! Comment servir aux fidèles pareille stupidité ?
4. Saint Thomas d'Aquin. *Somme théologique*, III[a] pars. q. 47, a.4, ad 2[m].
5. Saint Augustin. *La Cité de Dieu*, Livre X, chapitre VI.

fermé autour de Jésus-Christ ? On y reçoit sa Parole, on s'offre au Père, dans le sacrifice de son Fils, dans l'unité de l'Esprit.

Il ne faudrait pas abandonner cette chance de vivre visiblement et sacramentellement notre communion autour du Christ, à cause des abus d'excités qui éliminent ce qui souligne le caractère sacré de la messe et la présentent comme un simple repas fraternel, et qui agissent comme si le centre du rassemblement était leur petite personne et non Jésus-Christ, dont ils sont l'instrument sacramentel. Il y a eu des abus, surtout au début de la réforme. On a supprimé trop de statues de saints. Les présidents de l'eucharistie ne portaient pas les vêtements liturgiques signifiant qu'ils sont le signe du Christ et qu'ils parlent en son nom[6]. Les bretelles ont parfois remplacé l'étole ! De beaux habits liturgiques (pas nécessairement riches) ainsi qu'un mobilier de bon goût et fonctionnel expriment que nous ne sommes pas réunis pour un repas ordinaire mais pour un repas sacramentel où nous recevons la Parole du Christ et sa présence dans l'eucharistie. Les ennemis les plus redoutables du renouveau liturgique ne sont pas ceux qui résistent mais ceux qui sont allés trop vite ou qui exercent leur créativité au mauvais endroit, dans l'ignorance des lois de la liturgie et de son esprit. Cependant, il ne faudrait pas arrêter le progrès ou retourner en arrière à cause de ces abus.

D'aucuns regrettent qu'on ne prie plus tournés vers l'orient derrière le président se tenant dos au peuple. Cela a du sens : la lumière vient de l'orient, du soleil levant. Plusieurs de nos églises sont construites dans cette direction. Mais ce symbolisme est moins important que celui qui signifie la nature communautaire du rassemblement et qui favorise une plus grande participation des célébrants[7].

---

6. Cardinal Joseph Ratzinger, *L'esprit de la liturgie*, Ad Solem Éditions, 2001, p. 170.

7. Il faudrait désormais donner le titre de célébrants à tous ceux qui participent à la liturgie. Ils ne font pas qu'assister, ils célèbrent. Le prêtre ou l'évêque est le président. S'il est entouré d'autres prêtres, ceux-ci sont des coprésidents.

CHAPITRE 31

La réforme devant l'expression de notre foi

L'OBJET DE NOTRE FOI n'est pas la formule qui essaie de nous dire le mystère de Dieu, ce qu'il est et ce qu'il fait pour nous ; l'objet de notre foi est le mystère de Dieu lui-même [1]. « Le dogme lui-même est comme un doigt pointé vers le mystère. Ce qui compte, c'est la réalité du mystère, ce que le mystère opère et qui vient avant la définition dogmatique (…). La foi ne s'arrête pas à la répétition des formules, mais elle est la reconnaissance de la réalité qui est indiquée par des formules [2]. » Autrement dit, les dogmes ne sont pas des encadrements qui circonscrivent le contenu de notre foi en Dieu, mais des fenêtres ouvertes sur l'immensité du ciel. Ils sont importants, nécessaires. Ils nous disent dans quel sens regarder. Mais, comme dans le monde visible nous ne voyons pas le bout de l'univers, notre regard de foi n'atteint pas toute la réalité de Dieu. Les mystiques favorisés d'expériences spéciales demeurent très humbles devant le mystère et confessent leur impuissance à l'exprimer. Notre Dieu n'a pas voulu nous dire son nom, qui exprimerait qui il est : YHWH.

Les Juifs, nos frères dans la foi monothéiste, n'osent pas prononcer ce nom. Même les mots révélés par Jésus-Christ

---

1. Saint Thomas d'Aquin, *Somme théologique*, II^a II^{ae} q. 1, a. 2.
2. Cardinal Walter Kasper, dans *30 Jours*, XXIe année (2003), n° 5, p. 21.

pour nous dire le mystère trinitaire sont infiniment en deçà de la réalité divine. Il faut demeurer humbles avec nos définitions dogmatiques, même si nous y tenons fermement. « L'Église sait qu'il n'y a pas d'adéquation entre le mystère chrétien et la formulation dogmatique[3]. »

La marge entre la réalité divine et son expression dans nos dogmes laisse la place au questionnement. Croire, c'est donner son assentiment tout en continuant à se poser des questions : « *cum assensione cogitare*[4] ». Les fidèles, les théologiens, entre autres, ont donc le droit de poser des questions. La *Somme théologique* de saint Thomas le fait de façon systématique. Poser des questions sur la formulation de la foi ne signifie pas un manque de foi.

Les questions se présentent parfois sous forme de critiques, de suggestions, de recherches pour proposer des changements dans les attitudes de l'autorité et son enseignement. Un personnage important de la curie romaine a dit : « Quand on aime, on ne critique pas. » Tout dépend du contenu de la critique et de ses motifs. L'auteur d'un ouvrage très critique envers la situation actuelle de l'Église écrit ceci à propos de ceux qui ne sont que des agitateurs : « Ces personnes ne sont pas des refondateurs, car il leur manque des vertus qui sont le signe de l'authenticité : ‹ la joie, la patience, la bonté, la bienveillance, la foi, l'humilité et la maîtrise de soi › (Galates 5,22)[5]. »

Jean XXIII a ouvert les fenêtres et laissé pénétrer dans l'Église un courant d'air qui est à la fois vent de l'Esprit et attentes du monde. On assiste aujourd'hui à un certain enfermement qui risque de nous ramener au climat d'avant Vatican II, alors qu'on avait réduit au silence ceux qui sont devenus plus tard des références pour les Pères de ce concile : Congar, De Lubac, Chenu, Courtney Murray, Dorothy Day…

---

3. F.X. Durwell, *L'eucharistie, présence du Christ*, Paris, Éditions ouvrières, 1971, p. 48.
4. Saint Thomas d'Aquin, *Somme théologique*, II[a] II[ae], q. 2, a.1.
5. Gérald A. Arbuckle, *Refonder l'Église, dissentiment et leadership*, Bellarmin, 2000, p. 161.

Ces personnes ont aimé l'Église et ont accepté non seulement de souffrir pour elle, mais de souffrir de sa part.

Dans la situation actuelle, d'autres personnes suivent le même chemin. Le cas le plus remarquable est celui de Hans Küng. Je ne suis pas d'accord avec tout ce qu'il écrit, mais je trouve utile qu'il le fasse. C'est un bon théologien. Il nous oblige à réfléchir, à creuser les questions pour trouver les sources plus profondes des réponses, à chercher les façons de dire notre foi dans le contexte culturel de notre temps.

Il existe une tendance à donner au dogme de l'infaillibilité pontificale défini au concile Vatican I une portée et une force plus grandes que son intention et sa formulation. C'est ce que constatait mon ami le regretté théologien André Naud, un bon connaisseur du concile auquel il a participé comme conseiller théologique du cardinal Léger[6]. Quand notre pape nous dit que telle prise de position est définitive, comme il l'a fait à propos de l'accès des femmes à l'ordination[7], il tient à ce que nous donnions notre assentiment à son enseignement. Nous ne sommes pas loin de l'exercice de l'infaillibilité si ce n'en est pas simplement le cas. Mais je ne pense pas que notre pape nous défende de réfléchir sur la question, si poser des questions n'est pas incompatible avec l'adhésion ferme de foi, comme on l'a vu avec saint Thomas. Mais ceux qui font une lecture fondamentaliste de l'enseignement de notre pape lui rendent un mauvais service en allant au-delà de ses attentes et nuisent à la crédibilité de l'Église. Trop mettre de poids sur l'argument d'autorité va à l'encontre de la culture moderne et risque de rencontrer le refus. « (...) La vérité ne s'impose que par la force de la vérité elle-même qui pénètre l'esprit avec autant de douceur que de puissance. » Ces paroles très simples et très claires sont du concile Vatican II[8].

---

6. André Naud, *Un aggiornamento et son éclipse : la liberté de la pensée dans la foi et dans l'Église à Vatican II et aujourd'hui*, Fides, 1996. André Naud, *Les dogmes et le respect de l'intelligence*, Fides, 2002.

7. *Lettre apostolique du pape Jean-Paul II sur l'ordination sacerdotale réservée aux hommes*, 22 mai 1994.

8. *Déclaration* Dignitatis humanae *sur la liberté religieuse*, n° 1.

CHAPITRE 32

La fenêtre ouverte sur la morale

*L*E CONCILE a dit des choses merveilleuses et libératrices pour la morale. Un renouveau de celle-ci était déjà en marche avec de grands moralistes comme le P. Häring, le P. Tillmann et d'autres. Ces pionniers, théologiens d'envergure, ont libéré la morale du carcan du légalisme et du juridisme pour plutôt mettre en relief le lien profond qu'elle doit avoir avec la personne et l'enseignement du Christ. Ils ont montré la base dogmatique de la morale : finis les deux corridors fermés et parallèles de la morale et du dogme dans l'enseignement et le développement de la théologie. La vie morale est la suite du Christ. Et le mystique en fait partie, « Il ne s'agit plus de quelque chose à faire mais de quelqu'un à aimer[1]. » Vatican II a accueilli cette morale renouvelée[2]. Il nous donne une morale christocentrique dans laquelle s'exerce l'action libératrice de l'Esprit.

Il nous a fait le magnifique cadeau de donner à la conscience sa place primordiale. Dès le premier chapitre de *Gaudium et Spes*, il fait l'éloge de la conscience. Ce texte est tellement beau et tellement important qu'il vaut la peine de le citer.

---

1. Maurice Zundel, *Morale et mystique*, Anne Sigier, 1995, p. 99.
2. Jean Desclos, *Libérer la morale* (collection Brèches théologiques), Paulines, 1991.

« Au fond de sa conscience, l'homme découvre la présence d'une loi qu'il ne s'est pas donnée à lui-même, mais à laquelle il est tenu d'obéir. Cette voix qui ne cesse de le presser d'aimer et d'accomplir le bien et d'éviter le mal, au moment opportun résonne dans l'intimité de son cœur : ‹ Fais ceci, évite cela. › Car c'est une loi inscrite par Dieu au cœur de l'homme ; sa dignité est de lui obéir, et c'est elle qui le jugera. La conscience **est le centre le plus secret de l'homme, le sanctuaire où il est seul avec Dieu et où Sa voix se fait entendre**[3]. »

Le concile retrouvait ainsi l'enseignement merveilleux du cardinal Newman[4]. Celui-ci répondait au premier ministre Gladstone qui voyait dans le dogme de l'infaillibilité du pape une volonté de dominer les consciences. Le pape doit éclairer les consciences, mais il n'en prend pas la place. « On ne verra jamais un pape, dans un document adressé à tous les fidèles, porter atteinte à la doctrine très grave du droit et du devoir d'obéir à l'autorité divine s'exprimant par la voix de la conscience. Car en vérité, c'est sur cette voix de la conscience que l'Église elle-même est fondée. Si le pape se prononçait contre la conscience, il se suiciderait, il ferait crouler le sol sous ses pieds[5]. » « La conscience est le premier de tous les vicaires du Christ. Elle est le prophète qui nous révèle la vérité, le roi qui nous impose ses ordres, le prêtre qui nous anathématise et nous bénit[6]. » En somme, si je n'ai pas de conscience, je n'ai plus de pape. Car c'est une conscience guidée par ma foi en Jésus-Christ qui me fait écouter le pape, dépositaire de la mission confiée à Pierre de confirmer ses frères (Luc 22,32) et d'être le signe et l'instrument visibles du rocher divin où s'appuie notre foi (Matthieu 16,18).

Nous ne parlons pas ici d'une conscience qu'on se ferait pour soi-même, élastique, subjective. « Si la conscience a des

---

3. *L'Église dans le monde de ce temps*, n° 16. C'est moi qui souligne.
4. *Lettre au duc de Norfolk* (textes newmaniens VII), Desclée de Brouwer, 1970.
5. *Op. cit.*, p. 244.
6. *Ibid.*, p. 240.

droits, c'est parce qu'elle implique des devoirs. Mais de nos jours, dans l'esprit du grand nombre, les droits et la liberté de conscience ne servent qu'à se dispenser de la conscience (...) : le droit d'en faire à son gré[7]. »

Notre pape est d'accord avec l'enseignement de Newman. Il l'a dit en termes explicites : « Si Newman, pour sa part, place la conscience au-dessus de l'autorité, il n'affirme rien d'autre que ce qui a toujours été affirmé par le Magistère de l'Église[8]. »

Le cardinal Newman, sur plus d'un point, enseignait déjà ce que Vatican II nous propose. Newman est pratiquement un Père du concile Vatican II, en avance d'un siècle, parce qu'il est allé puiser aux mêmes sources que les Pères de notre concile.

Notre pape est aussi d'accord avec la position de *Gaudium et Spes* et *Dignitatis humanae* de Vatican II. Mais trop souvent on isole ses positions sans les situer dans leur ensemble. On rétrécit ainsi son enseignement moral à quelques points de morale sexuelle qui, placés hors contexte, ont l'air d'interdits mesquins et absolus.

Pour rendre justice à Jean-Paul II sur certaines de ses prises de position controversées, il faut connaître son anthropologie de l'être humain. Il est le premier à avoir parlé de façon aussi explicite du corps humain et du sens de la différenciation sexuelle dans le plan du Créateur. Il l'a fait, en particulier, dans ses catéchèses du mercredi autour du synode de 1980 sur la famille[9].

La conscience n'a pas besoin d'être dirigée, mais elle doit être informée et éduquée. Elle a le droit de cheminer dans la quête de la vérité[10].

---

7. *Ibid.*, p. 241-242.
8. Jean-Paul II. *Entrez dans l'espérance*, Plon/Mame, 1994, p. 280.
9. *L'amore umano nel piano divino*. Catechesi di Giovanni Paolo II nelle udienze generali, Liberia editrice vaticana, 1980. (Le Saint-Père en a remis aux évêques du synode sur la famille de 1980 un exemplaire relié cuir sous coffret, comme geste de gratitude.)
10. *Veritatis splendor*, n° 31.

Le concile Vatican II a ouvert la porte à une morale de liberté et a dit clairement que la recherche de la vérité en matière morale est la responsabilité de tous, « les chrétiens unis aux autres hommes » ; c'est une responsabilité collective jamais terminée[11].

Mais on a bientôt assisté à un resserrement de la morale. On a eu peur des excès. Il y en a. Mais on n'a pas assisté à la débandade que l'on craignait.

« L'encyclique *Humanae vitae* est le premier grand indice d'une résistance à un changement en profondeur dans la manière de réfléchir et d'enseigner[12]. »

La rédaction de cette encyclique a eu une histoire mouvementée[13]. Au cours du concile, Paul VI s'était réservé la question concernant l'usage des contraceptifs. Il y a fait travailler trois commissions, qui n'ont pas pu lui donner un avis net. Il a opté pour l'avis minoritaire qui disait non aux moyens contraceptifs. Je crois qu'il a dû beaucoup hésiter et même souffrir en prenant cette décision. Celle-ci non seulement concernait la vie des couples, mais elle avait un aspect international. Pouvait-il, avec un oui aux moyens contraceptifs, cautionner la politique du soi-disant « premier monde » visant à stériliser le tiers monde ? Un président des États-Unis d'Amérique disait que cinq dollars employés en planning familial en valaient cent investis dans le développement. Des gens sérieux ont dit que Paul VI avait fait une malheureuse erreur avec cette encyclique. Je ne suis pas d'accord avec ce procès qu'on lui fait. Une chose m'a frappé : les populations du tiers monde ont reçu cet enseignement avec gratitude. Si les pauvres comprennent, n'est-on pas devant un critère de vérité ? Le pape a fait ce qu'il devait faire. Aux pasteurs et aux fidèles revenait de mettre en application son enseignement.

---

11. *Gaudium et Spes*, n° 16 et n° 91; *Christus Dominus*, n° 13. *Cf.* Jean Desclos, *Libérer la morale*, Paulines, 1991.
12. Jean Desclos, *Resplendir de vraie liberté*, Mediaspaul, 1994, p. 131.
13. Agence Zenith, 21 juillet 2003.

La Conférence des évêques catholiques canadiens (CECC) en a donné une présentation nuancée, qui atténuait le choc sans pour autant édulcorer l'encyclique[14]. Devant cet enseignement exigeant, les évêques expriment leur solidarité avec le pape, mais aussi avec les couples placés dans une situation difficile. Ils font appel à la conscience en précisant que celle-ci doit être exprimée, formée et soucieuse de se laisser enseigner par l'Église. Ils demandent aux gens de ne pas refuser cet enseignement, d'essayer de le comprendre, de ne pas se juger comme de mauvais chrétiens tant qu'ils n'y seront pas arrivés. Dans cet appel à la conscience, plusieurs ont vu un signe que les évêques acceptaient de laisser les gens aller « la bride sur le cou ». S'en sont suivies des critiques, des dénonciations accusant les évêques canadiens d'être infidèles au pape. La Conférence a senti le besoin de publier un document sur la conscience[16]. Style trop austère, sujet pas à la mode ? La conscience, qu'est-ce que ça vient faire dans notre monde moderne ? Toujours est-il que le document est tombé à plat et a peu servi au plan pastoral. En l'appliquant ou en le refusant, on a continué à recevoir l'encyclique dans la mentalité des anciens manuels de morale sans prêter attention à son contexte doctrinal proposé par Vatican II.

Il faut bien admettre que cette mentalité tend à se maintenir ou à refaire surface. « Depuis vingt-cinq ans (on est en 1994), il y a une présence marquée du Magistère dans les questions de morale, avec une prise de parole insistante et forte, qui semble destinée à accomplir le même rôle que les anciens manuels de morale aujourd'hui disparus, en encadrant de façon claire la réflexion éthique et en fixant les normes de la vie morale dans les moindres détails[16]. »

Un pareil contexte a souvent rendu mal à l'aise, c'est le moins qu'on puisse dire, un inspirateur de la morale de Vatican II, le P. Häring.

---

14. Déclaration de l'épiscopat canadien à propos de l'encyclique *Humanae vitae* dans *L'Église canadienne*, vol. 1, n° 9 (octobre 1968), p. 292-294.

15. « La formation de la conscience », déclaration de la Conférence catholique canadienne (CCC), *L'Église canadienne*, vol. 7, n° 1 (janvier 1974), p. 3-9.

16. Jean Desclos, *Resplendir de la vraie liberté*, Mediaspaul, 1994, p. 131.

Il ne faut cependant pas oublier que notre pape présente sa morale exigeante dans le contexte de son encyclique sur le Père miséricordieux[17] et en misant sur le principe de gradualité, c'est-à-dire en aidant le fidèle à cheminer vers la perfection à partir du point où il est[18]. Il nous rappelle aussi que ce que l'être humain ne peut accomplir par ses propres forces, il le peut avec la grâce de l'Esprit Saint.

Trop de gens voient le pape comme un préfet de discipline qui surveille tout et donne des directives précises pour toutes les situations. Un grand croyant, qui n'hésite pas à témoigner de sa foi en public, disait à la télévision : « Moi, j'obéis au pape. » Il a parlé comme s'il n'avait pas de diocèse avec un évêque et une communauté chrétienne habitée et éclairée par l'Esprit ! Comme s'il n'avait pas une conscience « premier vicaire du Christ » (Newman) pour prendre la meilleure décision !

Les personnes et les groupes qui travaillent, sans toujours en être conscients, il est vrai, dans le sens de la restauration font peu référence à l'enseignement social de Jean-Paul II et de ses prédécesseurs. Ils se braquent sur la morale individuelle, surtout sur la morale sexuelle. En morale sociale, plusieurs n'en sont pas encore à Léon XIII !

---

17. Encyclique *Dives in misericordia*, 1980.
18. Exhortation apostolique *Familiaris consortio*, 1981, n° 9.

CHAPITRE 33

La centralisation

D ANS UNE RENCONTRE ŒCUMÉNIQUE, un évêque luthérien-
évangélique a posé à son confrère évêque catholique du
Canada la question que voici : « Qui gouverne l'Église catholique ? Le pape avec le Collège épiscopal ? Le pape avec la
curie romaine ? » Je laisse la réponse au cardinal König : « De
fait, *de facto* et non *de jure*, intentionnellement ou non, les autorités de la curie travaillant conjointement avec le pape se sont
approprié les tâches du Collège épiscopal. C'est eux qui les exé-
cutent presque toutes[1]. »

Le cardinal König n'a pas été consulté en vue de la nomination de son successeur, qui, si ma mémoire est exacte, n'aimait
pas les orientations pastorales du cardinal[2]. Cette nomination
a-t-elle signifié que Rome voulait donner un coup de barre
pour changer l'orientation pastorale que le cardinal König avait
maintenue dans son diocèse ?

---

1. Cardinal Franz König, « My vision for the Church of the Future », *The Tablet*,
   March 27, 1999, p. 434. Cité par Quinn, p. 157-158.
2. *Cf.* Quinn, p. 117, se référant à Paul Zulehner, « The Austrian Test-bed », *The
   Tablet*, January 31, 1995, p. 134-135.

« Le processus énoncé par le concile est loin d'être terminé (…). Nous n'avons toujours pas de structures et de procédures adéquates pour exercer la collégialité et pour pouvoir consulter tous les niveaux de l'Église. Nous avons besoin de développer le dialogue nécessaire à l'intérieur de l'Église et avec le monde d'aujourd'hui. » Ces paroles sont de nul autre que le regretté cardinal Hume, primat d'Angleterre[3].

Selon le cardinal Hamao, les synodes des évêques « ne résolvent rien. Ils ne font juste que dire les mêmes choses – rien que des répétitions. Dans les synodes, les évêques font des propositions et le Saint-Père publie une exhortation apostolique et puis, en fin de compte, rien n'est décidé[4]. » Le jugement du cardinal est sévère, mais, de fait, trouve-t-on des changements faisant suite aux synodes dans l'organisation de l'Église ? Le meilleur aspect des synodes, c'est la rencontre des évêques venus de tous les continents et qui constitue une précieuse expérience de l'Église universelle.

Le concile Vatican II a reconnu et approuvé l'existence et le rôle des conférences épiscopales (*Christus Dominus*, n°s 37-38). Celles-ci ne prétendent pas être une réalisation de la collégialité épiscopale, qui appartient à l'ensemble des évêques de l'Église universelle présidé par l'évêque de Rome. Elles ne sont pas non plus une partie du Collège, celui-ci étant comme une fédération des conférences. Personne n'a une telle prétention. Mais elles sont quand même pour les évêques un moyen efficace de fonctionner collégialement. Rome s'est toujours appliqué à bien déterminer les limites de leurs pouvoirs et de leur autorité doctrinale[5].

Je n'entreprendrai pas ici une dissertation sur le statut ecclésial des conférences épiscopales. Ce n'est pas le lieu de le faire et je n'en ai pas la compétence. Je m'en tiendrai aux faits.

---

3. Citées dans Gerald A. Arbuckle, *Refonder l'Église*, Bellarmin, 2000, p. 47.
4. Agence Zenith, 26 novembre 2003.
5. Jean-Paul II, *Motu proprio* sur la nature théologique et juridique des conférences des évêques, le 21 mai 1998.

Le Saint-Siège reconnaît aux conférences la compétence pour préciser dans des décrets le contenu de canons du Code de droit canonique pour les adapter à la situation locale. Mais il faut envoyer ces décrets à Rome pour en avoir la *recognitio*, l'approbation.

Il en va de même pour les déclarations doctrinales de la Conférence.

Les livres liturgiques sont préparés à Rome dans le texte officiel en langue latine. Il faut dire que des projets sont soumis aux conférences avant la rédaction définitive. Il appartient aux groupes linguistiques d'Églises d'en faire la traduction en langage vernaculaire. En langue française, c'est la Commission internationale francophone pour les traductions et la liturgie (CIFTL) ; en langue anglaise c'est The International Commission on English in the Liturgy (ICEL). Les traductions faites par les meilleurs experts des diverses Églises doivent avoir elles aussi la *recognitio*. Cette exigence pourrait être une simple formalité. Mais elle occasionne des discussions et des négociations avant d'arriver à l'acceptation d'un texte. Le langage inclusif y est souvent un problème. J'ai participé, au temps où j'étais membre de la présidence de la CECC, à une rencontre avec le préfet, nouvellement nommé, de la Congrégation pour le culte divin au sujet de la traduction anglaise du rituel des funérailles. Il s'est lui-même montré surpris, voire irrité, du grand nombre de corrections suggérées par le *minutante* qui avait révisé le texte. Les experts liturgistes et linguistes, auteurs de la traduction, et les évêques qui l'avaient acceptée étaient traités comme des écoliers ayant mal fait leur *homework*.

Les évêques des Églises locales ont de leur diocèse une connaissance plus exacte que tout ce qu'on peut faire connaître à Rome. Avec leurs conseillers et en collaboration avec les confrères de leur conférence épiscopale, ils sont aptes à prendre des décisions, en conformité d'ailleurs avec la loi universelle de l'Église. Pourquoi faut-il demander des autorisations ? Il faut bien avouer que des évêques le font de façon abusive par peur de prendre leurs responsabilités. Les membres du Collège épiscopal sont autant responsables du centralisme romain que les membres de la curie. La réforme ne se fera pas sans leur collaboration. Il ne s'agit pas d'une guerre de pouvoir, mais de la mise en œuvre de la nature collégiale de l'épiscopat entre partenaires qui sont tous de bonne volonté.

Il faut que la réforme commence quelque part. J'ai cité plus haut des voix qui ont une haute crédibilité. Il faudrait y faire plus d'écho. Par exemple, un de mes amis évêque en Afrique a demandé aux hommes qui reviennent des villes où ils sont allés travailler, et qui sont porteurs du virus du sida, d'utiliser des condoms afin de ne pas contaminer leur conjointe par cette maladie mortelle. On sait quelle terrible menace le sida représente pour l'Afrique. Devant les froncements de sourcils que cette directive a provoqués à Rome, il a répondu que cette mesure n'avait pas un but contraceptif mais hygiénique et sanitaire. Sur le même sujet, le cardinal Godfried Danneels, de Belgique, admet la même solution. La meilleure protection contre le sida est l'abstinence sexuelle. Si un porteur du virus ne veut pas s'abstenir, au moins qu'il protège l'autre partie non contaminée en utilisant un préservatif. Celui qui s'engage dans une activité sexuelle en dehors du mariage pèche contre le sixième commandement. S'il n'utilise pas de préservatif, il pèche en plus contre le cinquième commandement : « Tu ne tueras point [6]. »

Des évêques d'une province ecclésiastique d'Europe, dont deux étaient de grands théologiens, avaient élaboré un projet pastoral concernant la situation des couples divorcés et réengagés. Après une sérieuse consultation faite auprès des fidèles et une réflexion théologique et pastorale, ils proposaient que les couples prennent eux-mêmes la décision de participer ou non aux sacrements du pardon et de l'eucharistie. Le projet pastoral comportait une soigneuse formation de la conscience

---

6. *Inside the Vatican*, February 2004, p. 52. Citation tirée d'une entrevue à un programme de la Télévision catholique hollandaise *Kruispunt*.

ainsi qu'une réflexion sur l'indissolubilité du mariage, qu'il n'était pas question d'atténuer.

J'ai pris connaissance de ce projet et j'étais prêt à le proposer au conseil presbytéral de mon diocèse pour étude et mise en œuvre éventuelle. Mais un document romain est venu désapprouver ce projet dans une déclaration générale qui ne le nommait pas. Mais la cible était facile à deviner. Les pasteurs qui l'avaient proposé l'ont remisé dans leurs tiroirs. Je ne connais pas tous les dessous de l'histoire. S'il y a eu un dialogue, celui-ci a dû être intéressant étant donné l'envergure des évêques concernés et de leur vis-à-vis romain.

On a peut-être voulu éviter que les mesures pastorales proposées deviennent un dangereux précédent, qui risquait d'être exporté ailleurs sans la sagesse pastorale et la rectitude doctrinale qu'elles contenaient.

Mais l'Esprit Saint veille dans toutes les Églises. Et si c'est sa volonté, ce qui doit arriver arrivera dans une application de cas par cas sérieuse, éclairée et soucieuse de fidélité à l'Évangile… ou bien par la réflexion d'un nouveau concile…

Les Romains sont reconnus pour leur souplesse dans l'application des lois. Ce n'est pas un défaut ni un laxisme. Mais cette souplesse ne peut s'appliquer à distance. Il existe un principe d'équité *(epikeia)* qui exige que l'on s'écarte de la lettre de la loi en vigueur pour plus de justice, dans les circonstances que le législateur n'a pu prévoir. L'*epikeia* ne peut s'appliquer dans un régime où toutes les décisions concrètes doivent venir de l'autorité centrale.

Voici un autre exemple qui montre que l'on pourrait être plus souple devant des situations locales, sans rien sacrifier aux principes ni surtout à l'Évangile.

Le célibat ecclésiastique en vigueur dans l'Église latine est une valeur à conserver. Il a une signification importante dans le ministère presbytéral. Il a tellement de valeur qu'il s'imposerait par lui-même sans être lié par une législation de l'Église. La législation, elle est là, il faut la respecter. Il faut que les prêtres respectent le célibat dans lequel ils se sont engagés librement et en toute connaissance de cause.

Mais devant des situations particulières, on pourrait accepter qu'il y ait des exceptions. D'ailleurs, on les accepte dans le cas de prêtres anglicans mariés qui passent au catholicisme romain. Dans l'Église orientale, ce n'est même pas une exception. Le cardinal Ratzinger, préfet de la Congrégation pour la doctrine de la foi, nous a déjà dit : « Présentez-nous des cas individuels d'hommes mariés, compétents, motivés pastoralement et acceptés par leurs communautés chrétiennes, là où il est impossible de trouver un prêtre célibataire. Nous étudierons sérieusement la possibilité de l'ordination. » La chose n'a pas encore été faite. Pourtant, les besoins sont grands et le seront de plus en plus. Des communautés sont privées de l'eucharistie à cause du manque de prêtres. Qu'est-ce qui est plus important au regard de l'Évangile : une législation de l'Église sur le célibat des prêtres, ou l'eucharistie pour construire la communauté chrétienne ?

Le cas est patent dans les diocèses du Nord, au Canada. On n'a pu recruter aucun prêtre dans la population inuit. Pour ce milieu humain, le célibat n'est pas seulement une question d'ordre sexuel. C'est une question culturelle. On ne peut concevoir qu'un adulte ne soit pas marié. Un adulte célibataire est considéré comme un « demeuré », un retardé mental. Dans ces régions, les communautés chrétiennes sont éparpillées sur de grandes distances. Les quelques prêtres missionnaires ne peuvent les visiter que très rarement. Par ailleurs, on y trouve des chefs de communauté compétents, engagés pastoralement et acceptés par les fidèles. Ne pourrait-on pas leur conférer l'ordination, par mode d'exception ? La réponse romaine est : « Trouvez des vocations ! » Ça fait cent ans que les missionnaires font des efforts surhumains en ce sens, mais, malgré la foi et la ferveur de la population, le mur culturel demeure infranchissable. Les anglicans qui desservent les mêmes territoires ont leurs prêtres et même un évêque marié, recrutés chez les Inuits. Des demandes réitérées faites à Rome n'ont pas été reçues. Le refus de reconsidérer la loi du célibat dans l'Église catholique latine est-il respectueux pour l'Église orientale, cet « autre poumon de l'Église », qui admet d'ordonner des gens mariés ?

Devant les problèmes graves qui demanderaient une réflexion en Église, certains pasteurs, et non les moindres, désirent qu'il y ait un autre concile. Par exemple, la pastorale des divorcés réengagés dans un autre mariage, la pratique de la planification des naissances, la sensibilisation aux cultures autres qu'européennes et nord-américaines, le dialogue avec les autres religions, les questions posées par les nouvelles technologies... Ce vœu a été exprimé par le cardinal Stephen Fumio Hamao, président du Conseil pontifical pour la pastorale des migrants, qui partage les vues du cardinal Carlo Maria Martini, archevêque émérite de Milan[7]. S'ajoute à ce langage lucide et courageux la voix d'un géant, le cardinal Franz König, archevêque émérite de Vienne, décédé le 13 mars 2004 à l'âge de 98 ans, le dernier cardinal nommé par Jean XXIII[8].

Un concile est-il nécessaire ? Il suffirait d'appliquer le concile Vatican II. « Il suffirait », malgré la formule, ce n'est pas peu dire ! Avant le concile et dans son déroulement, il y a eu des résistances, surtout chez les membres de dicastères romains. Ces résistances persistent dans la mise en œuvre du concile pourtant sagement et patiemment entreprise par Paul VI.

---

7. Zenith, 26 novembre 2003.
8. *The Catholic Register*, Week of March 28, 2004, p. 20.

« Il faut trouver aux évêchés une porte ouverte et,
derrière la porte, un évêque ! »

(Lu dans un procès-verbal)

CHAPITRE 34

« *Si l'on s'y mettait...* »

*L*A GRANDE RÉFORME à faire est la décentralisation du gouvernement pastoral de l'Église. Un brillant homme d'Église américain, Mgr John R. Quinn, archevêque émérite de San Francisco, en a fait une excellente démonstration[1] dans un ouvrage qui n'est pas un pamphlet mais une réflexion sérieuse où, habilement, l'auteur s'appuie sur la belle encyclique de Jean-Paul II sur l'unité des Églises chrétiennes[2]. Comment faire l'unité avec les autres Églises chrétiennes si on continue à tout gérer ? Mgr Quinn met en relief la nouveauté de l'encyclique. Le Saint-Père lui-même appelle une réforme dans le ministère de l'unité confié à l'évêque de Rome, successeur de saint Pierre. « Il est significatif et encourageant que la question de la primauté de l'évêque de Rome soit actuellement devenue un objet d'études, en cours ou en projet, et il est également significatif et encourageant que cette question soit présente comme thème essentiel non seulement dans les dialogues théologiques que l'Église catholique poursuit avec les autres Églises et communautés ecclésiales, mais aussi plus généralement dans l'ensemble du mouvement œcuménique[3]. »

---

1. John R. Quinn, *The reform of the Papacy, the costly call to christian unity*, Herder and Herder Book, New York, 1999.
2. *Ut unum sint*, 25 mai 1995.
3. *Ut unum sint*, n° 89.

Jean-Paul II commente lui-même par les paroles suivantes : Il s'agit « de trouver une forme nouvelle d'exercice de la primauté qui, sans renoncer aucunement à l'essentiel de sa mission, s'ouvrira à un statut nouveau[4] ».

En se référant abondamment et fort à propos à l'encyclique, Mgr Quinn appelle à une meilleure reconnaissance de la place que tiennent les conférences épiscopales dans l'exercice de la collégialité ; il remet en question le processus du choix des évêques face à la manière de faire des autres confessions chrétiennes ; il s'interroge sur la place du Collège des cardinaux, qui se présente comme un collège à l'intérieur du Collège des évêques, faisant de celui-ci une sorte d'organisme de second rang ; enfin, il souhaite une réforme en profondeur de la curie romaine qui, sinon de droit au moins de fait, joue le rôle du Collège épiscopal.

Le nouveau cardinal japonais Fumio-Hamao, président du Conseil pontifical pour la pastorale des migrants, apporte de l'Extrême-Orient un nouveau souffle à la curie romaine.

« Nous, de la curie romaine, nous devrions avoir une plus grande écoute et un plus grand respect pour les Églises locales (…). Je pense qu'un nouveau concile est nécessaire pour discuter de la nécessité d'une plus grande autonomie des Églises locales (…). Les Églises locales, qui ne sont pas composées d'enfants, devraient avoir plus d'autonomie dans le domaine de l'évangélisation et de la pastorale entre les peuples. » Dans le contexte de la cohabitation avec les grandes religions, un texte comme la déclaration *Dominus Jesus*, qui rappelle que le Christ est l'unique sauveur du genre humain, est un obstacle au dialogue et à l'évangélisation, même s'il exprime la vérité. « Je risque de me trouver face à des personnes qui font la sourde oreille. » Le cardinal ajoute : « Je suis convaincu que les Églises locales doivent avoir un plus grand pouvoir décisionnel,

---

4. Zenith, 24 janvier 2003.

appliquant ainsi le principe de subsidiarité, à savoir que ce que peut faire le plus petit, que le plus grand ne s'en occupe pas[5]. »

Le ministère ordonné est au service du peuple de Dieu, de la communion des croyants sauvés par le Christ. L'évêque de Rome est le serviteur de l'unité, le « serviteur des serviteurs de Dieu », selon la belle expression de saint Grégoire le Grand. Les congrégations romaines et les divers conseils mis sur pied à la suite du concile sont là pour assister l'évêque de Rome dans ce service. Ils ne forment pas une structure pyramidale dans laquelle les décisions sont prises en haut et descendent d'un échelon à l'autre jusqu'à la pratique des communautés. Il faut que la vie circule dans les deux directions, du centre à la périphérie, de la périphérie au centre. Même si les ministères du centre ne sont pas une création, une délégation de la péri-phérie, car la communauté des croyants est convoquée par le Père, autour du Christ, par le dynamisme de l'Esprit, pour res-pecter ce mystère de communion dans le gouvernement pasto-ral, il faut être à l'écoute de « ce que l'Esprit dit aux Églises » (Apocalypse 2,17).

Personne ne conteste cette affirmation. Mais quant à la mettre en pratique... Il ne suffira pas de se lancer dans la réin-génierie, de faire un nouvel organigramme, ni même d'amé-liorer sa théologie de l'Église. Ce qu'il faut, c'est une conver-sion. « L'Église est plus qu'une organisation, plus que la mise en œuvre d'une idée, si belle et si juste qu'elle soit. Elle est un être vivant, et sa source de vie est l'Esprit du Christ (Jean 4,14). Toute vraie réforme se réalise dans une plus grande fidélité à l'Évangile et une plus grande écoute de l'Esprit. Au synode des évêques de 2001, on a d'abord mis l'accent sur la sainteté des évêques, avec raison. Mais on n'a pu empêcher les participants, à travers leurs échanges, d'en tirer les conséquences pour le gouvernement pastoral des Églises[6].

---

5. Entrevue avec l'agence Ucanews, citée dans la *Revue Sainte Anne*, vol. 132, n° 4 (avril 2004), p. 161.
6. *The Catholic Register*, Week of December 2, 2001, p. 25.

La sainteté ne dispense pas de s'investir dans les réformes qui s'imposent. Elle nous y engage. Les réformes dérangent. Elles demandent du renoncement. On les entreprend dans la prière, l'écoute de l'Esprit. La sainteté ne consiste pas seulement à s'enfermer dans une morale exigeante, à suivre des règles strictes. Elle se réalise au niveau théologal, en vivant en Église ce qui se vit dans le mystère trinitaire. L'évêque doit être l'animateur d'une spiritualité de communion et de mission[7]. Cela doit aboutir dans une façon plus synodale d'organiser la vie pastorale de l'Église à tous les niveaux[8].

J'arrête ici ce commentaire, qui remet sous vos yeux ce dont vous êtes convaincus déjà. Mais, comme le chantait si bien notre Jean-Pierre Ferland : « Si l'on s'y mettait… »

Dans le présent questionnement, j'aurais l'impression d'être la mouche du coche, si je n'avais l'exemple d'évêques renommés et de notre pape lui-même. C'est sans prétention que je lance mes petites pierres, qui font des cercles concentriques éphémères dans les eaux calmes des habitudes et des certitudes. S'il en venait plus, de tous côtés, le mouvement empêcherait les eaux vives de devenir un marécage…

Un ministre presbytérien me disait : « Vous êtes chanceux, vous, les catholiques, qui pouvez vous référer à une autorité. Nous, nous devons nous débrouiller tout seuls, par nos propres moyens. » Le service de l'unité est un grand bien pour notre Église, un ministère essentiel, qui fait partie de sa nature. « Rien n'est plus beau que la nature divine, où le nombre même, qui ne subsiste que dans les rapports mutuels de trois personnes égales, se termine en une parfaite unité. Après la Divinité, rien n'est plus beau que l'Église, où l'unité divine est représentée. » « Un comme nous ; un en nous » : « Regardez et faites suivant ce modèle[9]. » Bossuet n'exagère pas. Il est dans la ligne de la

---

7. Jean-Paul II, exhortation apostolique post-synodale *Pastores gregis*, 16 octobre 2003, n° 22.
8. Comité de théologie de l'Assemblée des évêques du Québec, *Vers l'exercice de la synodalité*, Fides, 2000.
9. Bossuet, « Sermon sur l'unité de l'Église », 9 novembre 1681. *Œuvres oratoires*, éd. critique Lebarq, 1896, T. 6, p. 92.

grande Tradition, dont nous avons vu un exemple avec saint Cyprien cité plus haut.

Il faut regarder avec un grand respect le ministère de l'unité dans l'Église. Aimer l'Église et aimer celui à qui est confié le ministère de l'unité, c'est une seule et même chose. J'admire les personnes qui acceptent de quitter leur Église locale pour aller assister notre pape dans ce ministère. Le complexe anti-romain est une attitude détestable, qui n'aide rien ni personne. Nos réclamations, nos remarques, nos demandes peuvent se faire en toute amitié et respect. Telle est mon expérience. J'ai rencontré à Rome de grands serviteurs de l'Église. Certains y sont préoccupés par la « carrière », la « grimpette », selon le mot du regretté cardinal Marty, de Paris. Mais la plupart se dévouent de façon désintéressée. Des fonctions subalternes sont remplies par des personnes très compétentes, possédant une connaissance étonnante de nos dossiers. Les efforts pour maintenir l'équilibre entre la centralisation et la collégialité n'ont pas d'autre motif que l'amour de l'Église et l'admiration de sa beauté.

Chapitre 35

Évêque émérite

À L'ÉTÉ 2000, le Saint-Père m'a déchargé du service pastoral de l'Église de Valleyfield. J'arbore désormais le titre d'« évêque émérite ». Autrefois, les évêques retraités devenaient titulaires du siège épiscopal d'un diocèse qui n'existe plus. C'est encore le cas pour les évêques auxiliaires. Lorsque j'ai exercé cette fonction comme auxiliaire de Mgr Coderre à Saint-Jean, j'étais évêque titulaire d'Alinda, une ville oubliée que j'ai repérée dans un atlas de l'Antiquité chrétienne, et qui doit se situer quelque part en Turquie. Les archevêques et évêques occupant des fonctions au Vatican doivent, eux aussi, être titulaires de sièges d'anciennes Églises. Cette façon de faire a un sens, car elle exprime un lien avec les Églises disparues. Elle dit aussi qu'un évêque doit être rattaché à une église particulière. Mais ce qui est plus important, c'est que tout évêque fait partie du Collège apostolique dont le chef est l'évêque de Rome. Il fait donc partie du gouvernement collégial de l'Église universelle.

J'aime mieux avoir un titre qui me rattache à l'Église de Valleyfield, même si je n'y ai plus d'autorité. C'est l'Église avec laquelle j'ai fait une alliance et que je continue de servir d'une nouvelle manière. J'ai choisi d'y demeurer, dans la paroisse Saint-Clément de Beauharnois. Le curé, le chanoine Georges-Henri Cartier, m'accueille dans son presbytère. Je suis heureux au milieu des paroissiens, qui sont contents de ma présence.

Je n'ai plus à m'investir dans le gouvernement pastoral du diocèse : quel soulagement ! Mais je n'ai pas pour autant perdu mon intérêt pour la vie et la mission de cette Église, dont je fais encore partie. En particulier, j'ai vécu douloureusement le regrettable incendie de notre magnifique cathédrale-basilique Sainte-Cécile. Je partage la peine de Mgr Cyr, mon successeur, du curé, Mgr Julien, des paroissiens et des diocésains. Je ferai ce qu'on me demandera pour que, ensemble, nous réparions les dommages que l'eau et le feu ont causés à ce magnifique édifice. Je disais à son sujet, avec les mots de la chanson : « J'ai point choisi, mais j'ai pris la plus belle », étant convaincu que Mgr Langlois, le troisième évêque de Valleyfield, avait réussi à faire construire une des plus belles cathédrales du pays, sinon la plus belle, après l'incendie de la cathédrale primitive, en 1933.

Dès le lendemain du malheureux incendie, les responsables se sont mis vaillamment à la tâche en comptant sur des collaborations généreuses. Nous l'aurons de nouveau, notre cathédrale ! Arriverons-nous à lui redonner toute sa beauté à la fois simple et chaleureuse ? Ce ne sont pas les efforts et la générosité qui vont manquer pour viser ce but.

Je ne puis m'empêcher de penser à la situation que saint François d'Assise a prise en mains, au XIIIe siècle, à la demande du Seigneur : « Répare ma maison qui, tu le vois, tombe en ruine. » François a d'abord pensé qu'il s'agissait de l'église Saint-Damien, et il s'est attelé à la restauration de cet édifice. Mais il a vite compris que la maison à réparer était l'Église, et il a été le leader et le modèle d'un ressourcement dans l'Évangile. On n'a pas le choix de ne pas réparer les dommages subis par l'église-édifice. Mais l'Église-communauté a, elle aussi, besoin de réparation. L'ardeur et la créativité déployées pour réparer l'église-édifice peut servir de modèle et de stimulant aux ouvriers de l'évangélisation qui veulent redonner à l'Église-communauté la solidité et la beauté de son témoignage.

À quoi s'occupe un évêque émérite ? Comme la plupart des retraités, je manque de temps. Il y a tellement de belles et instructives lectures à faire. Je m'occupe aussi à l'écriture, dont vous avez un spécimen sous les yeux. Je reçois aussi des commandes qui me font prendre la plume et m'exercer dans le traitement de texte sur mon ordinateur. Je donne un coup de main à la paroisse. J'accompagne des groupes ecclésiaux. Je continue de me servir de mes gouges pour faire de la sculpture sur bois. On me dit que c'est un excellent passe-temps. Je n'aime pas l'expression « passe-temps ». Le temps passe assez vite par lui-même. Je fais ce travail artisanal non pour passer le temps, encore moins pour le « tuer ». (Quelle expression ! C'est comme frapper sur quelqu'un en train de mourir !) Je fais de la sculpture sur bois parce que j'aime cette activité. Mon frère Maurice, d'un an et demi mon cadet, a commencé en même temps que moi, sans que nous nous soyons concertés. C'est une amie psychologue qui m'a recommandé ce loisir. « Pour te sortir tes problèmes de la tête, il te faut un loisir qui demande l'attention des mains. » Le dessin que je pratiquais déjà ne demande pas d'effort physique. « La sculpture serait une meilleure activité », m'a-t-elle recommandé. J'ai commencé à « gosser » en 1980. Un professeur de sculpture, M. Robert Trottier, m'a aidé à choisir les bonnes gouges et m'a donné d'utiles conseils. J'avais un bon départ, car je savais dessiner. Mais au début, je dessinais plutôt que de sculpter vraiment. Il me disait : « Creuse ! Tu as du bois, fais du relief ! ». Quand on creuse dans le bois, on cesse de se creuser la tête. J'ai trouvé dans cette activité un moyen de détente. J'y ai même servi mon diocèse : plusieurs de mes pièces ont été données en récompense à des collaborateurs et comme prix de présence à des soupers-bénéfice au profit des finances diocésaines.

Enfin, j'ai beaucoup plus de temps à me consacrer à la prière, qui, de fait, est mon plus important ministère. J'espère pouvoir ainsi soutenir les ouvriers de l'évangélisation, qui doivent souvent donner le meilleur d'eux-mêmes dans l'organisation. J'ai la chance d'avoir une chapelle à ma disposition, avec la présence du saint sacrement, à l'étage où je demeure.

« Dans la ferveur de l'Esprit » (Romains 12,11). Cette devise, qui s'est imposée d'elle-même lorsque j'ai été nommé évêque, j'ai l'occasion d'en approfondir et d'en mieux vivre le sens. C'est l'Esprit du Père et du Fils qui fait vivre et croître l'Église. Sans lui, le dévouement pastoral risque de n'être qu'agitation. « Si Yahvé ne bâtit la maison… » (Psaume 127,1). Je ne risque pas trop de m'agiter, étant aux prises avec un problème neurologique affaiblissant mes jambes. Je marche avec la sensation de porter sur mes épaules un poids d'au moins cinquante kilos. Mais je marche, et il ne semble pas que ma condition se dégrade. Je puis faire des célébrations liturgiques, conduire ma voiture. L'abbé Gérard Marier disait : « Le Seigneur a fait marcher ceux qui ne pouvaient le faire. S'il revenait comme au temps de sa vie publique, son miracle serait de faire marcher ceux qui courent tout le temps. » C'est ce qui m'est arrivé, sans miracle mais en évitant le pire, grâce au diagnostic de mon médecin de famille, d'un neurologue et d'un neurochirurgien habile et compétent. Je marche, ce qui me permet de continuer à servir l'Église qui est justement en marche. Je rends grâces au Seigneur pour mon état de santé. Je lui demande de garder le plus longtemps possible ce qui me reste de forces.

Les moyens de communication sociale.

POSTFACE

Un plumitif qui fait de son mieux

S I VOTRE LECTURE vous a amené jusqu'à cette page, je loue votre patience, votre persévérance et je vous remercie de votre indulgence. J'ai eu du plaisir à rédiger mes souvenirs, même si ce travail s'est avéré parfois exigeant et laborieux. Je vous prie d'en excuser les inexactitudes ou les omissions, car je n'ai plus un accès facile à la documentation. Je relate les faits comme je m'en souviens. Mes choix sont guidés par mes intérêts.

Durant mes études classiques, un professeur de français m'a dit que je pourrais devenir écrivain. Je ne prétends pas au titre d'écrivain, mais j'écris. J'ai beaucoup écrit dans mon ministère. Trop peut-être. Je trouve parfois que notre pape écrit trop souvent et trop longuement. Mais je fais la même chose.

J'écris par goût, mais je l'ai fait aussi par devoir. Mes supérieurs me l'ont demandé. Comme évêque, je me le suis imposé, car la fonction principale d'un évêque est d'enseigner.

Quand je suis revenu de mes études, le vicaire général du diocèse de Rimouski m'a nommé secrétaire à la rédaction de la revue diocésaine, « sans préjudice » à mon mandat de professeur de théologie. Il m'a remis une grosse machine à écrire de marque Royale, car il n'était pas question en ce temps-là d'avoir une secrétaire-dactylo. Je n'avais jamais pratiqué la dactylographie. Je me suis mis à la méthode Lasalle. Mais j'ai appris en trichant, en regardant le clavier, car très tôt j'ai eu à produire des textes, l'imprimerie n'acceptant pas les manuscrits. Je me sentais comme quelqu'un qui apprend ses gammes au piano et qui doit tout de suite exécuter un concerto. La revue, qui s'appelait *Le Centre Saint-Germain*, paraissait douze fois l'an. Elle fournissait la documentation pour l'Action catholique générale, alors en vigueur dans le diocèse. Il s'agissait plutôt de catéchèse. Je devais chaque mois préparer un article sur le sujet à étudier et, souvent, recopier ce que des collaborateurs me faisaient parvenir sous forme de manuscrit. J'ai rempli cette fonction durant onze ans. Tout ce temps au cours duquel j'ai pioché sur ma grosse Royale ne m'a pas fait acquérir une bonne technique de dactylographie. Je n'ai jamais pu écrire sur une machine électrique. Heureusement, désormais, l'ordinateur me permet de taper et de corriger plus facilement mes textes. Mais quand ils sont plus longs, j'ai recours à des personnes qui font ce travail beaucoup plus vite et beaucoup mieux que moi.

En plus des documents plus élaborés pour présenter les priorités pastorales et les grandes orientations, j'ai pris l'habitude de publier, dans les hebdos régionaux et la revue diocésaine, de courts billets rattachés à l'actualité. J'avais commencé cette pratique à Rimouski, dans un hebdo qui m'accordait un espace strictement mesuré. Je me suis habitué à être bref, quand cela s'impose. Un choix de ces billets a été publié chez des éditeurs [1]. J'ai aussi rédigé des homélies, parfois après les avoir prononcées oralement, car on m'en demandait le texte.

Quand j'écris, je suis soucieux de respecter les personnes qui me feront l'honneur de me lire. Je veux leur éviter l'ennuyeux effort de déchiffrer un texte obscur ou de deviner le sens de mots rares que j'emploierais pour avoir l'air savant. En écriture et dans la parole, obscur n'est pas synonyme de profond. J'essaie aussi d'éviter la cacophonie du genre « la musique que

---

1. *L'utile, l'inutile et le nécessaire*, Novalis, 1980, épuisé. *Une idée de Dieu*, Bellarmin, 1994. *Réflexions en pointes folles*, Anne Sigier, 2001.

je chéris » ou « Jésus alla souper chez Zachée ». Même si le texte n'est pas destiné à la lecture à haute voix, les consonnes qui s'accrochent les unes aux autres résonnent de façon désagréable dans la tête. Même en prose, le langage a tout à gagner en étant aussi une musique.

J'ai rencontré chez les pasteurs deux préoccupations : enseigner la vérité correctement ; communiquer. Ces deux préoccupations ne s'excluent pas, mais on a une tendance à privilégier la première. À quoi sert de lancer le bon grain soigneusement sélectionné si on ne se préoccupe pas de quelle manière il va atterrir ? Les évêques et tous les prédicateurs doivent s'efforcer d'être des communicateurs et ne pas hésiter de se faire aider à cette fin.

Notre pape est un communicateur, il est écrivain et poète. Nous n'avons pas la chance de le comprendre quand il s'exprime dans sa langue maternelle. Ce n'est pas le cas de tous ses collaborateurs. Souvent, on ne se préoccupe guère de la qualité de la communication. On ne demande pas à la Congrégation pour la doctrine de la foi de nous envoyer de la poésie. Mais, malgré la nécessaire vigueur des textes, on peut essayer de ne pas offenser le lecteur, surtout si on lui fait des reproches. Alors qu'il était président de l'Assemblée des évêques du Québec, Mgr Bernard Hubert a dit, en s'adressant à notre pape au nom de l'Assemblée, que trop souvent le langage des textes romains nous met mal à l'aise.

La curie romaine comporte un Conseil pontifical des communications sociales confié à des personnes très compétentes dans le domaine des communications. J'ai déjà demandé à un haut responsable de ce dicastère si d'autres organismes de la curie romaine avaient parfois recours à leurs services afin d'être meilleurs communicateurs. Je pensais alors surtout à la Congrégation pour la doctrine de la foi. Il m'a répondu : « Jamais. » Il m'a du même coup suggéré que les évêques interviennent auprès des dicastères pour leur faire penser à recourir aux services de ce Conseil, même si ce n'est pas là la principale raison de son existence.

On peut dénoncer l'erreur sans être offensant. Notre pape se préoccupe de faire la distinction entre le mal qu'il dénonce et les personnes concernées. Il ne s'agit pas d'édulcorer la vérité, mais de ménager les personnes.

On peut être sérieux sans être ennuyeux. Quelques enjolivures encouragent le lecteur à poursuivre sa lecture. L'usage des comparaisons et des symboles est approprié, je dirais même meilleur que les concepts et le langage abstrait quand on parle des mystères chrétiens. La Bible, et Jésus-Christ surtout, nous en donnent l'exemple. Le concept délimite les bornes de la vérité ; le symbole ouvre des perspectives illimitées. A-t-on assez recours aux symboles dans l'enseignement de la foi ? Pourtant, les sacrements nous mettent sur cette piste.

Dieu se révèle plus clairement dans la beauté que dans la vérité. Beaucoup de textes de la Bible sont des chefs-d'œuvre de beauté. Sommes-nous assez soucieux de nous en inspirer et d'y apprendre à parler de Dieu ?

Voilà !

Ma devise est « Dans la ferveur de l'Esprit » (Romains 12,11). Le Seigneur nous a dit : « Je suis venu jeter un feu sur la terre, et comme je voudrais qu'il soit déjà allumé » (Luc 12,49). Employant les mots d'un laïc prenant sa retraite après un généreux engagement, j'espère que ce que je vous ai offert dans cet ouvrage n'est pas des restes de bois calciné ou des tisons éteints, mais un flambeau bien vivant.

Je demande pardon à Dieu pour mes fautes et pardon aux personnes que j'ai pu blesser par mes gaucheries ou mes omissions.

Je rends grâce au Seigneur de m'avoir confié sa lumière pour partager avec tous sa Bonne Nouvelle.

TABLE DES MATIÈRES